浙江省社科规划课题成果
项目编号：15NDJC271YBM）

家院互融：
机构养老向社区居家延伸模式的研究
——以宁波市为范本

朱晓卓 著

东南大学出版社
SOUTHEAST UNIVERSITY PRESS
·南京·

图书在版编目(CIP)数据

家院互融:机构养老向社区居家延伸模式的研究:以宁波市为范本 / 朱晓卓著. — 南京:东南大学出版社,2018.12
 ISBN 978-7-5641-8029-4

Ⅰ.①家… Ⅱ.①朱… Ⅲ.①养老-社区服务-研究-宁波 Ⅳ.①D669.6

中国版本图书馆 CIP 数据核字(2018)第 228901 号

家院互融:机构养老向社区居家延伸模式的研究——以宁波市为范本
Jiayuan Hurong: Jigou Yanglao Xiang Shequ Jujia Yanshen Moshi De Yanjiu—Yi Ningbo Shi Wei Fanben

著　　者	朱晓卓
责任编辑	陈潇潇
出版发行	东南大学出版社
出 版 人	江建中
社　　址	南京市四牌楼2号
邮　　编	210096
经　　销	新华书店
印　　刷	南京京新印刷有限公司
开　　本	700 mm×1000 mm　1/16
印　　张	14.5
字　　数	212千字
版　　次	2018年12月第1版
印　　次	2018年12月第1次印刷
书　　号	ISBN 978-7-5641-8029-4
定　　价	36.00元

(本社图书若有印装质量问题,请直接与营销部联系,电话:025-83791830)

目 录

绪 论

第一章 人口老龄化与养老服务模式的宁波应对
　　第一节　宁波市人口老龄化现状和面临的挑战 ………………… 14
　　第二节　宁波市城区老年人群居家养老现状分析 ……………… 29
　　第三节　宁波市居家养老服务模式的选择 ……………………… 38

第二章 家院互融：机构养老服务向社区居家延伸模式的理论与实践
　　第一节　家院互融相关理论 ……………………………………… 61
　　第二节　家院互融相关养老服务的实践及启示 ………………… 73
　　第三节　家院互融养老服务模式的发展研究 …………………… 85
　　第四节　家院互融养老服务模式的构建 ………………………… 95

第三章 家院互融：机构养老服务向社区居家延伸模式的宁波实践
　　第一节　宁波市家院互融养老服务模式的提出和发展 ………… 101
　　第二节　宁波市家院互融养老服务模式的运营模式 …………… 111
　　第三节　宁波市家院互融养老服务模式的评价分析 …………… 121
　　第四节　宁波市家院互融养老服务模式的典型案例介绍 ……… 137

第四章 家院互融：机构养老服务社区延伸模式的完善与思考
　　　　　　　　　　　　　——以宁波市为范本
　　第一节　宁波市家院互融养老服务模式的发展目标、原则和思路 …… 149
　　第二节　宁波市家院互融养老服务模式的完善保障 …………… 160
　　第三节　宁波市家院互融养老服务模式的发展建议 …………… 165

第四节　宁波市社区居家养老服务规范（建议稿）……………… 173

附　录

附录1：宁波市居家养老服务条例 ……………………………………… 188

附录2：宁波市人民政府关于宁波市居家和社区养老服务改革试点
　　　　工作的实施意见 …………………………………………………… 196

附录3：江东区家院互融养老助残服务体系扩面工程专项资金
　　　　使用管理办法（试行）……………………………………………… 203

附录4：家院互融"365必到"安全服务工作规范 …………………… 205

附录5：江东区家院互融服务中心工作考核实施办法 …………… 207

附录6：江东区推进家院互融养老助残服务工作的实施意见（试行）… 212

附录7：宁波市鄞州区人民政府办公室关于全面推进家院互融养老
　　　　服务工作的实施意见 ……………………………………………… 215

参考文献 ……………………………………………………………………… 225

后　记 ………………………………………………………………………… 227

绪 论

本书系2015年度浙江省哲学社会科学规划课题立项项目(项目编号：15NDJC271YBM)的研究成果。课题组自2015年6月至2017年12月历时两年半,以宁波市为范本,全面深入调研,根据宁波市居家养老服务的发展趋势,重点围绕养老机构以社区为平台、向居家老年人提供养老服务(即家庭＋社区＋机构)的模式,探究其中的理论基础,并对其组织架构及其运行体制机制、服务成效等问题进行全方位、多角度的研究,系统总结了宁波市近年来老年人口的发展特点,分析了人口老龄化对宁波市社区居家养老发展带来的挑战和机遇,梳理了该模式的相关政策保障体系,以家院互融模式为典型案例,对机构养老服务向社区居家延伸的实践进行分析评价,通过调研居家养老服务需求,从供给和需求两端分析机构养老服务向社区居家延伸模式的服务能力,并参考发达国家(地区)经验,结合当前新常态下宁波市全面转型升级率先全面建成小康社会的总体目标和国家养老服务业发展的要求,提出促进机构养老服务向社区居家延伸模式完善的建议和思路。

一、研究背景和意义

随着社会经济的发展、社会民众生活水平提高,以及医疗和社会保障水平改善,我国人口老龄化程度日益加剧。自1999年我国步入老龄化社会,2012年成为世界上唯一老龄化人口过亿的国家。据国家统计局公开数据,截至2016年底,全国60岁及以上老年人口达到2.308 6亿人,占总人口的16.7%,其中65岁及以上人口1.500 3亿人,占总人口的10.2%,从2012年的1.94亿增长到2016年的近2.31亿,老年人口比重从14.3%增长到16.7%。人口老龄化的快速发展,随之带来了养老服务需求的急剧增长,如何发展养老服务业已经成为国家和社会迫在眉睫的一项重要民生工程。

养老问题关系社会公平和福祉,我国政府对此也是高度重视,2017年党的十九大报告指出:"增进民生福祉是发展的根本目的。必须多谋民生之利、多解

机构养老向社区居家延伸模式的研究
——以宁波市为范本

民生之忧,在发展中补齐民生短板、促进社会公平正义,在幼有所育、学有所教、劳有所得、病有所医、老有所养、住有所居、弱有所扶上不断取得新进展,深入开展脱贫攻坚,保证全体人民在共建共享发展中有更多获得感,不断促进人的全面发展、全体人民共同富裕"。当前社会人口老龄化问题日趋严峻,养老问题已经成为政府民生工作的短板所在。2013年国务院出台《关于加快发展养老服务业的若干意见》等一系列文件指出:加快发展养老服务业,有利于我们积极应对人口老龄化,满足老年人多样化、多层次的养老服务需求,统筹发展居家养老、机构养老和其他多种形式的养老,统筹利用各种资源,促进养老与相关领域的互动发展。2014年,浙江省政府先后出台《关于加快发展养老服务业的实施意见》《关于发展民办养老产业的若干意见》等文件,进一步促进浙江省养老服务业健康快速发展。宁波市人民政府以及宁波市民政局、老龄办也先后颁布了不少相关政策性文件,作为开展养老服务工作的政策依据,如《关于深化完善社会养老服务体系建设的意见》(甬政发〔2012〕85号)、《宁波市社会养老服务体系建设三年行动计划》(甬政办发〔2012〕187号)和《宁波市生命健康产业三年行动计划(2013—2015年)》等一系列政策文件,对社会养老服务工作提出明确要求和工作目标。2017年,为积极应对宁波市人口老龄化,有效破解居家老人的"老有所养"问题,宁波市人民政府发布的《关于宁波市居家和社区养老服务改革试点工作的实施意见》(甬政发〔2017〕69号)中明确提出:培育"家院互融"的新型社区养老服务形态及组织。鼓励养老机构通过开放或开辟服务场所,与居家养老服务中心(站)合作等方式,参与提供居家养老服务。老年人居住较为集中的社区可开办小微型养老机构,因地制宜设置适当数量的护理床位为失能老年人提供机构照护服务,同时辐射周边社区,提供日间托老、短期托养、居家照护,以及家庭照护人员和志愿者培训等服务。养老机构提供居家养老服务符合要求的,可同时享受居家养老服务相关补助政策。同年,《宁波市居家养老服务条例(草案)》已经在宁波市第十五届人大常委会第四次会议上提请审议,该条例(草案)共六章四十九条,分别从总则、设施规划与建设、服务供给与保障、监督管理、法律责任、附则等六方面作了规定,明确了政府部门职责和子女义务,是浙江省首个居家养老服务地方性法规。

为了积极应对人口老龄化,我国各级政府相继出台相关政策文件指导养老服务业发展,专家学者也积极投身养老服务研究中来。随着社会化养老的深层次发展,虽然传统家庭养老的功能逐渐弱化,但是由于家庭养老独特的文化价值和生活照料、精神慰藉等方面的功能,家庭养老虽然弱化,但不会消亡,家庭养老将会在相当一段时期内依然是我国的主要养老模式。但是,社会化养老是现代养老服务的趋势,养老不再仅仅是家庭的责任,而是要由政府、企业和社会等多种主体共同承担。因此,社会上出现了多种养老服务形式,主要包括机构养老、社区养老和居家养老。这三种养老模式各具优势,但也存在其自身的缺点。居家养老,即老年人居住地不变,直接接受来自家庭或社会提供的养老资源,满足了老年人不愿意离开原有居住地的心理需求,但缺乏社会化的服务;机构养老是老年人离开原居住地集中居住在一定的地域,以机构为中介,老年人间接接受来自机构或社会提供的养老资源,提高了社会化的服务水平,但又很难满足老年人的恋旧情怀;社区养老以社区服务为中心和社区居民委员会为中介,老年人间接接受来自家庭或社会提供的养老资源,本意是既能满足老年人的心理需求,又能提高社会化的服务水平,但由社区居委会等为中介,很难像专门机构那样为老年人提供高水平的社会化服务。也有学者从我国国情考虑,提出将居家养老和社区养老相结合的模式,即社区居家养老模式。虽然社区居家养老服务模式很好地弥补了居家养老和社区养老模式的不足,但依然不能消除社区养老缺乏专业化、社会化的养老服务资源这一事实,这就需要寻求一种新的养老模式来弥补以上三种养老模式存在的不足。

居家养老是目前国际上通行的养老方式,受到各国政府的普遍重视和老年人的广泛欢迎。国际社会应对人口老龄化的经验教训表明,仅靠大规模建养老机构、增加养老床位数来解决数量庞大的老年人的养老问题是行不通的。根据我国的国情,政府确定了以居家养老为基础、以社区服务为依托、以机构养老为补充的"三位一体"养老服务模式,其基本内涵是发挥家庭养老的基础性作用,满足大多数老年人在家养老的需求,发挥社区和机构养老的补充性作用,满足一部分老年人通过社区和机构养老的需求。国内一些地方据此提出了"9073"的目标要求,但在实践中居家养老和社区养老的内涵、外延不明确,90%居家养老和7%社区养老的边界也没有厘清,目前大多数地方社区养老服务项目,包括助餐、助浴、助洁、助医、助行等都属于居家养老的范畴,并非国际通行意义上的社区养老。国际上将社区养老作为一种专门的养老方式,是指老年人在社区接受照料,晚上返回家中,主要适用于那些独立生活有困难、白天家里无人照料、又不愿意离开家庭入住养老机构的部分失能老年人。这样的日间照料中心专业性强、服务要求高、收费也比较高,类似微型养老院,而我国目前各地建设的日间照料中心大部分是"一间房、几张床",功能上与"午间休息室"类似,缺乏专业服务能力,发挥不了日间照料的功能,不能很好地承接社区养老的任务。因此,我国目前社区养老的比重很低,居家养老实际占比大于90%,这与周边国家和地区的情况比较相似。日本是全世界人口老龄化程度最高的国家,养老服务业高度发达,居家养老占96%,社区养老占1.08%,机构养老占2.92%。我国台湾地区人口老龄化程度高于大陆,养老服务业也比大陆发达,居家养老占98.25%,社区养老占0.12%,机构养老占1.63%。

当然,随着养老服务体系的完善,居家养老、社区养老和机构养老三者将逐步融合。但无论如何变化,在养老服务体系中,居家养老都将长期发挥决定性作用,要强化对居家养老特殊重要性的认识,把它放在养老服务体系重中之重来推进。2012年修订的《中华人民共和国老年人权益保障法》将"老年人养老主要依靠家庭"修改为"老年人养老以居家为基础",其实"居家养老"包括了家庭养老,其中家庭养老仍然是基础和关键,没有家庭养老就没有居家养老,社区养老、机构养老是居家养老的补充。不论现在还是将来,无论今后国力如何强大,社会化养老体系如何发达,家庭养老都不会过时,也不可或缺,特别是其在精神慰藉和亲情关爱方面的优势是其他养老方式难以替代的[1]。在此背景下,本项目提出的家院互融养老服务模式就是解决机构养老和家庭养老的弊端,实现优势互补,加强社区整合资源的能力,有效提高社区居家养老服务水平。

二、研究现状分析

1887年德国社会学家滕尼斯主张,存在共同价值观念的人群聚集在一起,互相帮助和扶持、共同抵御疾病等伤害,他们形成一个社会共同体,这就是社区,这个社区具有人性关爱的社会氛围。Hillel认为,只有在公益性和有偿性实现平衡,才能使得整个养老服务体系具有比较高的社会价值,对此政府必须给予老年人全面、有效、合理的支持帮助,既要解决老年人的温饱问题,也要通过社区积极响应和落实政策,提高居家老年人对于养老服务获得的可及性、公平性和可操作性,从而提高居家老年人的满意度[2]。Neugarten认为老年人参加适当的社会

---

[1] 吴玉韶. 对新时代居家养老的再认识[N]. 中国社会报,2018-1-29(03).

[2] Hillel Schmid. The Israeli long-term care insurance law: selected issues in providing home care services to the elderly[J]. Health and Social Care in the Community,2004,13(3):191-192.

绪 论

活动不仅可以锻炼身体,提高健康水平,保持身心愉悦,减少自身患病的可能性,也是为社会减轻负担的一种有效方式[①]。Sharkey 提出,社区照顾的资源种类繁多,不仅仅有正规部门供给的资源,还有非正式部门供给的资源,社区照顾的实践价值在于有各方面的机构组织都给予帮助支持,所以必须充分开发和利用社区资源[②]。Stoller 和 Pugliesi 认为,社区应通过设置更多的私人养老机构,让老年人有更多的养老选择,而且养老机构的增加,会提高市场竞争性,从而改善和提升服务水平[③]。

近年来,随着我国人口老龄化程度日益加重,社区居家养老模式的研究也在学术界得到重视,穆光宗把养老方式分为家庭型的养老模式(通过家庭成员解决养老问题)、社会养老模式(通过社会资源的帮助解决养老问题)和自我养老模式(通过自己养自己解决养老问题)。张卫东提出:家的定义应该扩大,不应仅局限于以血缘关系为纽带而形成的家庭,更应该扩大到社区范围,都可以属于家的范畴[④]。韦寒松提出,社区养老不仅应有基础性的物质生活保障、住房不舒适可以提供更换等,而且应该提供婚姻服务、精神文化娱乐服务和健康保健服务等,还有家务料理服务、权益保护服务、临终关怀服务等[⑤]。耿亚男和宋言奇提出,在社区居家养老模式的实施问题上,可以采取"一中心,多站点"的运营体系,提高养老服务的覆盖率[⑥]。

本书提出的"家院互融:机构养老向社区居家延伸模式"目前多见于报刊,如《宁波日报》《中国社会报》和《云南政协报》等都以新闻的形式刊发过;但从学术层面的研究尚不多见,主要有朱艳敏和张二华的《家院互融养老服务模式的运营机制研究——基于宁波市江东区的调研》、朱晓卓的《宁波市江东区家院互融养老服务模式研究》等,研究层面尚不够深入,主要局限于实践研究,缺少理论体系的分析。以宁波市为代表的一些地区已经开始尝试进行这方面的探索和实践,

---

① Neugarten B L. Journal of Marriage and the Family. Durham:Duke University Press,1964.
② Peter Sharkey. The Essentials of Community Care:A Guide For Practitioners Second Edition. Palgrave Macmillan,2006.
③ Stoller E P, Pugliesi K L. Informal networks of community-based elderly:Changes in composition over time[J]. Res Aging,1988,10(4):499-516.
④ 张卫东.居家养老模式的理论探打[J].中国老年学杂志,2000(2):120-122.
⑤ 韦寒松.当务之急:发展老年社区服务[J].中国社会工作,1997(2):55.
⑥ 耿亚男,宋言奇.苏州"一中心多站"社区养老服务体系的调查与思考[J].中国社会工作,1997(2):55.

在人口老龄化日益加剧的背景下，经过多年的建设，宁波社会化居家养老服务的许多工作走在全国前列，例如家院互融、政府购买居家服务等。

2003年宁波市就启动了居家养老服务工作，2006年出台了《关于推进居家养老服务工作的若干意见》，2007年出台了《关于推进农村居家养老服务工作的指导意见》《关于促进居家养老服务规范运作的指导意见》《关于开展城市社区居家养老服务工作绩效评估的通知》《关于深化完善社会养老服务体系建设的意见》《关于进一步鼓励民间资本投资养老服务业的实施意见》等政策文件。2013年，宁波市在历年居家养老服务机构等级评定标准实施的基础上，修订发布了《宁波市地方标准——居家养老服务机构等级规范》。截至2013年底，全市共有各级各类居家养老服务中心(站)1 919个，社区和行政村居家养老服务站点覆盖率分别超过70%和60%。392个社区和1 528个行政村建有居家养老服务中心(站)，覆盖服务约60万城乡居家老人。

2005年宁波市海曙区就开始率先试行"政府购买居家养老服务"，通过社区向非营利组织——海曙区星光敬老协会购买居家养老服务，其所需资金由政府承担，服务由该组织解决。截至2015年10月，宁波市已经全面建立了政府购买居家养老服务制度，为全市约2万名困难老年人提供了政府补贴。2017年9月，宁波市人民政府发布的《关于宁波市居家和社区养老服务改革试点工作的实施意见》明确要求："推进政府购买居家养老服务"。这种"政府扶持、非营利组织运作、社会参与"的社区居家养老服务方式，重构了政府与社会的关系，创新了社会管理体制，也提高了社区自治和自我服务的能力，宁波市政府购买居家养老服务经过多年的建设已走在全国前列。

宁波市江东区先后出台了《江东区家院互融养老助残服务体系扩面工程专项资金使用管理办法(试行)》(甬东民〔2011〕16号)、《家院互融"365必到"安全服务工作规范》(甬东民〔2011〕17号)、《江东区家院互融服务中心工作考核实施办法》(甬东民〔2011〕18号)和《关于印发江东区推进家院互融养老助残服务工作实施意见(试行)的通知》(东政办发〔2011〕29号)等政策文件，提出并创建了居家养老服务的"家院互融"模式，期望整合居家与机构养老助残服务，加快建立健全以独居老年人和重度残疾人为重点对象、以现代化信息网络为管理手段、以专业化服务为主要特征的家院互融养老助残服务体系。这种家院互融本质上是将家庭、社区、机构资源整合起来，是养老机构在社区的延伸服务，即养老机构不通过新建实体养老机构而是依托现有养老机构，把机构内专业服务模式、服务标

绪 论

准等引入社区家庭,让居住在家的老人也能够享受到高质量的养老服务,简言之,就是养老机构主动走出去,将专业化的养老服务带到居家老人身边的一种养老服务新模式,是在传统居家养老和机构养老服务基础上的模式创新,其核心在于立足居家养老在社区平台上引入机构养老资源,本质也是社区居家养老的升级。家院互融养老服务模式是同时具有家庭养老、社区养老和机构养老优势的养老模式,也是未来我国养老服务模式中值得深入探索和广泛推广的模式。尤其是随着空巢家庭老年人的快速增加及养老观念的不断转变,在老年人对于集中养老的需求日益增强、养老床位供不应求、供需矛盾十分突出、享受养老服务的人群仍不够广的情况下,通过家院互融养老服务,可以解决目前机构养老存在的床位提供难题,解决养老服务的公平性和可及性问题。与此同时,家院互融在不断社会化的过程中也不可避免地面临着一系列困难,诸如中心城区服务资源和服务需求之间矛盾突出,家院互融养老服务无法满足高龄、独居、失能、失智老年人的特殊需求,家院互融服务提供主体普遍短缺等,其核心在于家院互融养老服务的供给能力严重不足,严重制约了居家养老服务的水平。因此,开展本项研究对于加快推进社区居家养老服务体系建设具有比较重要的现实意义。

综上所述,开展家院互融——机构养老向社区居家养老延伸模式的研究,既能在现有的养老模式中寻求一种最优的模式,满足各类老年人在各个层次对养老服务与产品的需求,让老年人在熟悉的原居住家庭中乐享晚年,又能得到来自养老机构、社区和社会等各方提供的相应专业化社会养老服务,保障老年人晚年幸福,促进养老服务均等化和可及性。通过本项目研究,探索家院互融养老服务模式的特征、服务内容以及存在问题,构建其理论基础,并针对实施中存在的问题提出相应的对策和建议,力求在实践的基础上进一步完善家院互融养老服务模式,使之成为全面改善民生、促进社会和谐、提升老年人生活品质的一项具有可广泛推广和实际应用价值的民生工程。此外,在人口老龄化背景下构建家院互融养老服务模式与其他养老服务模式有很大不同,国内没有一个既定固化的现存模式可供遵循和利用,更没有一个统一的成功方案可供执行,一些发达国家的养老服务体制机制也不适应我国的实际情况,这也正是本项目研究的现实价值所在。

三、研究内容

（一）家院互融养老服务模式理论基础研究

1. 现有养老服务模式的问题分析

家院互融作为机构养老服务向居家延伸的模式是在机构养老和居家养老等服务模式基础上发展而来的，它的缘起必是由于机构养老和居家养老等模式出现了其自身难以克服的障碍和问题。要研究家院互融养老服务模式，先要分析了解该模式出现的社会现实原因，即机构养老和居家养老服务模式出现的问题和缺陷，在已有相关文献的基础上系统分析机构、家庭和社区等养老服务模式在实践过程中出现的问题和难以逾越的障碍，为家院互融养老服务模式的研究提供前提基础。

2. 家院互融养老服务模式的理论分析

采用文献法、档案法等研究方法对现有养老服务体系及其相关理论进行梳理和分析，通过对欧美、日本、新加坡等发达国家和我国香港、台湾地区的养老服务模式的发展经验的研究，为我国构建适合本土的家院互融养老服务模式及其保障机制提供参考依据。最后，在以上分析研究的基础上，设计出家院互融养老服务模式建构的思路和体系架构逻辑图。

（二）家院互融养老服务模式的实证研究

以宁波为范本，通过调研该地区家院互融养老服务工作，了解家院互融模式在组织结构、管理机制及服务运行现状等情况，分析管理体系中存在的优势、体制不足和效能问题，并与我国香港、台湾地区做借鉴比较，实例阐述家院互融养老服务模式建设目标与目前实际老年人口分布和服务状况的差距，比对人口老龄化的需求，为进一步推进家院互融养老服务体系的完善提供思路。

（三）家院互融养老服务模式的实践现状研究

1. 家院互融养老服务模式的内涵界定分析

目前，家院互融养老服务模式还没有一个清晰完整的定义，一般来说家院互融的"家"即居家养老，"院"即机构养老，但具体的内涵和外延并不明确，本研究根据已有家院互融养老服务模式的实践情况，探索该模式的运作方式和特征，在此基础上总结和归纳出家院互融养老服务模式的概念及其特征。

2. 家院互融养老服务模式的服务需求分析

家院互融养老服务模式的兴起不仅仅是机构养老服务模式存在其自身的问题和障碍,也源于现实社会的需要,符合老年人的心理需求,符合我国基本国情。通过对社区中居家老年人的调查和访谈分析居家老年人对家院互融养老服务模式的需求情况以及未来需求程度,研究家院互融模式的供需情况,尤其是在构建"家院互融"服务信息管理系统建设方面,寻找构建老年人需求信息库的有效途径。

3. 家院互融养老服务模式的服务内容分析

家院互融养老服务模式的服务内容是该项目的重点研究内容。该模式之所以能弥补机构养老模式存在的缺陷,其在服务内容上必须有优于机构养老服务内容之处。本研究将通过对该模式的实践情况对其服务内容进行详细分析研究,以促进功能融合,强化特色服务,并从物质保障、精神慰藉和生活照顾等方面归纳该模式的服务内容。

4. 家院互融养老服务模式的服务效果评价机制分析

为了更好地完善养老服务模式,每种模式都要有其评价机制。本项目将对家院互融养老服务模式的社会效应进行深入研究,根据相关政策文件以及该模式的实际调查分析其已有评价机制,重点在于从服务对象角度调研服务的满意度、服务老人的公平性和可及性等内容,并在此基础上对评价机制进行完善,以促进服务效果的提升。

(四)家院互融养老服务模式完善路径研究

家院互融养老服务模式虽然在某种程度上克服了机构养老等模式存在的一些问题,但并不意味着该模式就完美无缺。本研究将通过以上对家院互融养老服务模式存在问题进行分析,研究解决问题的相应对策和措施,尤其是在保障制度方面提出完善家院互融模式的建设性意见。同时,也对该模式的规范服务标准提出建议。

(五)家院互融养老服务模式的供给能力提升研究

家院互融养老服务是为老年人口提供产品或服务、满足其衣食住行用以及精神文化等方面需求,该供给的实现包含了三个层面的支持:一是产业层面的供

给,二是要素层面的供给,三是制度层面的供给,因此本项目的研究框架主要包括以下内容:

1. 家院互融养老服务模式的产业供给能力研究

通过对宁波市家院互融养老服务模式的产业供给能力研究,力求在市场供给的背景下将居家养老服务设计成具有可持续发展的特点,根据养老服务项目和规范分析,以供给能力提出社会化居家养老服务应具有的高度,提高供给的质量和效率,符合老人的多样化需求,以社会化促进居家养老服务的转型升级。

2. 家院互融养老服务模式的要素供给能力研究

通过对宁波市家院互融养老服务模式中的要素供给能力研究,从根本上解决转型问题,包括居家养老服务队伍建设、社会资本进入居家养老服务市场等。同时培育发展新动力,优化劳动力、资本、土地、技术、管理等要素配置,激发创新创业活力,推动大众创业、万众创新,释放新需求,创造新供给,在机制上能推动新技术、新产业、新业态蓬勃发展,加快实现居家养老服务的创新变化。

3. 家院互融养老服务模式的制度供给研究

通过对宁波市家院互融养老服务模式中的制度供给研究,在制度上重点研究适度扩大再增长方面基于质量和结构效益的投资规模,加快养老服务市场的开放融合;推进国有、非国有经济发挥各自优势协调发展,完善以"共赢"为特征的社会主义市场经济基本经济制度的现代化实现形式,促使政府、市场在养老服务市场中发挥各自应有作用,推广"政府与社会资本合作"的养老服务 PPP 模式①,寻求共赢。

4. 家院互融养老服务模式供给和需求协调发展研究

以政府和市场的协调互动为纽带,提出宁波市家院互融养老服务模式供给和需求之间的内在联系,让供给创造需求的档次提升,让需求倒逼供给能力的提高,以互促制度形成两者的协调平衡和良性互动,如建立完善与经济社会发展相匹配的收入稳定增长机制,提高老年人的消费能力和服务购买力的同时,加强老年人养老观念、消费意识、生活习惯等的教育引导等。

---

① PPP 模式(public-private partnership),即政府和社会资本合作,是公共基础设施中的一种项目运作模式。在该模式下,鼓励私营企业、民营资本与政府进行合作,参与公共基础设施的建设。

四、研究思路和研究方法

（一）研究思路

本项目以宁波地区的家院互融养老服务模式为研究对象,通过文献检索和分析,明确家院互融养老服务模式的基本概念和理论脉络,把握家院互融养老服务模式的基本情况及基本特点,探索家院互融养老服务模式的服务内容、服务需求以及评价机制等,从供给侧的角度探索社会化居家养老服务的结构调整方向,通过对产业供给能力、要素供给能力、制度供给能力等方面的深入研究,寻求家院互融养老服务模式供给和需求之间搭建相互协调和平衡的机制,结合实证研究,分析在实施过程中出现的问题及其原因,并针对该模式所存在的问题提出相应对策和建议,试图在实践经验的基础上进一步完善家院互融养老服务模式,拟定服务规范,使之具有可广泛推广和应用的社会价值。

（二）研究方法

1. 文献研究法

通过维普、同方和知网等学术期刊数据库以及各种网络搜索引擎等查阅有关社区居家养老服务的理论知识、政策法规和实践做法等文献资料,及时把握国内外最近发展和研究动态,借鉴已有的研究成果和较为成熟、系统的做法,汲取其经验教训,找到新的理论依据,为本项目研究提供理论框架和有力的论据支持。

2. 比较分析法

对国内外社区居家养老服务模式进行各方面的详尽比较和分析,分析国内外社区居家养老服务模式的精髓和其中可能移植到家院互融养老服务模式的具体做法,借鉴成功的经验,以增加研究的深度和广度。

3. 访谈调研法

组织养老服务行业的专家学者、养老机构的负责人、民政等相关部门政府官员对家院互融养老服务模式进行访谈调研,从理论和实践角度分析该制度的利弊,为完善该制度提供思路和建议。

4. 个案分析法

对开展家院互融养老服务的地区进行调研,选取其中典型案例进行分析研究。

（三）研究技术路线

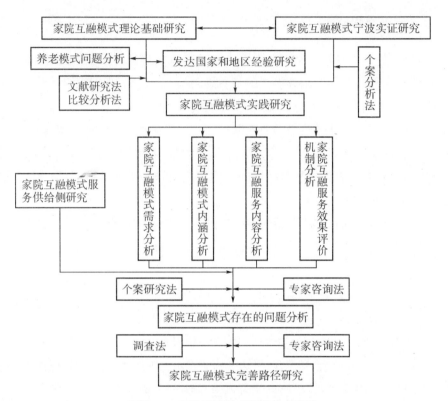

图绪-1　家院互融模式研究技术路线

五、研究的创新点

（一）研究成果的创新性

养老服务好坏与否事关社会稳定与小康社会的顺利建设。当前，随着我国人口老龄化加速发展，随之而来的养老问题日益严重，养老服务投入与资源配置已难以满足社会日益增长的养老需求。本研究将把家院互融养老服务模式放到经济社会发展的大格局中，以家院互融养老服务模式为研究主线，讨论人口老龄化背景下的推行家院互融养老服务模式的有效性分析，在理论研究的基础上重点开展对该模式的逻辑架构等方面的研究，是一种理论上的创新，将填补国内外在这一领域中的空白点。

（二）研究成果的可推广性

根据《国务院关于加快发展养老服务业的若干意见》（国发〔2013〕35号）的文件要求,"到2020年,全面建成以居家为基础、社区为依托、机构为支撑的,功能完善、规模适度、覆盖城乡的养老服务体系"。由此可见,居家养老已经成为我国养老服务中最为主要的推广模式。本研究将紧密结合健康养老的社会服务需求,分别从财政、卫生、民政、劳动保障、物价及非政府组织等层面上,研究家院互融养老服务模式在建设内涵、功能拓展方式及其供给能力和影响因素；从需方、供方角度,研究老龄化背景下政府公共财政分类补偿途径与保障机制,提出能与老龄事业发展实际,包括机构设置、功能职责、业务范围、政策导向及绩效评价等方面以完善家院互融养老服务模式的政策建议,通过家院互融养老服务模式的特征、服务内容和考评机制等的分析和研究,清晰界定家院互融养老服务模式的内涵和概念,并梳理该模式的运行机制,拟定相关服务规范,并结合实践试点推广应用,使其具有较好的可复制性,从而符合我国国情,具有较好的推广价值,为政府实施监督考核提供可靠的科学依据。

第一章
人口老龄化与养老服务模式的宁波应对

近年来,随着经济社会的快速发展,医学技术发展日新月异,社会居民生活品质不断提高,人均寿命不断提升,人口老龄化程度加深带来了社会养老服务需求日益增加,养老问题涉及民生福祉,已经成为社会和政府所关注的重要民生问题。党的十九大报告对养老问题也予以了高度关注,明确提出:"积极应对人口老龄化,构建养老、孝老、敬老政策体系和社会环境,推进医养结合,加快老龄事业和产业发展"。本章将紧密结合当前宁波市人口老龄化的情况,通过调研分析居家养老的服务需求,对比家庭、社区、机构等三种养老服务模式的优缺点,提出创新构建宁波居家养老服务模式的理念思路和路径,为家院互融——机构养老向社区居家延伸研究奠定实践基础。

第一节 宁波市人口老龄化现状和面临的挑战

宁波,简称甬,副省级市、计划单列市,有制定地方性法规权限的较大的市,是我国东南沿海重要的港口城市,长江三角洲南翼经济中心,国家历史文化名城。近年来,宁波市经济发展迅速,2017 年全市实现地区生产总值 9 846.9 亿元,按可比价计算,比上年增长 7.8%。其中,第一产业实现增加值 314.1 亿元,增长 2.4%;第二产业实现增加值 5 105.5 亿元,增长 7.9%;第三产业实现增加值 4 427.3 亿元,增长 8.1%。三个产业之比为 3.2∶51.8∶45.0。按常住人口计算,全市人均地区生产总值为 124 017 元(按年平均汇率折合 18 368 美元);2017 年末全市拥有户籍人口 596.9 万人,其中市区 289.6 万人。全年出生 61 258 人,其中男性 31 873 人,男女性别比为 108∶100,年末全市常住人口为 800.5 万人,城镇人口占总人口的比重(即城镇化率)为 72.4%。经济发展带动了生活水平的提高,2017 年宁波市居民人均可支配收入 48 233 元,比上年增长 8.0%。按城乡分,城镇居民人均可支配收入 55 656 元,增长 7.9%,扣除价格指数,实际增长 6.0%;农村居民人均可支配收入 30 871 元,增长 8.0%,扣除价格指数,实际增长6.1%。城乡居民人均收入倍差为1.80。2017年宁波市居民人均生活消费支出29 316元,增长5.1%。按城乡分,城镇居民人均生活消费支出33 197元,增长5.1%,农村居民人均生活消费支出20 239元,增长4.8%[①]。宁波市人均寿命明显延长,《"健康中国2030"规划纲要》提出:到2030年,人民身体素质明显增强,2030年人均预期寿命达到79.0岁,人均健康预期寿命[②]显著提高。而2015年宁波市户籍居民人均期望寿命就达到81.24岁,男性为79.12岁,女性为83.55岁,已达到发达国家水平[③]。社会人口老龄化带来养老负担加剧,解决养老问题,首先就要对宁波市人口老龄化情况进行分析。

一、人口老龄化的界定

(一)老年人的界定

1. 老年人的生物学概念

从生物学角度来看,老年人主要表现为人体结构和生理功能的衰老。世界卫生组织认为60~74岁的人群可以称为初老期型老年人,75~89岁为中老期型的老年人,90岁以上为老老期型的老年人。一般来说,老年人在生理上会呈现出生理机能下降、新陈代谢放缓和抵抗力下降等特征,其中头发、眉毛、胡须变得花白则是其最明显的表现形式之一,某些老年人会出现老年斑和记忆力减退等症状。人们在进入老年阶段之后,面临的主要问题有:退出就业领域产生个人价值无用感;经济收入减少导致生活困难;退出社会生活使人际关系淡化,进而萌发孤独感;老年人患病增加,使其身心受到折磨;面对疾病和死亡产生无奈和恐惧感。因此,政府应进一步建立完善各项关于老年人的社会保障政策,确保其基本的生活水平和保持其身体健康,维护各项合法权利与保障生活尊严,帮助老年人积极参与社会活动,共享经济社会发展的各种成果。

2. 老年人的法律界定

根据《中华人民共和国老年人权益保障法》的规定,60岁以上的人就属于老

---

① 《2017年宁波国民经济和社会发展统计公报》数据。
② 人口学界用人均期望寿命(预期寿命)来衡量统计当年人的寿命水平,即已经活到一定岁数的人平均还能再活的年数。"人均预期寿命达到79.0岁"是指,2030这一年出生的国民,他们预计平均能够活到79岁。但由于这一数字须基于当前人口环境数据计算,因此,该指标更多是体现当下,是衡量当前社会的经济发展水平和医疗卫生服务水平。
③ 宁波市疾病预防控制中心公布的数据。

年人。这就意味着,我国公民一旦到了 60 周岁,其作为老年人所拥有的子女赡养与抚养、社会福利等都会受到法律保护,国家也从制度上保障老有所养、老有所医、老有所为、老有所学、老有所乐。

党的十八届三中全会审议通过的《中共中央关于全面深化改革若干重大问题的决定》提出:研究制定渐进式延迟退休年龄政策,积极应对人口老龄化,加快建立社会养老服务体系和发展老年服务产业。2018 年 1 月 9 日,人力资源和社会保障部部长尹蔚民在《人民日报》发表署名文章时再次提及:针对人口老龄化加速发展的趋势,适时研究出台渐进式延迟退休年龄等应对措施。目前,我国法定退休年龄是 1953 年《劳动保险条例》规定的。1978 年,国务院再次明确,女工人退休年龄是 50 岁,女干部 55 岁,男职工 60 岁。但是中华人民共和国成立 60 多年来,我国经济社会发展、人口数量、人口结构、人口预期寿命都发生了巨大的变化。20 世纪 50 年代确立退休年龄时,我国人口预期寿命才 60 多岁,现在的大城市女性的预期寿命已经 80 多岁了,如果依然 50 岁退休,相当于领养老金的时间快超过了工作的时间,这是不可持续的。另一方面,我国人口迅速老龄化,劳动力供给越来越少,50~60 岁的人,按现在的标准来看是非常年轻的,过早的退休,是浪费劳动力。延迟退休是由现阶段我国的人口状况决定的,一旦延迟退休政策的出台并实施,对于老年人的法律界定也可能会随之重新调整。

3. 失能老年人的学术界定

丧失生活自理能力的老年人称为"失能老年人"。目前学术界评价生活自理能力的标准并不统一,但一般来说,生活自理能力通常是以日常生活自理能力(physical activities of daily living,ADL)或者综合 ADL 与工具性日常生活能力(instrument activities of daily living,IADL)来衡量。

ADL 包括洗澡、穿衣、室内活动、控制大小便、吃饭和上厕所等 6 个项目。按照国际通行标准来看,以上 6 项中若有 1~2 项不能自理,则被定义为"轻度失能",3~4 项可视为"中度失能",5~6 项则被称为"重度失能"。

IADL 共有 8 个项目,包括上街购物、外出活动、食物烹调、家务维护、洗衣服、使用电话能力、服用药物和处理财务能力等,反映了老年人的家务操作能力,是维持社会活动的基础。按照国际通行标准分析,如果仅 IADL 障碍的独居或者空巢老年人,则界定为"轻度依赖",如果 ADL 中有 1~2 项不能自理,则被称为"轻度失能",3~4 项可以被视为"中度失能",5 项及以上的称为"重度失能"。

4. 空巢老人

空巢是指子女长大成人后离开原先生活的家庭,是家庭生命周期中的一个重要阶段,其本质特征主要表现在家庭间的代际关系发生了极为重要的变化,即父母和子女在居住空间上由合住变为分离。空巢老人,一般是指子女离家后的中老年人。随着社会老龄化程度的加深,空巢老人越来越多,已经成为一个不容忽视的社会问题。当子女由于工作、学习、结婚等原因而离家后,独守"空巢"的中老年夫妇因此而产生的心理失调症状,称为家庭"空巢"综合征。

根据家庭生命周期理论①,自从某一家庭成员间的最后一个子女长大成人且离开家庭,从其开始进行独立生活时算起,就意味着该家庭进入了一个空巢期;自老年夫妇的其中一方死亡时算起,剩下的老年人单独生活,家庭就进入了消亡期;当最后的老年人去世时,就标志着这个家庭彻底解体。学术界所普遍接受的关于家庭生命周期阶段的划分是美国学者P.C.格里克最早于1947年从人口学角度提出来的,并对一个家庭所经历的各个阶段作了划分,他将家庭生命周期划分为形成、扩展、稳定、收缩、空巢与解体等6个阶段(见表1-1)②。因此,空巢期是家庭生命周期发展阶段之一,然而空巢家庭则是指子女不在身边的老年人家庭。

表1-1 家庭生命周期阶段的划分

阶段	起始	结束
形成	结婚	第一个孩子的出生
扩展	第一个孩子的出生	最后一个孩子的出生
稳定	最后一个孩子的出生	第一个孩子离开父母亲
收缩	第一个孩子离开父母亲	最后一个孩子离开父母亲
空巢	最后一个孩子离开父母亲	配偶一方死亡
解体	配偶一方死亡	配偶另一方死亡

---

① 家庭生命周期(family life cycle)是指家庭依照一定的轨道形成、发展、分裂出新的家庭,直到母家庭消亡的全过程。
② 杨春.对推进江苏省健康老龄化和积极老龄化的思考[J].人口学刊,2009(3):60-65.

空巢家庭也称为家庭空巢,美国学者杜瓦尔[①]在1977年根据独立生活在核心家庭所作的家庭生命周期的划分,是指那些老年人无子女的家庭或者子女与老年人分开居住的家庭。家庭空巢化是指在老年人所生活的家庭环境中,居住安排逐步形成以独居或仅与配偶居住的家庭的过程,在统计上通常将只有夫妇两人的家庭户及成年人独居一人家庭户合计作为"空巢家庭户"。

(二)人口老龄化的内涵

人口老龄化是指在总人口中因年轻人口的数量减少、老年人口数量增加而导致的老年人口的比例呈现出相应增长趋势,是老年人口在总人口中所占比重逐渐提高的一个动态过程。根据1956年联合国《人口老龄化及其社会经济后果》确定的划分标准,当一个国家或地区65岁及以上老年人口数量占总人口比例超过7%时,则意味着这个国家或地区进入老龄化。1982年维也纳老龄问题世界大会,把60岁以上的人口占总人口比例达到10%,或65岁以上人口占总人口的比例达到7%作为一国或地区进入老龄化社会的衡量标准[②]。

人口老龄化一般有如下两种含义:一是老年人口与以前相比相对增多,在总人口中所占比例呈现出一个不断上升的过程[③]。也就是说人口老龄化程度不仅取决于老年人口的绝对数量,更取决于老年人口总数与其他年龄段人口数的相对比值,即相对老龄化;二是社会人口结构呈现出老年状态,进入老龄化社会,就是老年人口比例不断提高的过程,即绝对老龄化。老龄化社会的到来是现代社会发展的必然趋势和必然结果,由此带来的问题应引起政府及社会各界足够重视。

---

① 杜瓦尔认为就像人的生命那样,家庭也有其生命周期和不同发展阶段上的各种任务。而家庭作为一个单位要继续存在下去,需要满足不同阶段的需求,包括:a. 生理需求;b. 文化规范;c. 人的愿望和价值观。家庭的发展任务是要成功地满足人们成长的需要,否则会导致家庭生活中的不愉快,并给家庭自身发展带来困难。在学术界,她所提出的生命周期的思想更为系统,而且长期以来被广为传播、采用。
② 邬仓萍,谢楠. 关于中国人口老龄化的理论思考[J]. 北京社会科学,2011(1):4-8.
③ 林善浪,王健. 家庭生命周期对农村劳动力专一的影响分析[J]. 中国农村观察,2010(1):25-35.

二、宁波市人口老龄化的现状分析

（一）人口老龄化情况

民政部公布的《2016年社会服务发展统计公报》显示，截至2016年底，全国60岁及以上老年人口2.3086亿人，占总人口的16.7%，其中65岁及以上人口1.5003亿人，占总人口的10.8%，国家人口老龄化趋势明显。

国家老龄办发布的《中国老龄产业发展报告2014》认为，从2013年到21世纪末，我国人口老龄化过程可分为四个阶段。第一阶段：从2013年到2021年为快速发展阶段，同时我国人口处于轻度老龄化阶段。在此阶段，我国老年人口迎来第一个增长高峰，由2.02亿增长到2.58亿人。这一阶段增加的老年人口属于"50后"，他们的思想观念、收入水平、生活方式不同于"30后""40后"老年人，不仅消费能力强，而且只有少部分人赶上计划生育，大多数有3个及以上子女。这些子女是"50后"老年人经济来源的主要补充，但这些子女目前是社会的中坚力量，不可能为其父母提供家庭养老服务。不过，他们是发展老龄金融的重要客户群体。这一阶段是我国老龄产业发展的黄金战略准备期。第二阶段：从2022年到2030年我国老年人口将迎来第二个增长高峰，也是21世纪老年人口增长规模最大的一次，由2.58亿增长到3.71亿人。老龄化水平在2024年将达到20.3%，进入中度老龄化阶段。需要强调的是，到2023年前后，老龄人口将超过少儿人口，标志着中国从主要抚养儿童的时代迈入主要扶养老人的时代。这一阶段的老年人口主要是"60后"。这批人经历了严格的计划生育，子女数量锐减，城市老年夫妇平均不到1个子女，农村老年夫妇平均也只有2个子女。这批人思想观念开放、生活方式现代化、经济实力也比较雄厚。第三阶段：从2031年到2053年为快速发展阶段，我国人口进入中度老龄化阶段。在此阶段，我国总人口进入负增长阶段，人口总量开始减少，老年人口增长态势放缓，由3.71亿人增长到4.87亿人。这一阶段增加的老年人口大多是"70后"，他们中很多人拥有巨大老龄金融资产，将是老龄产业的直接消费者和间接消费者。在此阶段，我国老龄产业发展进入成熟期。第四阶段：从2053年到2100年为高位发展阶段。在此阶段，我国人口持续处于中度老龄化阶段。老年人口增长期结束，由4.87亿人减少到3.83亿人，人口老龄化水平始终稳定在1/3上下，高位运行，形成一个稳态的重度老龄化平台期。

机构养老向社区居家延伸模式的研究
——以宁波市为范本

我国人口老龄化的特征主要有：一是绝对规模大。2013年，我国老年人口突破2亿，预计2025年将突破3亿，2033年突破4亿，2053年达到峰值4.87亿，分别占届时亚洲老年人口的2/5和全球老年人口的1/4。二是发展速度快。人口老龄化水平将由目前的1/7快速攀升到21世纪中叶的1/3，老龄化程度从10%提高到30%。我国将仅用41年就走完英、法、美等西方发达国家经历了上百年才走完的人口老龄化历程，是除日本外的世界人口大国在崛起过程中老龄化速度最快的国家。三是高龄化显著。2050年80岁及以上高龄老年人口将达到1亿，是2010年的5倍，高龄比（高龄老年人口占老年人口总量的比重）达到22.3%，是2010年的2倍，相当于届时发达国家高龄老年人口的总和，占世界高龄老年人口总量的1/4。这一高龄老年人口的增长速度和高龄化过程是世界人口老龄化发展历史上少有的。四是发展不均衡。人口老龄化水平城乡倒置，21世纪农村人口老龄化程度将始终高于城镇，差值最高的2033年达到13.4%。区域常住人口老龄化呈现出东部放缓、中西部不断加快的态势，随着中西部青壮年人口向东部流动，这种态势还将进一步加剧。省份间的老龄化进程差异巨大，最早和最迟进入人口老龄化的上海和西藏之间相差40余年。五是波动幅度大。由于过去人口发展不均衡，未来四十年我国将经历三次老年人口增长高峰，其增长数量和比例将呈现出剧烈波动态势，波动幅度超过50%。这种大起大落的人口发展态势，将对经济社会协调发展形成剧烈的振荡效应。因此，人口老龄化将逐步成为我国人口长期均衡发展的重要矛盾①。

宁波市于1987年进入老龄社会，此后其老年人口递增速度逐年加快，人口老龄化程度日益加深，是全国最早进入老龄化的城市之一。随着老龄化的加速，养老越来越成为宁波市民关注的话题。截至2015年底，宁波市60周岁及以上户籍老年人口有131.6万，占户籍人口总数的22.4%，相比2014年，老年人口增加了6.1万，增幅4.9%，是总人口增幅的10倍，老龄化系数已连续五年以约1%的速度增长。按照国际惯例，老龄人口超两成意味着一个城市已进入中度老龄化社会。据预测，到2020年，宁波市老年人口将突破160万，老年人口系数将超过25%，到2025年老年人口将突破200万，占总人口的1/3。

---

① 全国老龄办《关于国家应对人口老龄化战略研究总报告（2017年）》。

(二) 宁波市人口老龄化产生的原因分析

出生人口降低、老龄人口增加是造成社会人口老龄化最直接社会因素。从根源分析，宁波市人口老龄化的原因主要有以下三点：

1. 生育高峰连续推动、结婚率和生育率出现"双降"是造成人口老龄化的根本原因

新中国成立后，我国先后出现了三次生育高峰。在未来40多年内，演化成为三次老年人口增长高峰，推动60岁及以上老年人口达到4.87亿的峰值。数据显示[1]，2017年宁波全市一共办理结婚登记36 131对，其中境内居民登记36 021对，涉外结婚登记110对，呈现出"双降"态势。此前结婚登记量最低的出现在2001年，为38 492对；最高的出现在2014年，达到了57 597对。而2017年全市结婚登记量较2001年再降2 000多对，创下历史新低。一方面，当前适婚人群主力军为"80后""90后"，他们基本为独生子女，达到适婚年龄的总人数相对以前大大减少，结婚的总人数因而逐年降低。另一方面，因为受教育程度的提高及工作、买房等压力，越来越多的年轻人主动选择了不结婚或晚婚，也是造成结婚登记人口降低的重要原因。结婚率降低同样会带动生育率降低，出生人口基数的减少，如果同比老龄人口持续增加的情况，社会老龄化的程度会不断加深。

2. 医疗服务水平快速提升、人口预期寿命稳步延长是造成人口老龄化的重要原因

由于经济社会发展，人民生活水平提高，特别是由于医疗卫生事业的进步，我国人口平均预期寿命的增长速度快于发达国家，从中华人民共和国成立初期的35岁，提高到改革开放初期的68岁，2010年已达到74.83岁，未来还将进一步提高。此外，城镇化快速发展通过提升人口平均预期寿命和降低生育率水平，对人口老龄化起到了较大的推动作用。

近年来，宁波市紧紧围绕"预防更有效、看病更方便、看病不太贵、看病有良医"目标，以创建与深化"卫生强市"为载体，推进"健康宁波"建设，全面启动与加强了深化医药卫生体制改革，各级财政对卫生工作支持力度明显加大，卫生资金投入不断增加，2013年卫生事业经费占财政支出达4.68%，人均经费达到578

---

[1] 滕华，楼莹. 2017宁波"婚事"大数据：结婚人数创新低离婚人数创新高[N]. 宁波晚报，2018-1-4 (A4).

元。政府不断推进医疗卫生基础设施建设,优质卫生资源供给不断增加,每千人口床位数、医生数和护士数有较大增长,卫生资源配置进一步得到优化,医疗机构床位数、执业(助理)医师数、注册护士数等卫生资源拥有量均呈现出明显增长趋势,到 2016 年,宁波市共有各级各类医疗卫生机 4 115 家,其中医院 109 家,社区卫生服务中心和乡镇卫生院 168 家;医疗机构实有床位数为 34 577 张,卫生技术人员 59 351 人,其中执业(助理)医师 22 941 人,注册护士 23 714 人,全市全面推行家庭医生制服务,建立社区医生和居民契约服务关系,社区责任医生制度得到进一步推广,"街道有社区、社区有站点、家庭有责任医生"的服务网络不断完善。截至 2016 年 12 月,全市所有的 148 家社区卫生服务中心(乡镇卫生院)均开展了签约服务工作,签约家庭医生共 3 312 名,组建家庭医生团队 1 343 个,累计签约居民人数达 61.50 万人,其中重点人群签约 47.27 万人,重点人群签约率达 34.15%。目前,"小病进社区、大病进医院、康复回社区"的医疗服务格局正在形成,城乡居民社区卫生服务网络覆盖率达到了 100%,基本实现"20 分钟社区卫生服务圈",医疗服务能力得到了较大提高。

2017 年,宁波市开始启动居家和社区养老服务改革试点、长期护理保险制度试点,户籍人口基本养老保险参保率居全省第一,养老机构医疗卫生服务覆盖率达 81%。医疗服务的广覆盖、医疗技术水平不断提升,宁波市居民健康素养显著提升,宁波居民健康素养监测结果显示①,2016 年我市居民健康素养水平达到 18.65%,不仅比 2015 年提升了 3.21%,而且远高于全国平均水平,这意味着每 100 个 15~69 岁的市民中,约有 19 人了解基本健康知识和理念、掌握健康生活方式和行为内容并具备基本的健康技能;人均期望寿命显著提高,2016 年宁波市居民人均期望寿命达 81.34 岁,居民健康期望寿命为 71.54 岁,分别高于全国 5.24 岁和 3.04 岁,人均期望寿命 5 年内提高了 1 岁。

3. 计划生育等政府限制生育的政策是造成人口老龄化的推动力量

实施计划生育政策以来,全国总和生育率迅速下降到更替水平以下,成功解除了"人口爆炸"的引信,缓解了人口总量的压力,其代价是加速了老龄化进程。第六次全国人口普查数据显示,我国总和生育率不足 1.5,这样的超低生育水平决定了未来人口老龄化水平将进一步加速提高。由于计划生育政策长期执行,独生子女关爱程度提高导致育儿费用负担不断加重,生育意愿不断降低,对此 2016 年起国

---

① 宁波市疾病预防控制中心的统计数据。

家全面施行两孩政策以增加出生人口。2017年我国全年出生人口1 723万人,人口出生率为0.124 3‰,相比2016年两项数据均有小幅下降,原因是二孩数量尽管在增长,但一孩出生数量下降较多①。

宁波市人口和计划生育统计资料显示,2016年宁波市户籍人口出生54 845人,同比增加9 693人,增长21.47%,是1997年以来的最高水平,其中二孩出生占比为38.26%,较2013年提高约17%,户籍人口育龄妇女总和生育率提升至1.3左右,其中宁波市生育二孩的育龄妇女年龄30~34岁的占比最高,生育二孩的育龄妇女中高龄产妇接近30%。全面二孩政策实施后,宁波市高龄、高危孕产妇明显增多,2016年宁波市常住人口35岁以上高龄产妇8 901人,占比9.58%;高危孕产妇28 887人,占比62.59%。出生人口的增加多依赖于已生育家庭,而未生育家庭的生育意愿未明显提高。2017年全市人口出生率为0.103 1%,自然增长率为0.030 4%,比上年提高0.019%,连续20年低于0.5%②。据预测,宁波市实施全面两孩政策后,"十三五"时期将比"十二五"仅多出生5万人左右。由此可见,出生人口的降低,老龄人口的持续增加,老龄化趋势无法彻底改变,生育率下降与深度老龄化,是长期、内在的固有趋势,不可能单凭生育政策松绑就出现逆转,二孩政策仅仅是延缓了老龄化的发展进程,生育意愿的走低看来很难仅凭单一性的生育政策予以扭转,在未来可见时期很可能遭遇"未富先老"。

(三)宁波市人口老龄化的特征和社会影响

1. 宁波市人口老龄化的特征③

(1)老龄化发展速度快:宁波市老龄人口从2005年末的82.2万,到2015年末上升到131.6万,仅仅10年间就净增49.4万,年均增长超过6%,老龄化系数④从14.6%上升到22.4%,年均升高0.78%。从2013年开始,宁波市老龄化呈现加速趋势,2013年宁波市老龄人口118.7万人,到2015年净增老龄人口共12.9万,超出过去8年增量的1/3。

(2)老龄化程度深:宁波市80岁及以上高龄老年人增长速度快,呈现高龄化趋势,2011年到2015年,宁波市80岁以上的户籍人口增长4万人,且占户籍

---

① 国家统计局的统计数据。
② 《2017年宁波国民经济和社会发展统计公报》数据。
③ 董亚琦.宁波市居家养老服务多中心供给研究[D].宁波:宁波大学,2017:10-11.
④ 老龄化系数是老年人口数占总人口数的比重。

人口数的比例由 2.76% 上升到 3.4%，并逐年稳步增长。2015 年底，全市 80 周岁及以上高龄老人有 19.9 万，占老龄人口总数的 15.14%。

(3) 失能老人比例高：老龄人口的增加带来的是健康问题日益严重。截至 2015 年底，宁波市失能老人 3.6 万，半失能老人 5.6 万，合计占老年人口总数的 7%。

(4) 空巢化趋势明显：根据宁波市 2010 年第六次全国人口普查结果显示，平均每个家庭户的人口为 2.47 人，核心家庭已经成为我国的主要家庭结构类型，年轻人在成年结婚后一般更倾向于选择独立生活。2015 年底，宁波市空巢老人人数 45.3 万，占老年人总数 34.4%。

(5) 居家养老为首选：宁波市统计局 2015 年 5 月组织的全市养老服务业发展情况和养老服务需求调查显示，全市 92.4% 的老年人选择居家养老的方式，老年人青睐居家养老方式的原因，79.2% 的人认为是"自由方便"，62.6% 的人认为是能够"享受家庭亲情"，33.2% 的人认为是"居家养老省钱"，另有 16.5% 和 13.3% 的人认为是"没有合适的养老院可去"和"去养老院没面子"。

由此可见，宁波市社会人口老龄化现象是空前的，正遭遇前所未有的养老危机，对养老保障体系、社会经济发展、医疗卫生事业等各个方面都是一个巨大挑战，而且随着人口老龄化发展的持续深入，对于宁波市经济社会的影响是越来越深刻，社会所面临的挑战也越来越紧迫。无论是社会、家庭还是政府都应当承担起养老的责任，积极应对人口老龄化所带来的社会变化，缓解人口老龄化对社会的压力，提升老年人群的生活满意度和幸福感。

2. 宁波人口老龄化的社会影响

人口老龄化对宁波市经济社会发展的影响是深远的，主要体现在以下几个方面：

(1) 区域人口劳动力老化和劳力供给长期缺乏：人口老龄化意味着适宜劳动力的减少，现有劳动力老化严重，面临劳力短缺困境。宁波市的经济社会发展也就意味着要更多外来人口的支持，对于政府投入来说，无论外来人才吸引资金、外来人口帮扶政策，还是社会宜居环境、工作条件等多个方面都是要增大支出，这就表明投入和产出的效率值也可能会降低。

(2) 区域经济增长速度放慢：经济增长的要素是劳动、资本的投入、技术进步和制度安排。老龄化造成人口结构变化，冲击了从教育、消费品结构、社区建设、医疗、护理等一系列社会服务制度性安排，需要作出相应调整，直接影响到经济发展走向。老龄化使资金中用于储蓄的部分增加，投资减少，不仅是劳动力的缺少问题,传统的养老习惯老年人更乐于将钱用于储蓄,甚至是更愿意留给子女,对于本地区经济提升推动明显不够,区域国民生产总值(gross national product,GNP)的增长可能会减缓,甚至有倒退的可能。不可否认,如何应对人口老龄化解决人口老龄化问题,根本在于加快经济发展,壮大区域经济实力,但是老龄化问题又有其自身的特殊性,处理得好,会成为经济社会发展的积极因素;处理不好,则可能成为制约因素。

(3) 区域公共财政投入持续增加:由于人口老龄化的加重,我国养老保障的负担之重,养老保障体系建设面临的压力之大,养老保险制度的改革难度之大,养老保障对社会经济发展的影响之远,都将是前所未有的。人口老龄化最明显的现象是老龄人口的增多,退休人群数量不断增加,也就意味着劳动人口要承担起支持更多老年人养老的责任。老年人的健康保健和医疗服务支出、护理费用等都大大高于其他人群。欧洲的经验性结论是:人均预期寿命每提高1岁,公共养老金支出占GDP比例上升0.5%。此外,人口老龄化影响社会服务的制度性安排,带来的社会经济负担包括老年人生活补贴、养老设施改善都会有明显加重,要解决社会文化福利事业的发展与人口老龄化不适应问题。因此,人口老龄化会必然会增加区域政府的财政压力。

(4) 积极老龄化和健康老龄化所引发的区域养老需求会不断加强:老年人不仅需要社会的扶养,同时自身也有很高的社会价值。老年人的知识、经验、威望、品德、能力等都是社会的宝贵财富,提倡"老有所为"是特有的老龄工作方针之一,充分体现了对老年人的重视、尊重,这也是积极老龄化[①]的必然要求。此外,健康老龄化[②]的观念日益受到国际社会的关注。本区域内的老年人中若有较大的比例属于健康老龄化,老年人的作用能够充分发挥,老龄化的负面影响得

[①] 2002年4月,世界卫生组织在西班牙首都马德里召开的第二届世界老年人大会上提交了一份关于"积极老龄化"的书面建议,并成功地将"积极老龄化"的内涵写入了《联合国第二届世界老龄大会政治宣言》。该宣言详细阐述了"积极老龄化"的内涵,积极老龄化是指在老年时为了提高生活质量,使健康照顾、社会参与和人身安全都尽可能获得最佳机会。"积极"是指老年人不断参与社会、经济、文化、精神和公民事务中去,并非仅指身体的活动能力或参加体力劳动的能力。

[②] 1990年在哥本哈根举行的世界老龄人大会上,世界卫生组织将"健康老龄化"作为应对人口老龄化的发展战略,所谓健康老龄化是指从各个方面促进老年人的整体健康,从而保证老年人在体力、脑力、才能、社会、感情和精神方面得到平衡发展。文中对"健康的"解读除了指身体康健外,还包括心理、智力等多方面的功能处于良好状态,从而能较好地适应社会生活。健康老龄化不仅体现在寿命的延长,更表现在生活质量的提高上。

到制约或缓解,则其老龄化过程或现象就可算是健康的老龄化,或成功的老龄化。当然,积极老龄化和健康老龄化都是要建立在老年人健康的基础上,因此老年人对本地区医疗保健、生活服务的需求必将更加强烈,这就需要宁波市政府部门加大对养老服务领域的投入。

(5) 人口老龄化情况会促使区域养老服务模式的变化:宁波市人口老龄化伴随着家庭小型化、空巢化,家庭结构正在发生迅速的转变,这种转变的影响将反映在社会结构及功能、人际关系及代际关系、家庭内经济流动、生活方式及价值观念等方面,这些变化也会对养老服务模式产生深刻的影响,仅仅依靠机构养老是无法解决养老问题,家庭养老隔离了老人和外界的交流,不符合现代社会的发展需要,养老服务也要从单一的物质供给向物质精神双供给转变,现有的养老服务模式必须实现创新发展。

三、宁波市人口老龄化对养老服务模式的影响

宁波市是老龄化程度较高的城市。截至 2013 年年末,宁波市 60 岁及以上户籍老年人口数为 118.7 万,占总人口的 20.47%,较 2012 年增加 6.3 万人,增幅为 5.7%;65 岁及以上户籍老年人口约 78.2 万,占户籍总人口的 13.48%,老龄化程度已远远超过国际标准,而且于 2013 年首次达到了国际社会公认的中度老龄化标准(60 岁以上人口占总人口比例达 20%),从而进入中度老龄化社会。

根据宁波市第六次人口普查数据①,经计算可知,截至 2010 年末,宁波市 60 岁以上老年人口总数为 100.81 万人,其中身体健康的人数为 534 291 人,基本健康的为 362 915 人,不健康但生活能够自理的为 90 729 人,生活不能自理的为 20 162 人。在所有的 60 岁以上老年人中,有 22 011 人是靠自己劳动维持生活的,靠退休养老金维持生活的有 352 834 人,靠最低生活保障金维持生活的有 70 567 人,生活来源主要为财产性收入的有 10 081 人,靠家庭其他成员赡养的为 332 672 人,其他不可分类的人数为 20 162 人,但是没有靠失业保险金生活的人。其中,健康的人数最多,占比 53.4%,可以视为健康的人数为 90 514 人,所占比重为 89%,不能自理的人数较少,占比 2.3%(图 1-1)。宁波市 60 岁以上老年人口中,靠退休养老金维持生活的人数最多,占比 35.1%,其次是靠家庭其他成员赡养的人数,占比 32.9%(图 1-2)。

---

① 宁波市人口普查办公室.宁波市 2010 年人口普查资料[M].北京:中国统计出版社,2012.

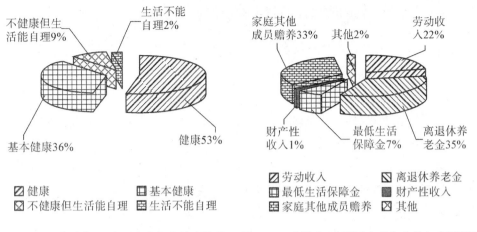

图1-1 宁波市60岁以上老年人健康状况　　图1-2 宁波市60岁以上老年人收入来源状况

（一）机构养老的经济负担将持续加重

人口老龄化使得越来越多的老年人需要养老服务需求,老年人赡养率及其赡养费用将呈现出大幅度上升趋势,社会养老保障金也会因老年人的数量增加而存在支付负担加重的情况。机构养老需要统一集中管理、稳定配备专职人员、维护建设场地设施,人员的专业性高、管理的规范性强都决定了机构养老的成本相对较高,这也意味着老年人选择机构养老要具备一定的经济实力(除了政府承担"兜底"服务的老年人群)。

（二）传统家庭养老模式将受到严峻挑战

随着家庭小型化、人口老龄化的趋势日益明显,传统意义上的大家庭正逐渐减少,父母和子女分居情况普遍,越来越多的老年人不和自己的成年子女一起生活,家庭规模的小型化也致使家庭内部照顾老年人的人手减少,家庭照顾老年人的负担会加重。此外,家庭内部照顾老年人的主要还是配偶和成年子女,一方面,配偶一般也处于老年阶段也需要被照顾;另一方面,生活节奏的加快,成年子女受限于时间、精力和经济因素,无法全身心为老年人提供全方位的养老服务,由此带来的就是传统的家庭养老服务模式无法实现养老服务的连续性和即时性,符合实际现实生活需要的机构养老、社区养老等多元化的养老服务模式因此具有广阔的市场空间。

（三）养老机构的服务压力将大幅度增加

随着年龄的增长，身体状况和生活能力不断退化，老年人罹患各种常见病、多发症等老年性疾病发病率明显上升，使老年人生活自理能力越来越差，对长期照料和康复护理等方面健康服务需求越来越高。传统的机构养老属于政府主导下的养老服务模式，具有社会福利慈善性质。近年来，随着人口老龄化问题的加剧，政府责任的落实使得机构养老模式更容易得到重视，但是它仍然无法彻底解决养老问题。此外，目前宁波市养老机构服务队伍建设较为滞后，不仅专业化护理人员数量短缺，而且专业服务能力也较为欠缺，这与专业化机构养老服务需求存在着巨大的反差，远远不能满足需要老年人多元化的健康服务需要，同时养老护理员比例严重失衡，照顾老年人的护理员配比严重不足，也进一步加剧了机构养老服务的压力[1]。

（四）社区居家养老发展空间将更为广阔

国家统计局公布的数据显示，2017年末我国60周岁及以上人口2.409 0亿人，占总人口的17.3%，相比10年前增加了约1亿人，比例提高近6%，目前的养老服务供给远远不足。国家民政部调查数据显示，全国只有41 700多个养老院。宁波市的情况也比较类似，2017年末宁波全市拥有养老机构266个，床位数5.6万张，相比急速增长的老龄人口，无疑是杯水车薪[2]。由此可见，机构养老无法解决所有老年人的养老问题，政府对于养老服务工作的重心必须向社区居家养老转移，才能解决更多老年人的养老问题。

（五）养老服务中健康和精神需求将更加强烈

老年人因为年龄问题身体功能减退，发生疾病的概率大大增加，特别是一些慢性病一直困扰着老年人。尤其是社会经济发展、生活方式的改变造成家庭养老功能逐渐弱化，可以预见老年人患病或者病情加重的可能性明显提高，使老年人对于医疗服务需求更多。此外，我国长期施行的计划生育政策推动了更多小型家庭的产生，家庭对于老年人的照顾负担加重，日常工作繁忙、人口流动、地域

---

[1] 陆麒雯，邓天武. 宁波老龄化日趋严重，养老护理人才紧缺[N]. 东南商报，2014-5-29.
[2] 《2017年宁波国民经济和社会发展统计公报》数据。

间隔都造成了老年人在生活中缺乏家人的关心,即可能缺少经济上的保障,更缺少精神上的慰藉,产生孤独感,老年人在此阶段因和社会直接接触减少,也会产生无用感,这就要求今后的养老服务体系中必然要增加健康服务项目,要更加重视老年人的精神娱乐需求。

综上所述,人口老龄化是个人、家庭和社会必须面对的现实问题,在政治、经济、社会、科技、文化等多个领域面临着机遇和挑战。构建适合宁波市经济社会发展的社区居家养老服务模式,对于促进宁波市养老服务事业发展、应对人口老龄化、高龄化与失能化的影响具有重要意义。对此,宁波市在社区居家养老服务模式的创新上必须充分考虑到上述问题。

第二节 宁波市城区老年人群居家养老现状分析

随着我国计划生育政策的全面施行和人们生活质量的日益提高,人口年龄结构发生了巨大变化,城市人口老龄化日益凸显。2015 年 7 月至 8 月,项目组以宁波海曙区西门街道为范本,以老小区①为重点,通过对宁波市区居家老年人群进行抽样调研,分析居家养老生活环境、健康服务保障、精神文化娱乐活动等现状,提出了通过重视老年健康友好社区环境建设、构建社区健康服务保障体系、完善社区健康养老的服务项目、培养社区健康养老专业服务队伍等措施保障居家养老健康服务水平。

一、调研对象的基础情况

海曙区地处宁波市西部,辖 8 个街道办事处、75 个社区,该区城市建设时间较早,老龄人口多,2014 年该区人口老龄化程度已经达到 22.8%,为宁波市老三区中老龄化程度最高的地区。海曙区西门街道历史悠久,辖区面积 3.5 平方公里,下辖 13 个社区,户籍人口 6.46 万人,其中 60 岁及其以上老年人口 1.44 万人,占户籍人口总数的 22.29%,高于海曙区 60 岁以上老年人口占总人口数的 21.53%(2013 年统计数据)。西门街道是宁波老三区中人口最多、居住较密集、

---

① 本次调研把"老小区"的概念界定为:建成时间较早(一般建于 1997 年之前)、设施陈旧、老年居民比例较高的老旧小区。根据上述对"老小区"概念的界定,宁波市老三区共有老小区 96 个,占老三区社区总数(186 个)的 51.6%;涉及 15 个街道,占 15 个街道社区总数(125 个)的 76.8%。这些老小区中,老年人占总人口的平均比例达 16.83%,相当于六个人中就有一个老年人。

但居家养老服务设施最少的街道。因此,西门街道是宁波市最具代表性的老小区。本次调研对象是60周岁及以上户籍老年人,其中男性104人,女性156人;生活能够自理218人,半自理32人,完全不能自理10人;60～64岁占26.9%,65～69岁占31.2%,70～74岁占15.8%,75～79岁占10.8%,80～84岁占11.9%,85岁及以上占3.5%;多数老人在和老伴居住,占59.2%,还有24.6%的老人丧偶独居;其经济来源主要靠退休金(占81.5%)。

二、宁波市城区居家老年人养老现状

项目组通过对居家老年人的生活环境、日常照料、健康保障、精神文化需求满足、社会交往等情况进行分析,全面把握宁波市区居家老年人养老现状。

(一)居家老年人的生活环境情况

调查显示:94.2%的老年人所住小区没有电梯,住房均为5层以下的老旧住宅,11.5%的老年人有"摔下楼梯"的经历,81.2%的老年人所在小区没有相应的坡道、扶手等基础设施;66.2%的老年人所在小区有健身设备设施,但53.1%的老年人认为这些健身设备设施不能满足日常锻炼需要;66.5%的老年人认为卫生环境质量尚可,没有影响其基本生活。

(二)居家老年人的日常生活照护情况

调查显示:89.6%的老年人目前的日常生活照料主要依靠自己或配偶,由保姆或社区工作人员照料所占比例不到4%,18%的老年人有"摔下床"经历,51.5%的老年人有"忘记服药"的经历。

(三)居家老年人的健康保障情况

调查显示:42.7%的老年人所住小区内没有医院或诊所,需要到小区附近诊所或更远的医院就医;65%的老年人有医药费用高的烦恼,77.7%的老年人从没享受过无偿或低偿的常用药服务;49.6%的老年人从没有在社区听过健康讲座;78.5%的老年人从没有在社区享受过健康检查或健康咨询服务以及上门看病或巡诊服务;26.2%的老年人希望得到身体检查的服务。

(四)居家老年人精神文化需求满足情况

调查显示：日常生活中会常常感到孤独的老年人占59.1%，非完全自理老人中7.1%的老年人每天都感觉孤独，经常有孤独感的占38.1%，有时感到孤独的有38.1%。从非完全自理老年人的精神文化需求中发现，47.9%的老年人需要聊天解闷。老年人主要日常业余活动单调，主要为看电视、打牌和下棋等，11.4%的老年人偶有文娱活动，比如书画、唱歌、跳舞等。45%的老年人表示从没参加过社区组织的文化娱乐活动；老年人希望得到"聊天解闷"和"文娱活动"服务较多，分别占22.9%和24.0%。

（五）居家老年人社会交往情况

调查显示，在最近一个月内，85%的老年人有人看望过，看望者主要包括老年人的亲人、朋友（邻居）、社区工作人员（志愿者）等，分别占67.9%、19.9%、7.3%，但有5%的老年人从没被子女等亲人看望过。与邻里交往方面，90.4%的老年人与周边邻居往来密切，并且经常会在生活上给予帮助。在交往的方式上，除了传统的串门走访之外，老年人比较常用的方式是电话或手机，甚至还有30.8%的老年人偶尔或经常用微信或QQ等现代新型人际沟通工具。

三、宁波市城区居家老年人养老服务需求分析

调查显示，愿意选择居家养老占65.8%，其主要原因是依恋家庭，并认为机构养老收费高、生活不自由。可见，老年人依然具有较强的传统家庭观念，并且对机构养老存在一定的排斥。但是，老年人在养老方面对子女的依赖性减弱，73.9%的老人不愿意与子女居住以便照顾自己。在日常生活照料方面，老年人希望得到的服务主要包括"打扫卫生""买菜做饭"，分别占17.7%、15.0%，但有35.6%的老人表示什么服务都不需要，因为就目前而言，一切生活均能自理；在医疗卫生保健方面，21.5%的老人表示什么服务都不需要，26.2%的老人希望得到"身体检查"服务；在精神文化方面，老人希望得到"聊天解闷"和"文娱活动"服务较多，分别占22.9%、24.0%。老年人对日常生活照料服务的需求较弱，因为多数老年人身体较健康，能够独立生活，但非常关心身体健康状况，希望获得经常性的身体健康检查服务，老年人同时也关心自己的精神生活，希望有人陪他们聊天并经常参与一些文娱活动，丰富自己的文化生活。

四、宁波市城区居家养老存在的问题

宁波市城区老年人对于居家养老服务需求旺盛,但是项目组在调研过程中仍然发现存在居住条件差、适老设施紧缺,非完全自理老年人居家养老困难,居家养老认识不足、社区服务平台不健全,居家养老资金短缺、渠道单一,居家养老服务力量不足等问题。

(一) 老小区居住条件差,生活不便

宁波市城区内老小区相对较多,建设历史悠久,建筑多是以五层左右砖混结构住宅楼为主,没有电梯,老年居民需自己上下楼,因此,对于自理能力较差的楼上老人来说,存在着上下楼不便的问题。在小区卫生环境方面,由于很多老小区没有专门的物业管理,小区内的卫生相对新社区较差,加之老小区地处市中心,噪音和粉尘污染也在所难免。据调查,33.5%的老人抱怨目前的卫生环境已经影响了自己的生活,老年人对所在小区的整体环境感到不满意的占17%,还有29.7%的老人表示说不清。

(二) 适老设施紧缺,养老服务滞后

由于绝大多数老小区地处市区黄金地段,因土地和房产利用率较高其他可以整合利用的闲置资源和老年公共服务设施较少,即使有资金也没有土地资源可供建设新的服务设施。几乎所有的老小区都没有坡道或无障碍措施,甚至连休息的座椅或能让老年人休憩的凉亭等基础设施都匮乏,小区内老年人活动场地或老年活动中心几乎没有。调查发现,老人最希望小区增加的设施包括:电梯、老年活动室、老年医疗保健室、老年图书馆、绿化设施、无障碍设施以及户外活动场地等。基础设施紧缺凸显了养老服务滞后的问题。老小区的老年人几乎从来没有享受过日常生活照料服务、医疗保健服务和精神慰藉类服务。老年人最希望从社区居家养老服务中心得到帮助和服务的优先顺序为:家政服务、文娱活动、义诊或体检、聊天解闷等。

(三) 非完全自理老年人居家养老困难重重

1. 日常生活照料不足

调查数据显示,老年人目前的生活主要由自己或配偶照料,占总数的89.6%。通过对42名半自理和不能自理老人进行调查发现,多数独居,日常生活照料极为不足。经常忘记吃药的占69.7%,61.9%的老人走路经常跌

倒,上下楼需要帮助的有45.3%,独自出行存在困难的占64.3%。由此可见,非完全自理老人身体不好、行动不便,生活存在诸多困难,更需要照料和服务。他们日常生活最需要的帮助或服务是打扫卫生、买菜做饭、洗衣洗被以及较重的体力活,这些需求都是非完全自理老人力不从心的事情,需要有人帮助他们完成。

2. 医疗保健和健康服务需求强烈

在非完全自理的老年人中,其经济来源绝大部分靠退休金,有着稳定的收入(2 000元以上),但在老年人的日常支出中占比例最多的是医药费用,几乎占去老年人90%的支出费用。因此,老年人有限的退休金较难应付高昂的医药费用,95.2%的老人常常为医药费太高而烦恼。在这部分老年人中,对"一键通"等急救热线服务的需求也是最强烈的,约一半的非完全自理的老人急需此种服务。

3. 精神生活更需关注

从实际情况来看,老年人的实际需求更趋向于精神慰藉服务。根据全国老龄办发布的《中国城乡老年人口状况追踪调查》显示,2010年全国城市有16.5%的老人常常感到孤独感,因为老年人的"老年"感越来越强烈。而非完全自理老人的孤独感则更为严重,本次调查中,发现非完全自理老人中7.1%的老人每天都感觉孤独,经常有孤独感的占38.1%,有时感到孤独的有38.1%。从非完全自理老人的精神文化需求中发现,47.9%的老人需要聊天解闷。非完全自理老人不仅"老年"感强烈,由于健康原因生活不能完全自理,让老年人的"无用"感更强烈,社交明显减少,这部分老年人的心理和精神健康更需要关怀。

(四) 居家养老认识不足,社区服务平台不健全

社区服务是居家养老模式重要的支持系统。近年来,宁波市城区居家养老服务体系在政府帮助和社会倡导下不断得到发展和完善,但依然存在一些问题。一是居家养老认识问题,居家养老虽然在宁波已经发展了多年,但实际调查发现,许多老年人不了解什么是居家养老,也不知道居家养老服务中心是一个什么性质的机构,不清楚提供哪些服务。二是社区养老设施不完善,据调查,在宁波城市老小区中已建居家养老服务中心38家,约占96个老小区总数的40%,尚有近60%的老小区没有居家养老服务中心等相应的居家养老服务平台。而有些社区活动室设备不全,规模较小,只能停留在简单的生活服务层面,对健康护

理、精神慰藉等方面的考虑较少,即使社区有好的思路和举措,但受资源设施、行政化管理模式等所限而无法实施。

(五)居家养老资金短缺,筹资渠道单一

在访谈调查中发现,无论是居家养老服务中心负责人还是社区工作人员都认为资金保障是制约居家养老服务的瓶颈。目前,宁波市居家养老体系的经费主要依靠政府资金投入,虽然政府每年都有大量的资金予以扶持保障,但对于老年人口数量猛增的社会现实,依然显得不足。由于养老服务属于一项公益性质的事业,利润空间狭小,造成民间组织和企业投资积极性不高,民间资本参与居家养老服务的信心不足。

(六)居家养老服务力量不足

居家养老服务队伍建设,是发展居家养老服务的重要环节。但是,目前无论是服务人员的素质、数量还是服务质量,都与老年人的实际需求存在较大的差距。

主要表现在:一是服务人员素质普遍不高。目前,宁波市居家养老服务管理人员、服务人员的培训多采用非正规"自我"教育培训方法,没有系统的培训教材,而实现自我教育的内容又比较狭窄、低级,使服务人员的专业化程度较低,影响服务质量。同时,居家养老服务员又被等同于一般的家政服务员,社会地位和待遇较低,导致一些有一定素质的专业护理员不愿从事这项工作,愿意从事的只有一些文化水平低、年龄偏大的下岗女性和外地人员,而外地人员因语言不通,生活习惯差异较大,影响服务质量。二是志愿者队伍数量总体不足。在专业养老服务人员严重不足的现状下,志愿者队伍作为居家养老服务的重要补充力量,但由于目前缺少健全完善的激励、培训机制,真正能发挥作用的还较少,还不能填补缺口。停留于名册的多,真正发挥作用的少;节日性问候式的多,长期固定结对式的少,而且志愿者服务水平参差不齐,毕竟照顾老人也是件需要技巧的工作,不是任何人都能胜任的,如果没有相关的专业知识,可能会束手无策。总体上讲,真正能帮助老年人的社会志愿者还不够。

五、做好宁波市居家养老工作的思考

(一)重视老年健康友好社区环境建设

社区是居家老年人生活的最基础环境,也是居家老年进行人际交往、获得社会支持的重要平台。随着宁波市老龄化问题的日益严重,越来越多的居家老年人需要从社区获得健康服务,但是由于城市建设的原因,老小区生活条件简陋,健康服务设施配套不足,老年人不仅不能从社区获得健康服务需求,更可能有人身安全隐患,例如老年人腿脚不便利、居住楼层较高且无电梯,就存在下楼摔倒的风险,医疗机构距离较远老年人就诊困难等。对此,政府应从老年人健康保障要求出发,完善各项老年人的保障政策、确保其基本的生活和健康,维护其各项合法权利与生活尊严,推动老年人积极参与社会,保证其享受社会发展的成果,以创造良好的社区友好环境。在身体健康保障方面,可采取为高层居家老人提供上下楼服务或者进行老小区改造、安装电梯,为行动不便的老年人提供陪送医服务,改造社区内健身器材以适应老年人身体锻炼要求,在老年人居住较多的社区内修建和修缮一些符合老年人行动的设施等;在心理健康保障方面,可在社区内营造"尊老爱老"的氛围,积极倡导家庭和睦和邻里互助,鼓励子女多回家探望老年人,组织社工、志愿者经常探望老人,尤其对空巢老人、不能自理的老人要重点予以关怀和照顾;在社会支持方面,根据老年人的生活习惯组织各种娱乐活动,让老年人多参加社会活动,积极帮助老年人接触社会新鲜事物,参加社会活动,让老年人保持精神愉悦。

(二)构建社区健康服务保障体系

老年人是高患病、高伤残和高医疗费用的群体[①]。宁波市城区内老小区多、老龄人口多,相应的配套医疗设施建设不足,给老年人提供的医疗保健资源和服务有限。由于传统文化观念、生活习惯以及养老机构专业服务提供量严重不足等原因,绝大部分老年人更愿意选择居家养老,但这并不意味着居家养老的老人不需要健康服务的需求,毕竟老人随着年龄增长,生理功能不断退化,健康状况

---

① 周国明.宁波市医养结合养老服务发展政策路径研究[J].中国农村卫生事业管理,2014,34(11):1316-1319.

每况愈下,所需医疗资源和所用花费也就越多。

因此,宁波市在构建社区健康服务保障体系过程中,要整合社区资源,重点解决家庭养老需求和医养结合的需求,加强政府与社区合作,弥补家庭在健康养老功能上的不足,减轻家庭照料的压力[①]。同时,要以"政府主导、医养结合、预防为先"为原则,其中"政府主导"可通过政府购买服务的形式,以市场化运作,提高健康养老服务水平,当然健康养老服务的社会化并不意味着政府的完全退出,因为养老保障依然是政府的一项重要职责,所以在构建社区健康服务保障体系时政府职能重点在于宏观运作和调控,而市场化可以促使更多的社会组织、民间团体、企事业单位等参与到健康养老的服务中来[②];"医养结合"要依靠卫生行政部门、医疗机构以及养老机构为居家老人提供专业性医疗保健服务,明确转诊和转院的标准,尤其对于辖区内不能自理的居家老人只要符合标准,应转入正规医疗或养老机构,提供更为专业的养老服务;对于可以自理的居家老人,目前已经在宁波市开展的"家院互融"社区居家养老服务形式值得推广,由养老机构的健康养老服务向社区延伸,这对于当前空巢老年人的快速增加及养老观念的不断转变,养老床位供不应求、供需矛盾十分突出、享受养老服务的人群仍不够广的情况下,可以解决目前机构养老存在的床位提供难题,解决健康养老服务的公平性、普及性和专业性问题,让老年人在熟悉的原居住家庭中乐享晚年,又能得到来自养老机构提供的专业化健康养老服务;"预防为先"要重视居家老人的身体状况,通过早期的健康管理和健康宣教,促使社区老人及早就医,尤其应加强在小病阶段对居民的健康指导,避免小病变大病的现象[③]。

(三)完善社区健康养老的服务项目

1990 年在丹麦哥本哈根世界老龄大会上,世界卫生组织将"健康老龄化"作为应对人口老龄化的发展战略[④]。所谓健康老龄化,是指从整体促进老年人的

[①] 李凤琴,陈泉辛.城市社区居家养老服务模式探索——以南京市鼓楼区政府向"心贴心老年服务中心"购买服务为例子[J].西北人口,2012,33(1):170-175.
[②] 朱晓卓.人口老龄化背景下养老服务体系地方立法研究——以宁波市为例[J].老龄科学研究,2014,2(3):55-64.
[③] 郭春燕,郭永斌,朱晓卓,等.宁波市新型农村合作医疗制度运行状况分析[J].中国农村卫生事业管理,2009(1):32-24.
[④] 穆光宗,张团.我国人口老龄化的发展趋势及其应对战略[J].华中师范大学学报:人文社会科学版,2011(5):29-36.

健康,从而使老年人在体力、才能、社会、感情、脑力和精神方面得到平衡发展。这里所讲的健康除了指身体无疾病外,还包括心理、智力、社会等多方面的功能良好,能适应社会生活和工作①。从调研情况来看,宁波市居家老人在对待健康问题的需求上,渴望在家庭或社区内就能得到方便、经济、及时、高质量的健康服务。因此,宁波市在解决居家养老问题时,要适应健康养老的需求变化,以居家服务为重点,社区医疗服务机构应倾向于向老年人提供医疗保健,而健康服务工作应从医院走进社区和家庭,帮助居家老人提高自身对疾病的控制能力,提高自我保健意识,提升生活质量,在服务项目上更要以身体健康为基础,逐步扩大延伸到心理、生理领域②。考虑到居家老人的生活正在逐步和社会发展潮流接轨,运用微信、QQ等新媒体的能力在不断提高,在提供和开展服务项目上可以逐步实现网上预约、远程医疗、网上健康评估和宣教等。

(四) 培养社区健康养老专业服务人员

根据调研情况,宁波市居家老年人依然具有较强的传统家庭观念,并且对子女的生活依赖性在减弱,更乐于独自生活,因此居家养老是老年人的首选养老方式。但是由于社会经济的发展和转型、家庭规模缩小等因素导致家庭养老功能弱化,这种单一的依靠家庭养老模式对于居家老年人越来越高的健康养老服务质量需求来说越来越难实现,必须通过社区这个平台去解决专业健康服务的问题,这个问题解决的关键就是专业人员。

培养社区健康养老专业服务人员可从几个方面入手:首先,可以对失业者、下岗工人、刚毕业的大学生进行吸纳,通过专业培训,提供居家养老就业岗位,建立常规性居家养老服务专业队伍;其次,通过家庭的自助养老和社会互助养老的结合,以自助带动互助,以社会化服务充分调动社会各方面力量参与和支持社区健康养老服务,让更多的政府机构、社会组织、民间团体和个人参与进来,从全社会范围不断扩大社区健康养老专业服务队伍③;最后,社区可发动和组织其他非政府社会组织、社会团体和个人,建立各类具有专业特色的社会志愿服务队伍,

---

① 曹娟. 积极老龄化视角下中国老年社会保障研究[D]. 南京:南京大学. 2013:102.
② 朱晓卓,张莉,章媛. 宁波市鄞州区首南街道社区居民健康服务需求情况调研分析[J]. 中国初级卫生保健,2014,28(8):45-47.
③ 陈延,卢跃. 宁波发展融合型社会养老服务体系的对策思考[J]. 宁波职业技术学院学报,2013.17(4):70-74.

开展各类志愿服务或邻里互助,重点解决居家老人的心理慰藉问题①。

第三节 宁波市居家养老服务模式的选择

当前人口老龄化问题日益加剧,传统的家庭养老和机构养老都不可避免地有其局限性。面对多种形式的养老模式,居家养老仍是宁波市老年人的首选养老方式,但由此带来的问题是,老年人对居家养老服务的强烈需求和社会供给严重不足的矛盾日益显现,政府必须承担起相应的责任,提高居家养老服务水平。宁波市居家养老服务模式以社区为平台,整合社会资源,在保持原有家庭养老功能的基础上,更有专业性的养老服务作为保障,从而提高了养老服务的公平性和可及性;但是其仍需要在服务的长效性、专业性和服务质量保障,以及服务机制创新等方面予以加强,以形成具有区域特色的模式范本。

一、居家养老服务的相关概念

居家养老服务是指政府、企业事业单位、社会组织、基层群众性自治组织和个人以家庭为基础,以城乡社区为依托,为居住在家里的老年人提供的社会化养老服务。居家养老服务机构是指专门从事居家养老服务的社会服务机构、企业,包括镇乡(街道)的区域性居家养老服务中心、城乡社区居家养老服务站、日间照料中心、托老所、长者照护之家以及其他组织形式的服务机构。居家养老服务设施是指居家养老服务机构组织生产、提供服务产品所使用的房屋及其附属设施。居家养老服务的内容主要有以下几方面:

(1) 短期托养、日间托养、助餐、助浴、助洁、辅助出行、代缴代购等生活照料服务。

(2) 健康体检、康复护理、保健指导、紧急援助、临终关怀等健康护理服务。

(3) 探视、陪聊、心理咨询、情绪疏导等精神慰藉服务。

(4) 学习教育、文化娱乐、体育健身、社会参与等活动帮助和指导。

(5) 其他居家养老服务。

---

① 朱晓卓,王变云.宁波市海曙区居家老年人群健康养老服务情况调研与分析[J].中国农村卫生事业管理,2016,36(3):323-325.

二、居家养老服务的政府责任分析

人口老龄化是全球经济社会高度发展的客观规律,也是我国政府必须正视的问题。随着人口老龄化的问题日益加剧,必然会出现家庭小型化、空巢化和核心化,以及家庭成员的流动迁移自由化以及老年人口的高龄化等一系列合乎发展规律的社会现象,这也必然会改变传统的家庭养老方式①。一方面,居家养老已成为最理想的养老模式,老人们在自己家里安度晚年,并力所能及地帮助子女完成一些家务,无论对于老人身心健康还是家庭和谐都有莫大好处;另一方面需要社会化的服务和帮助进入到老年人家庭,保障基本生活条件,提高晚年生活质量。居家养老服务社会化意味着通过市场机制可以为老年人居家养老提供更多个性化、专业化和特色化的服务,但是社会化并不意味着政府对于居家养老服务放弃了自己的责任要求。相反,社会生产的现代化和市场的竞争使绝大多数的老年人沦为弱者,政府主导的机构养老着重解决了社会"兜底"的养老问题,但是居家老年人仍然需要依靠于政府来解决他们的一些实际需求,而居家养老的人群更为广泛②。

(一)政府承担居家养老服务责任的必要性分析

从广义上来说,政府责任是指政府能够积极并主动地对社会公众的需求做出回应,并采取积极的措施,公正、有效地实现和满足社会公众的利益诉求和现实需求。从各国人口老龄化的经验来看,为了社会安定和世代交替的顺利进行,把老龄工作作为政府的一种职能势在必行③。当前,老年人对居家养老服务的强烈需求和社会供给严重不足的矛盾日益显现,仅仅依靠家庭或是放任市场解决还是远远不够。在人口老龄化日益严重的背景下,作为当前社会最为重要的民生问题政府必须积极应对,多种措施解决居家养老服务需求,这也是服务型政

---

① 陈延,卢跃.宁波发展融合型社会养老服务体系的对策思考[J].宁波职业技术学院学报,2013,17(4):70-74.
② 根据《国务院关于加快发展养老服务业的若干意见》(国发〔2013〕35号)的文件要求"到2020年,全面建成以居家为基础、社区为依托、机构为支撑的、功能完善、规模适度、覆盖城乡的养老服务体系。"由此可见,居家养老已经成为我国养老服务中最为主要的推广模式。根据目前浙江、江苏等多地提出的养老服务总体格局要求,普遍计划到2020年至少90%的老人接受居家养老服务。
③ 王晋军.中国政府责任与实现途径[J].理论月刊,2008(7):65-67.

府的应尽义务,也是政府履职的体现。

1. 政府承担居家养老服务责任的法律政策依据

依法治国是治理国家的基本方略,也是明确政府职能的重要依据[①]。因此根据政府政策和法律法规做好养老事业是解决老龄化问题的重要保障。根据我国宪法规定,国家的一切权力属于人民,政府的权力由人民赋予,政府要对人民负责,这就决定了居家养老服务的政府责任是基于人民利益为根本出发点,是解决社会民众现实养老问题的政府保障[②]。因此在社会老龄化问题日益严重的形势下,如何在政府层面根据依法治国的要求明确政府对养老服务事业承担的责任,这是首先要予以解决的。对此,政府提出了建立以居家养老为基础的养老服务体系,并配套了一系列的措施,这些都成为政府承担居家养老服务工作的政策依据[③]。

2. 我国老人的现实状况需要政府承担相应的居家服务责任

我国在经济快速发展的同时,也全面进入老龄化社会,这已经成为不争的事实,让不断增加、越来越多的老年人能够老有所养,成为政府无法推卸的责任。但问题的严峻性在于,曾经在社会经济发展过程中出现的"人口红利"转瞬已进入"养老困局",让养老问题在我国显得更为紧迫。首先,我国的老年人是在经济体制从计划经济向市场经济转轨过程中逐渐变老,伴随着他们变老的不是积累了足够的养老资本,而是经济体制变革让他们中的一些人在社会中成为弱者,家庭的小型化、空巢化迫使老年人更多依赖自己来养老,但家庭支持不够,经济保障不足;其次,我国目前的老龄化人群主要出生在20世纪的上半段,都是生于一穷二白、战乱频繁的旧社会,成长于物质经济条件匮乏的新中国,他们的身体状

---

① 朱晓卓,徐伟静. 公共产品属性视角下基本医疗卫生服务制度构建的政府责任分析[J]. 中国初级卫生保健,2015.29(2):4-6.
② 我国《宪法》第四十五条规定:中华人民共和国公民在年老、疾病或者丧失劳动能力的情况下,有从国家和社会获得物质帮助的权利。
③ 例如2013年《国务院关于加快发展养老服务业的若干意见》(国发〔2013〕35号)明确提出"建设以居家为基础、社区为依托、机构为补充的多层次养老服务体系"。2015年,民政部联合发改委等9部门发布《关于鼓励民间资本参与养老服务业发展的实施意见》,提出:鼓励民间资本举办家政服务企业、居家养老服务专业机构或企业,上门为居家老年人提供助餐、助浴、助洁、助急、助医等定制服务;支持社区居家养老服务网点引入社会组织和家政、教育、物业服务等企业,兴办或运营形式多样的养老服务项目。2016年7月《关于中央财政支持开展居家和社区养老服务改革试点工作的通知》(民函〔2016〕200号)中提出,中央财政决定选择一批条件合适的地区,进行居家和社区养老服务改革试点,通过财政资金的支持来促进完善养老服务体系。

况和文化素质大多先天不足,失能失智还是占相当高的比例,这也增加了经济上的负担;第三,我国社会老龄化缺少必要的准备,人口老龄化带来的长期护理成本主要由家庭负担,同时养老金制度尚不完善,养老保险和医疗保障制度并不健全,尤其农村老人基本上都是依靠子女来度过晚年,因病致贫,因病致困还是困扰着老年人,这些都制约了居家养老服务消费增长,其结果必然致使居家养老服务的质量得不到保障;最后,居家养老是当前我国老年人首选养老方式,尤其对于尚能自理的老年人更是很好的选择,笔者曾调研 260 名老人,其中 65.8% 的老年人愿意选择居家养老,居家养老既让老人生活在熟悉的环境中,又方便其子女探望,或可帮助子女料理家务。由于这种模式覆盖面广,涉及绝大多数老年人群,居家养老的问题也就成为我国养老事业的主要矛盾,明确居家养老服务中的政府责任,让政府承担并解决相应的居家养老问题,就是政府对社会老龄化的积极应对,也就解决了养老事业的关键问题所在。

3. 政府职能转变需要承担居家养老服务的责任

现代经济社会的变化需要政府从管制型向服务型转变,要求政府具有以公众为服务对象的行政价值取向和确定的服务范围。政府能做到真正的简政放权,发挥市场配置经济资源的基础作用,政府所要做的是针对市场进行的监管,为社会民众提供高效、便利的服务。就居家养老服务而言,属于社会民生工程,政府承担居家养老的相应责任,老年人提供养老服务、让老年人能安度晚年作为服务型政府工作的出发点,既体现了政府对社会民众生活的关注,更符合社会民众的利益诉求。由于居家养老的广覆盖,政府在提供居家养老服务的同时,也是满足了社会服务公平性的要求,以居家养老为基础,让老年人都能老有所养,安度晚年。此外,服务型政府以服务为宗旨,以市场即公众需求为导向,这意味着政府与社会公众的关系将转化为服务供给者与消费者的关系,政府要还权于社会、还权于市场,只要承担市场和个人不能做、不愿做或做不好的事情,这也为政府向社会组织和市场机构购买居家养老服务提供了理论依据。

(二)政府责任在居家养老服务发展中的作用体现

从国际经验来看,无论是发展中国家还是发达国家,发展养老服务事业都需要政府发挥扶持、指导以及推动作用。我国正处老龄人口剧增的时期,养老问题显得更为突出和尖锐,当前仅仅依靠政府是解决不了养老问题,但是离开政府更不能解决养老问题,尤其是居家养老涉及绝大多数老年人群,关乎老年人的切身利益和社会稳定和谐。只有明确政府责任在居家养老服务发展中的作用,才能在此基础上进一步促使居家养老服务发展中政府责任的实现。

1. 明确政府责任有助于保证居家养老公益性的社会特征

居家养老属于民生工作,具有社会公益性的特点,政府具有承担社会管理的职能,政府介入居家养老才能保障其公益性,完全市场化的居家养老可能会偏离养老事业的发展目标。因此,只有落实政府责任,才能从宏观上弥补和纠正单纯市场机制存在的内在缺陷问题,从微观上解决基本的居家养老服务问题,实现居家养老的公平性;只有落实政府责任,才有可能实现现有资源合理配置问题,逐步缓解并解决供给和需求之间的矛盾,实现居家养老的可及性;只有落实政府责任,才能从政府层面保障老年人合法权益,尊重老年人的基本权利、自由与尊严,满足老年人获得正常生活和尊重的权利,实现居家养老的公正性。

2. 明确政府责任有助于统筹协调居家养老引发的各种社会矛盾

在人口老龄化过程中,在全社会广泛推行居家养老必然会引发一些社会问题,例如子女对居家老年人的赡养费用增加和养老保障能力不足的矛盾、居家老年人的再就业、参与社会活动与成年子女在家待业的矛盾,有限的居家养老服务资源(如住宅、医疗资源)在居家老年群体间的利用和分配问题、空巢和失独家庭养老问题、居家养老服务机构建设配置不完善和服务供给能力不足问题等,这些矛盾又都涉及国家的就业政策、社会福利和救助政策、养老政策、人才政策以及医疗政策等,这些都需要把居家养老工作纳入政府的职能,深刻把握老年人居家状况,综合考虑各种居家养老存在的社会矛盾,以维护老年人合法权益为核心,把居家养老作为一个社会工作的有机体系加以统筹协调并予以解决。

3. 明确政府责任有助于各部门统筹协调居家养老工作上的职责分工

居家养老工作涉及卫生、民政、社会保障、教育、商务、工商等诸多部门,需要政府部门、街道社区、居家养老服务机构、家政服务公司、各类院校、社会志愿者服务组织以及相关行业协会等共同努力,明确政府职责可以协调各部门在相关领域的分工。面对居家养老问题,政府责任主要体现在立法和政策的准备、物质准备、人才准备以及组织准备等,这些都是政府在承担居家养老工作职能的具体化,为居家养老提供必要的保障。

4. 明确政府责任有助于保障居家养老服务工作的落实

服务型政府需要政府由全能政府转变为有限政府,将应该由市场调控的居家养老服务内容予以放权,鼓励居家养老领域市场化运作,政府应动态地解决社会化居家养老服务领域中出现的问题,根据情况不断调整变化自己的工作职能,通过自己权力范围控制市场化可能带来不利社会后果,保障居家养老服务的水平和层次。同时,对于必须政府承担的居家养老服务项目,可以明确工作目标,落实工作责任制,通过制定标准、规范考核等保障居家养老服务工作的顺利落实,让居家老年人切实受益。

(三)居家养老服务中政府责任的实现

我国目前的经济发展水平决定了单靠政府的力量不可能完全解决规模日益严重的老年人口的居家养老问题。人口老龄化的问题给社会发展带来了养老危机,居家养老服务的质量好坏对于社会的和谐稳定具有重要意义。实现居家养老服务中政府责任,就是要解决目前居家养老服务中出现的种种不规范、不合理和不科学的现象,解决各种政策法律体系不健全、社会规则缺失等问题。因此,有必要对居家养老服务中的政府责任进行研究。

1. 政府在居家养老服务中的责任重点

任何发达国家即使再富裕,政府掌控的资源也有限,无法将社会全体老龄人群都"养"起来,因此政府只能把有限的资源提供给最需要提供保障的老年人群。对此,在居家养老服务中政府的顶层设计是怎样的,发展规划又是如何,哪些项目是政府应该予以扶持或补贴的,哪类人群是政府应该予以重点关注的,这就是政府在居家养老服务中责任重点。从宏观设计角度,居家养老服务应该是今后政府扶持养老事业的重点,居家养老涉及的人群面广、可以市场化的服务内容多,受益老人绝对数量多。

因此,在政府制定养老服务事业规划时应更多关注居家养老,同时也要解决居家养老服务的公益性、非营利性与市场性并举的问题,处理好居家养老服务的市场化原则与非营利性、微利性的矛盾;从人群角度,生活难以保障的居家老年人应该是政府在提供居家养老服务的重点对象,这类老人存在收入低、生活不能自理或家庭支持系统薄弱等问题,通过政府的重点帮扶解决他们的生活困难;从服务项目角度,政府在居家养老服务中的责任重点应该聚焦在物质养老层面,更多地需要解决居家老人的吃、穿、住、行的问题,保障他们的基本物质生活;从权益保障角度,政府在居家养老服务中责任重点应该以居家老人的基本权益保护为主,例如生存权、服务内容的知情同意权等,对于有困难的居家老人要提供法律咨询援助、日常生活照料等服务保障他们基本权利的实现,以营造关爱老人的社会友好氛围。此外,政府还需要承担打通居家养老、机构养老和医疗机构之间的转移渠道,对于符合入住条件的居家老人优先转入养老机构,实现老年人在居家养老机构之间的便捷居住,在居家和医疗机构之间的便捷转诊。

由此可见,政府在居家养老服务中的责任重点应该是发挥政府承担"社会兜底"的功能,通过协调社区、养老机构、企业等方面的资源,解决基本居家养老服务服务需求问题,体现政府责任的"保障基本性"这一特点。当然,在政府责任之外的服务项目,理应就是可以完全市场化和社会化的居家养老服务内容。

2. 政府提供居家养老服务的实现路径

政府责任在居家养老中的实现须通过各种形式不同内容的服务项目予以体现,主要可以采取两类形式:一是政府直接提供居家养老服务,通过街道社区、公办养老机构和医疗卫生机构等为居家老人提供各类服务,诸如上门慰问、入户健康检查、社会志愿者活动等,这些服务由政府部门或事业单位负责组织开展,提供资金和人员保障;二是政府购买居家养老服务,是指将原来由政府直接提供的、为社会居家养老服务的事项,通过发挥市场机制作用,按照一定的方式和程序,交由具备条件和法定资质的社会组织或市场机构(如家政服务机构、社会化的居家养老机构等)来完成,政府部门根据社会组织或市场机构提供的居家养老服务的项目、数量和质量等,依据相关服务标准评估合格后支付给社会组织或市场机构服务费用,采取的是"政府承担、定向委托、合同管理、评估兑现"的形式。

随着服务型政府的建设加快和公共财政体系的不断健全,政府购买公共服务将成为政府提供公共服务的重要方式,但是需要注意的是,不是所有政府责任以内的居家养老服务都可以通过向社会力量和市场机构购买来实现,还是应该有所区别。根据财政部《政府购买服务管理办法(暂行)》(财综〔2014〕96号)的文件精神,适用政府购买居家养老服务项目须具备相应条件,首先,必须符合当地的经济社会发展水平,尤其是当地财政承担能力;其次,必须向社会所购买的居家养老服务属于政府职能范围以内;第三,政府所购居家养老服务项目是适合采取市场化方式提供,且社会力量能够承担的服务事项,不适合社会力量承担的服务事项,不得向社会力量购买;最后,属于事务性管理服务的,政府购买居家养老服务过程中应当引入竞争机制,以保证社会组织和市场机构所提供的居家养老服务价廉物美,避免因市场垄断造成服务价格和服务效果不成正比。

3. 政府在居家养老服务中的政策保障范围

政府在居家养老服务中的责任除了直接提供服务之外,更多需要在政府在制定相关政策、法律法规、规章以及标准等规范性文件上予以支持和引导。由政府自行承担的居家养老服务,离不开政府的保障;由社会力量承担的居家养老服务,更需要政府的保障,诸如鼓励社会资本进入居家养老服务领域、保障居家养老服务的质量等更是重点所在。对于政府责任在居家养老服务中的政策保障范围可以考虑以下方面:

第一,政府在居家养老服务项目规范性方面提供政策支持。主要通过相关标准的制定发布实现,主要包括了居家养老服务机构标准、居家养老服务标准和居家养老服务人员培训标准等。居家养老服务机构标准主要针对社区日间照料服务机构以及承接居家养老服务的社会组织和市场机构等的资质问题如服务场地、环境卫生、经营规模等,确保提供服务的机构有保障;居家养老服务行为标准主要针对服务形式、服务内容和服务流程的规范问题,确保居家养老服务的行为有保障;居家养老服务人员标准主要针对提供服务的人员资质问题,确保居家养老服务的人员有保障。政府部门通过设定门槛,可以推动完善居家养老服务的标准化、规范化建设,在此基础上建立服务监管的长效机制,保证居家养老服务的质量水平。

第二,政府在居家养老服务项目公平性方面提供政策支持。政府对于社会的责任要体现在向社会公众所提供的服务具有可及性,特别针对困难人群要体现服务的公平性。因此,对于居家养老服务公平性方面,政府有责任建立基本居家养老服务保障体系、长期护理的保险制度、居家养老服务困难人群的补贴制度以及居家养老保障金等,通过建立基本养老服务项目包,明确政府提供的居家养老服务项目和基本的养老资金,从人、财、物等方面满足居家老人基本的居家养老需求,而对于困难老人通过补贴扶助等方式让他们有人养、有人管、有人照料。

第三,政府在居家养老服务社会支持性方面提供政策保障。居家养老服务是一个全社会体系,需要家庭、社区、企事业单位、市场机构、政府部门以及各类人士等社会力量的共同支持,政府要支持建立以企业和机构为主体、社区为纽带、满足老年人各种服务需求的居家养老服务网络。政府可通过制定政策建立居家养老志愿服务体系,鼓励公益慈善组织支持居家养老服务,明确志愿服务在居家养老服务中的领域范围以及组织架构,为提供志愿服务的社会人士提供诸如志愿服务意外保险等的服务保障;政府可通过制定政策建立社会力量参与居

机构养老向社区居家延伸模式的研究
——以宁波市为范本

家养老服务的工作协调和支持机制,支持社区建立健全居家养老服务网点,一方面通过政策杠杆鼓励社会资本进入居家养老服务市场,在税收、经营补贴等方面予以扶持培育居家养老服务机构,引入社会组织和家政、物业等企业,兴办或运营老年供餐、社区日间照料、老年活动中心等形式多样的养老服务项目,支持发展居家养老服务信息网络,同时完善政府向社会组织和市场机构购买居家养老服务制度,丰富居家养老服务的项目,提高居家养老服务的质量;另一方面在医养结合方面可以通过协调卫生、民政、医保等多部门的关系,在家庭、养老机构和医疗机构之间打通转诊、流动的壁垒,让居家养老的人群可以老有所养、老有所医;此外,政府要通过政策支持居家老龄产品的开发推广和老小区的改造,一般说来居家养老需要老年人能在家庭中实现自理为前提,这对于空巢家庭显得更为重要,通过居家老龄产品在家庭中的应用,改善或改造家庭的设备设施,帮助不能自理或者不能完全自理的老人可以自理,帮助自理的老人提高自理能力,或者为老小区安装电梯方便居家老人上下楼,这些都有助于支持居家老人能获得更为优质、方便、高效的居家养老服务。

第四,政府在居家养老服务成效监管方面提供政策支持。打造服务型政府,让更多的居家养老服务进入市场,可以在保障居家养老基本服务的基础上,提供更多的多样化、专业化和个性化的居家养老服务,但是不管是政府直接提供,还是市场提供,都不能脱离政府的监管。因此,对于政府承担的居家养老基本服务,政府部门可以制定实施标准和考核体系予以监督,对于市场承担的居家养老服务,政府部门可以通过制定政策合理配置引导市场资源,建立市场运营监管机制保障服务质量。此外,政府还应该建立居家养老服务纠纷处理机制、居家服务人员信用查询和规范持证上门服务制度等,通过保障居家老人的合法权益,提高居家养老服务的满意度。

第五,政府在居家养老服务人才培养方面提供政策支持。目前我国居家养老照护人员多以四五十岁的农村进城务工妇女为主,她们普遍文化水平低、缺乏专业服务技能,存在无上岗职业资格证、培训经历少等问题,这些已影响到了服务质量。优秀的居家养老服务队伍是高水准的居家养老服务的保障,但是目前的职业认可度低、职业待遇不高、工作条件和环境欠佳直接都影响到人才的求职意愿,虽然养老服务人才缺口大,但专业的人不愿意来,来的人岗位流失率也较高。政府应该通过制定政策协调人社、民政、教育、职业院校、行业协会等相关机构的关系,建立居家养老服务专业人才培养体系,对于进入居家养老服务一线的毕业学生给予一定的入职补贴,鼓励大学生在居家养老领域创业建立养老服务人才职称评聘制度,打通与其他相关行业的职称互认通道,吸引更多具有专业技能的毕业生能进入到居家养老服务领域。

当今,我国在未富先老和未备先老的状态下急速进入老龄社会。我国传统文化和道德的影响、社会资源的有限、涉及老年人的广泛等因素决定了居家养老在我国必将有广阔的市场前景和推广价值,但是现有的居家养老服务保障体系尚不完善,供给能力尚不能满足居家老人的现实需求。居家养老服务中政府责任的实现,就需要政府能抓住居家养老服务中的关键问题,找到居家养老工作中的突破点,攻坚破难,相信随着养老服务政策的落地实施以及保障制度的完善,居家养老服务需求将进一步释放,养老服务领域必将会形成新的服务业态,成为社会和谐养老的典范和经济社会发展的新增长点。

三、宁波市养老服务政策保障分析

近年来,党和国家对于养老服务工作高度重视。党的十七届五中全会中提出了"优先发展社会养老服务[①]"的要求。党的十八大报告指出:"要多谋民生之利,多解民生之忧,解决好人民最关心最直接最现实的利益问题,在学有所教、劳有所得、病有所医、老有所养、住有所居上持续取得新进展,努力让人民过上更好生活[②]。"2012年12月28日十一届全国人大常委会第30次会议修订并公布了《老年人权益保障法》,该法律有利于保障老年人的合法权益,增强老年人自身法律保护意识,同时也从各个层面提升老年人的生活质量,提高老年人的生活满意度。2013年8月16日的国务院常务会议审议确定深化改革加快发展养老服务业的任务措施:到2020年全面建成以居家为基础、社区为依托、机构为支撑的覆盖城乡的多样化养老服务体系,把服务亿万老年人的"夕阳红"事业打造成蓬勃发展的朝阳产业,使之成为调结构、惠民生、促升级的重要力量。2013年9月13日,国务院下发了《关于加快发展养老服务业的若干意见》(国发〔2013〕35号)。这些举措为养老服务提供了有力的政策保障。党的十九大报告中提出,构建养老、孝老、敬老政策体系和社会环境,推进医养结合,加快老龄事业和产业发展。这更为新时代中国特色养老事业指明了发展方向。

---

① 十七届五中全会政府工作报告。
② 十八大政府工作报告。

机构养老向社区居家延伸模式的研究
——以宁波市为范本

2004年开始,浙江省各级政府相关部门开始关注和重视养老服务体系建设,各级政府层面相继出台了一些加快养老服务发展的政策。如浙江省人民政府办公厅于2006年下发了《关于促进养老服务业发展的通知》(浙政办发〔2006〕84号),提出要"进一步健全养老服务体系"。总体的思路是逐步建立和完善以居家养老为主、充分依托社区服务、以机构养老为辅助,多种养老方式互补的新型养老服务体系。此外,浙江省人民政府又出台了《关于深化完善社会养老服务体系建设的意见》(浙政发〔2011〕101号)、《关于加快发展养老服务业的实施意见》(浙政发〔2014〕13号)和《浙江省人民政府关于发展民办养老产业的若干意见》(浙政发〔2014〕16号)等一系列政策文件,为养老服务发展予以政策支持。

宁波市人民政府以及宁波市民政局及相关部门也颁发了一系列促进养老服务事业发展的相关政策文件(表1-2)。这些文件内容主要涉及四类:第一类是发展养老服务业总体规划的规定,如宁波市人民政府办公厅《关于促进养老服务业发展的通知》(甬政办发〔2007〕67号)、宁波市人民政府《关于深化完善社会养老服务体系建设的意见》(甬政发〔2012〕85号)和宁波市民政局《关于进一步加强养老机构服务管理工作的通知》(甬民发〔2014〕67号)等文件,主要对本区域内养老服务事业的发展进行顶层设计,明确养老服务业的总体发展方向和工作思路;第二类是各类养老服务机构的建设和管理方面,包括内部运营、纠纷处理、评定标准等,如《宁波市养老机构管理规范(试行)》(甬民发〔2010〕134号),在设施设备、内部管理、人员配置等方面对宁波市养老机构设置了基本要求,把养老机构及养老服务逐步纳入规范化管理,以科学性、系统性、层次性为原则,构建宁波市养老机构的服务标准,从投入、产出方面研究制定宁波市养老机构的效益量化评价指标体系;第三类是老年人的社会福利方面,如《关于建立高龄老年人生活津贴制度的通知》(甬政发〔2011〕62号)等,对于本区域老年人进行社会关爱,对老年人发放社会福利,保障老年人的基本生活;第四类是关于养老服务从业人员的培训和就业方面,如《关于加强养老护理员职业技能培训工作的通知》(甬民发〔2012〕170号)、《宁波市大中专院校毕业生创业和入职养老服务机构补助办法》(甬民发〔2017〕137号)等,政策引导在养老服务领域就业,通过政策保障提升养老服务从业人员的技能。应该说上述文件都涉及了养老服务体系的构建,其中2012年发布的《关于深化完善社会养老服务体系建设的意见》(甬政发〔2012〕85号)是宁波市人民政府关于地方养老服务体系建设纲领性文件。该文件明确提出,建立起以居家养老为主、社区养老为依托、机构养老为支撑的社会养老服务体系,主要内容包括了:对城乡最低生活保障家庭中的失能、失智老年人,政府给予养老服务补贴;形成"10分钟养老服务圈";对养老机构提供政策扶持、土地供应、资金补贴、税费减免等优惠政策;加快养老服务专业人才培养,实行养老护理员特殊岗位津贴;加强养老服务设施规划布局建设,鼓励各方社会资本参与养老服务工作,增加政府对民办养老机构和各种非营利性民办养老机构运营的补贴等①。

表1-2 宁波市主要养老服务政策文件汇总(2007—2017年)

序号	政策文件名称	发布部门	备注
1	关于促进养老服务业发展的通知(甬政办发〔2007〕67号)	宁波市人民政府办公厅	已废止
2	关于规范和调整宁波市老年人社会福利机构有关收费的通知(甬价费〔2008〕45号)	宁波市民政局等	
3	关于明确"三级护理等级"内容的通知(甬民发〔2008〕52号)	宁波市民政局等	
4	关于宁波市社会福利中心增挂宁波市社会养老服务指导中心的批复(甬编办事〔2009〕67号)	宁波市编制办	
5	关于做好全市养老机构安全检查及清理整顿工作的通知(甬政办发〔2009〕303号)	宁波市人民政府办公厅	
6	关于做好现有养老机构登记管理工作的通知(甬政办发〔2010〕18号)	宁波市人民政府办公厅	
7	关于加快推进养老机构建设的意见(甬政办发〔2010〕77号)	宁波市人民政府办公厅	已废止
8	关于印发宁波市民办养老机构市级专项资金使用管理办法的通知(甬财政社〔2010〕131号)	宁波市财政局等	
9	关于印发宁波市养老机构管理基本规范(试行)的通知(甬民发〔2010〕134号)	宁波市民政局等	

---

① 朱晓卓.人口老龄化背景下养老服务体系地方立法研究——以宁波市为例[J].老龄科学研究,2014(1):56-64.

续表

序号	政策文件名称	发布部门	备注
10	关于做好2010年度养老机构统计工作的通知（甬民发〔2010〕135号）	宁波市民政局等	
11	关于建立高龄老年人生活津贴制度的通知（甬政发〔2011〕62号）	宁波市人民政府	
12	转发市民政局等部门关于免费安装老年人"一键通"电话机的实施方案的通知（甬政办发〔2011〕120号）	宁波市人民政府办公厅	
13	关于深化完善社会养老服务体系建设的意见（甬政发〔2012〕85号）	宁波市人民政府	
14	关于实施养老机构电视数字化工程的通知（甬民发〔2012〕107号）	宁波市民政局等	
15	关于进一步做好老年人"一键通"电话机安装工作的通知（甬政办发〔2012〕132号）	宁波市人民政府办公室	
16	关于加强养老护理员职业技能培训工作的通知（甬民发〔2012〕170号）	宁波市民政局等	
17	关于营利性民办养老机构审批和登记有关问题的通知（甬民发〔2013〕23号）	宁波市民政局等	
18	关于印发宁波市养老服务补贴资格评估办法（试行）的通知（甬民发〔2013〕79号）	宁波市民政局等	
19	关于印发宁波市养老服务补贴实施办法（试行）的通知（甬民发〔2013〕80号）	宁波市民政局等	
20	宁波市养老服务设施布局专项规划（2012—2020）（甬政发〔2014〕5号）	宁波市人民政府	
21	关于进一步鼓励民间资本投资养老服务业的实施意见（甬政发〔2014〕68号）	宁波市人民政府	
22	宁波市居家养老服务机构等级评定办法（甬民发〔2014〕33号）	宁波市民政局	
23	关于成立宁波市老年疗养院管理委员会的通知（甬民发〔2014〕77号）	宁波市民政局	
24	关于推进区域性居家养老服务中心建设的指导意见（甬民发〔2014〕86号）	宁波市民政局	

续表

序号	政策文件名称	发布部门	备注
25	关于委托实施区级养老机构设立许可的通知（甬民发〔2014〕91号）	宁波市民政局	
26	关于居家养老服务机构办理民办非企业单位登记有关问题的通知（甬民发〔2014〕92号）	宁波市民政局	
27	关于加强高龄老人生活津贴发放管理工作的意见（甬民发〔2014〕93号）	宁波市民政局	
28	关于明确居家养老服务机构等级证书和牌匾式样的通知（甬民发〔2014〕117号）	宁波市民政局	
29	宁波市老年服务与管理类专业毕业生到养老机构入职奖补办法（甬民发〔2014〕130号）	宁波市民政局	已废止
30	宁波市养老服务机构纠纷预防与处置暂行办法（甬民发〔2014〕135号）	宁波市民政局	
31	宁波市居家养老服务机构建设和运营资金补助办法（甬民计〔2015〕27号）	宁波市民政局 宁波市财政局	
32	关于切实做好养老机构消防安全管理工作的紧急通知（甬民发〔2015〕50号）	宁波市民政局	
33	宁波市基金会养老机构区划地名行政处罚裁量权细化量化参考标准（试行）（甬民发〔2015〕67号）	宁波市民政局	
34	关于举办全市养老护理员技能竞赛的通知（甬民发〔2015〕71号）	宁波市民政局	
35	关于表彰2015年全市养老护理员技能竞赛获奖人员的通报（甬民发〔2015〕92号）	宁波市民政局 宁波市人力资源和社会保障局 宁波市总工会	
36	关于做好2016年居家养老服务机构等级评定工作的通知（甬民发〔2016〕31号）	宁波市民政局	
37	宁波市养老机构等级评定管理办法（甬民发〔2016〕36号）	宁波市民政局	
38	关于调整宁波市老年疗养院管理委员会成员的通知（甬民发〔2016〕54号）	宁波市民政局	

续表

序号	政策文件名称	发布部门	备注
39	关于开展首届养老服务"双十佳"单位评选活动的通知(甬民发〔2016〕75号)	宁波市民政局	
40	关于开展养老机构等级评定工作的通知(甬民发〔2016〕87号)	宁波市民政局	
41	关于公布2016年居家养老服务机构AAA等级评定结果的通知(甬民发〔2016〕98号)	宁波市民政局	
42	宁波市居家养老服务补助资金使用管理办法(甬民计〔2017〕39号)	宁波市民政局 宁波市财政局	
43	关于成立宁波市社会福利(养老)机构服务质量建设专项行动推进工作小组的通知(甬民发〔2017〕42号)	宁波市民政局 宁波市公安局	
44	加强宁波市社会福利(养老)机构安全风险管控的通知(甬民发〔2017〕60号)	宁波市民政局	
45	关于推进居家养老服务机构与基层医疗卫生机构签约合作的指导意见(甬民发〔2017〕70号)	宁波市民政局 宁波市卫生计生委	
46	关于参加首届中国(宁波)国际健康养老服务业博览会的通知(甬民发〔2017〕108号)	宁波市民政局	
47	关于公布2017年居家养老服务机构AAA等级评定结果的通知(甬民发〔2017〕128号)	宁波市民政局	
48	宁波市大中专院校毕业生创业和入职养老服务机构补助办法(甬民发〔2017〕137号)	宁波市民政局、宁波市财政局、宁波市教育局、宁波市人力社保局	
49	关于宁波市居家和社区养老服务改革试点工作的实施意见(甬政发〔2017〕69号)	宁波市人民政府	

除此之外,养老服务的相关标准也是属于政策保障体系之中,目前宁波市有《居家养老服务机构等级评定规范》《养老机构等级划分规范》等多项养老服务标准成为地方标准(表1-3),在全国范围内也有一定的示范价值。地方立法是完善养老服务体系的重要基础,也是推动养老服务体系朝规范化方向发展、提高养老服务质量的有效支撑。为全面落实中央财政支持开展居家和社区养老服务改革试点各项任务,推动我市居家和社区养老服务快速、健康发展,根据国家、省有

关文件精神,结合我市实际,2017年《宁波市居家养老服务条例(草案)》已经在市第十五届人大常委会第四次会议上提请审议,将成为浙江省首个居家养老服务地方性法规。

表1-3 宁波市养老服务地方标准汇总

序号	标准名称	备注
1	养老机构服务规范 DB3302/T1064-2014	现行
2	养老机构等级划分规范 DB3302/T 1065-2014	现行
3	居家养老服务机构等级评定规范 DB3302/T 1014-2013	现行
4	居家养老服务机构等级评定规范 DB3302/T 1014-2009	废止

四、宁波模式:社区居家养老服务的发展路径

家庭养老是由家庭成员提供养老的物质需要、生活照料以及精神慰藉,这是我国传统道德支持下基于地缘、血缘、经济等多种因素而形成的一种传统养老方式。随着我国社会经济发展以及过去一段时间计划生育政策的执行,社会急剧转型,家庭结构呈现出高龄化、小型化和空巢化的发展趋势明显。一方面,家庭养老功能逐渐减弱;另一方面,家庭和社会的相互融合日益紧密,越来越多的老年人需要通过社会获得更为多样的养老服务。以社区为平台,构建社区居家养老服务模式,通过社会化服务解决养老问题,不仅可以弥补传统的家庭养老模式的弊端,更可以符合居家养老的客观社会需求①。宁波市是我国东南沿海地区经济较为发达的城市,市场经济基础较好。针对人口老龄化问题,宁波市积极探索了以社区为平台,开展家院互融养老服务模式的实践探索,满足老年人的居家养老服务需求,取得了较好的社会效益,也形成了自己的模式特点。

(一) 社区居家养老服务模式的内涵分析

社区居家养老服务模式主要包括两个方面的含义:其一,让老年人继续居住在家中,不改变其居住环境,不离开自己熟悉的社区,在确保家人照顾的基

---

① 丁建华.居家养老服务:认识误区、理性原则及完善对策[J].中国人民大学学报,2013(2):20-26.

础上,由社区协调组织,安排本社区内有关专业人员和服务机构为居家老年人提供各种照料服务,或老年人在社区老年人日间照料服务中心等社区服务点接受服务。其二,组织本社区的人力、物力和财力资源,运用本社区的支持体系,通过社区平台,以邻里互助、志愿服务等形式,为本社区的居家老年人提供服务。由此可见,社区居家养老服务模式充分借助社会力量和社会资源,通过在社区内兴办日间养老照料中心、设立短期护理院或老年公寓、提倡家庭照护和上门服务等方式,为本社区内的老年人提供服务。根据服务人员情况,社区居家养老服务模式存在两个养老支持资源网络:一是由家庭成员、亲朋好友、邻居与志愿者等组成的非正式照料资源网络;二是由社区专业服务人员组成的正式照料资源网络。

(二) 社区居家养老服务模式的社会价值

在现代社会,社会经济的发展和转型、家庭规模缩小等因素导致家庭养老功能不断弱化,仅仅依靠传统的家庭养老和机构养老,是不可能解决日益增长的养老服务需求的①。这也凸显了社区居家养老服务模式的社会价值。

1. 社区居家养老服务模式符合空巢社会和人口老龄化的发展趋势

在当前的经济社会发展背景下,家庭空巢化是人口老龄化过程中特别是人们的生活态度、行为方式和思想观念转变过程中产生的客观、必然的社会现象,当然其中也有我国社会居民人均寿命持续提高、以往计划生育政策的持续执行等诸多因素的影响。现实社会中,由多位子女住在一起共同照顾老年父母的情况越来越少见。社区居家养老服务模式的出现,可以有效解决老年人由于身体功能衰退而需要人照顾但身边往往无人照顾的困难。

2. 社区居家养老服务模式可以解决我国"未富先老"的社会问题

人口老龄化在带来了社会劳动力减少的同时,也带来了社会养老资金投入增加的问题。目前我国的经济发展水平决定了单靠政府的力量很难完全解决规模日益增加的老年人口的养老问题。居家养老服务模式具有市场化程度较高、投入成本相对较小、覆盖面较广、服务灵活多样等诸多优点,而这些都是机构养老服务模式很难具备的。一方面,社区居家养老模式可以提高相对富裕老年人的晚年生活品质;另一方面,对于一部分家庭经济有困难但又有养老服务需求的

---

① 江东区发改局课题组.江东区社会养老服务体系研究[J].经济丛刊,2012(5):33-35.

老年人而言,社区居家养老服务也可以让他们得到精心照顾,这对于家庭稳固、社会稳定、个人生活幸福等都能起到较为有力的支持作用。

3. 社区居家养老服务模式符合我国老年人的日常生活习惯

由于深受传统的家庭伦理观念的影响,我国老年人大多习惯于生活在原来的居住环境,而不愿离开自己的家庭和社区,到一个全新的环境中接受机构养老服务。社区居家养老服务模式可以让老年人继续在自己的家庭中接受家庭和社区提供的生活照料、文化娱乐服务等多种养老服务,比较符合老年人的日常生活习惯,并可以弥补家庭在提供养老服务过程中的缺陷和不足。该模式也可进一步拓展养老服务的空间,以社区作基点为家庭之外的养老服务活动开展提供具有亲情感和归属感的生活环境,从供给的角度满足居家老年人的生活需求。

4. 社区居家养老服务模式有利于提高老年人的晚年生活品质

社会经济的发展和转型、家庭规模的缩小等因素导致了家庭养老功能日益弱化。从需求角度来说,居家养老服务所要解决的并不只是老年人的吃、喝、住问题,还包括对老年人的身体照顾、精神慰藉和文化娱乐等诸多方面。该模式充分依托社区平台,整合政府、社会组织、家庭等多方面资源,通过建立养老服务支持体系,让更多的社会专业人士和服务机构为居家老年人提供更为优质、多样,更有个性化的服务。因此,相对于传统的家庭养老模式其支持体系仅限于血亲家庭成员而言,该模式由于具有更为广泛的支持体系,因而更有利于提高居家老年人的晚年生活品质。

(三) 宁波市构建社区居家养老服务模式的理念

在人口老龄化问题越来越严重的社会背景下,社会急需要构建科学的养老服务体系以满足对养老服务的需求,同时要始终秉持科学、公正、高效的以人为本的养老服务理念。针对宁波市的实际情况,社区居家养老服务理念应该从以下五个方面予以总结提炼。

1. 确立以人为本的养老服务理念

我国历来是以"孝"文化著称的国家,这种文化已经内化于中华民族每一个成员的心里,体现着中华民族的伦理思想、行为规范、道德生活、风俗习惯等。随着社会的发展与变迁,"孝"文化不再仅仅强调家庭对老年人赡养的责任和义务,而是引申为由尊敬父母推广到全社会尊老敬老,由爱父母推及爱天下人的父母,即是《孟子》中所提及的"老吾老,以及人之老"的现代内涵。因此,在养老越来越社会化和专业化的今天,更应该在"以人为本"的科学文化背景下积极倡导"孝"的科学内涵和现代道德价值,让全社会都有尊老、敬老、爱老素养以及赡养理念,切实承担赡养老人的责任和履行相应的义务。

2. 满足老年人的基本生活及个性化需求①

政府和社会构建养老服务体系,不但要着眼于满足老年人的基本生活需要,而且也要着眼于满足老年人的个性化需求。为了达到这种目标,政府应该充分将社会资源进行有效的整合,并积极发挥机构、社区和家庭等三方面的综合优势。在政府对养老服务支持力度持续加大的情况之下,还应该不断鼓励更多的社会力量参与养老服务事业的发展中来,用市场化和产业化的运行模式来填补"政府失灵"的不足,提供更多高层次和专业化的养老服务,使之可以满足老年人对多元化、舒适化、个性化服务的需求。政府主办的养老机构应以老年人需求为出发点,以失能、半失能老年人和城乡困难老年人为重点,将无偿服务、有偿服务与低偿服务相结合,全面发展社会养老服务,针对那些经济困难的独居、高龄、失能老年人,养老服务的供给者是政府,政府应当免费提供基本生活保障服务;对生活能自理、健康低龄老年人在社区享受的文化娱乐、老年健身、健康咨询等项目,可以由政府购买市场提供的产品;对经济条件较好,有较高退休生活期望的老年人,可以选择购买高层次服务产品及类型,由市场提供匹配的私人化、个性化的服务产品。

3. 保障老年人应有的合法权益①

我国向来高度重视和维护老年人的基本合法权益,但是限于现实生活中的各种因素,在维护老年人合法权益的方面做得还远远不够,加上老年人对自我保护的法律意识不强,子女养老负担增加,以及社会道德价值观的丧失,遗弃和虐待老年人的违法行为也时常出现。老年人权利保障机制的运行也难以令人满意,有些农村老年人因其基本生活需求未能得到基本的满足而与其子女发生民事冲突的案件也有不少。要维护老年人的合法权益,一方面要努力营造出一种全民尊老爱老的社会和家庭氛围,为老年人安享晚年提供各种政策支持;另一方面,要逐步完善并严格执行老年人权益保护的相关法律规定,切实维护老年人的基本生存权和发展权。此外,也要持续增强老年人自我保护的法律意识,健全针

---

① 刘晓静,张继良. 中国养老服务体系建设的理念、路径及对策[J]. 河北学刊,2013,33(2):123-127.

对老年人的法律援助和社会援助。

4. 充分维护老年人的尊严

老年人群体是社会的缔造者、建设者和维护者,也是当下社会繁荣发展的重要基础力量,其为家庭生活和社会发展做出了不可磨灭的贡献。虽然他们年龄渐长,但是老年人仍然可以在很多社会专业技术和家庭实务领域继续贡献力量,创造出新的物质和精神财富。所以社会和家庭应该尊重而不是忽视他们,应让他们积极参与到社会的各项活动中,尤其在服务过程中更要"人"来对待老年人。

5. 肯定老年人的价值

在积极老龄化理论背景下,老年人应树立现代化的积极养老观念,认识到老化虽不可逆转但可延缓,病残虽不可治愈但可调适,工作虽不可继续但可参与。对健康居家老年人而言,鼓励他们继续参与社会活动,发挥个人才能;对体弱居家老年人而言,则强调维持他们最高程度的自我照顾能力。老年人若能够替别人或自己独立完成某些工作,他们会感觉到自己能继续实现自我生命的价值,从而可以提高对自我的评价和树立起强烈的自尊心。对于各类养老服务提供者而言,在服务过程中要多鼓励和支持老年人回归社会。

(四)宁波市构建社区居家养老服务模式的途径

社区居家养老服务模式在不改变居家老年人生活环境的前提下,依托社区为家庭、各类服务机构、专业人士和社会志愿者搭建服务平台,为居家老年人提供多种养老服务项目,其本质也是一种助老服务[①]。面对人口老龄化危机,宁波市在构建社区居家养老服务模式的过程中,充分考虑到区域社会发展实际情况,以人为本,多方面整合资源,营造氛围,逐步推进,引入社会化养老服务机制。2012年,宁波市人民政府发布了《关于深化完善社会养老服务体系建设的意见》(甬政发〔2012〕85号)等文件,各县(区)也根据自身情况进行实践探索,重点在服务的长效性、专业性、规范性和服务质量保障,以及服务机制创新等方面提高了社区居家养老服务的成效,逐渐形成具有区域特色的模式范本。

1. 以自助互助为基础,实现社区居家养老服务的长效性

通过社区平台,调动社会资源,集中社会力量参与居家养老服务活动,为持

---

① 孙璐. 养老模式的第三条道路探索——社区居家养老的实践检视与模式构建[J]. 中共南宁市委党校学报,2014(5):25-30.

续提升居家养老服务质量提供有力支撑。在社区居家养老服务模式的实施过程中,应当将有限的资源充分运用到最有需求的老年群体中去,并充分调动社会组织、基层民众参与社区养老服务的积极性。传统的社区养老服务更多的是依靠社区从政府获得的政策性补助与关怀为主;随着社会养老服务需求的不断发展,完全依靠政府政策或是行政力量的养老福利模式很难具有可持续性。因此,宁波市在打造社区居家养老服务模式的过程中要建立"自助—互助"相结合的多元化居家养老服务动力机制,以行政化的手段解决老年人的居家养老服务基本需求,以社会化的服务提高居家养老服务水平,满足老年人多样化的养老需求,以社会志愿服务发动社区居民实现自助与互助。此外,社会化养老是现代养老服务的发展趋势,养老不再仅仅是家庭的责任,而是需要由政府、企业、社会、个体等多种主体共同承担,社区居家养老模式通过家庭自助养老和社会互助养老相结合,以自助带动互助,让更多的政府机构、社会组织、民间团体和个人参与到社区居家养老服务过程中,能够营造养老服务的社会氛围,实现全社会参与社区居家养老服务工作的长效性。

2. 以家院互融为创新,解决社区居家养老服务的专业性

在全社会推行社区居家养老服务模式,可以有效整合社会资源,但依然不能完全解决其缺乏专业化的社会服务这一事实,尤其是在宁波市老年人的居家养老服务需求专业化趋势日趋明显的情况下,解决这一问题更是迫在眉睫。宁波市在探索构建社会化养老服务模式的过程中也创造性地推出了"家院互融"模式,立足居家养老,借助社区引入机构养老资源,为居家养老的老年人提供家政服务、家电维修、法律援助等 11 大类 83 项服务。家院互融本质上是将家庭、社区、机构资源整合起来,以社区为平台,依托现有的养老机构,将养老机构的专业服务主动向社区延伸,将养老机构的服务方式、服务标准和服务项目引入社区和家庭,以专业性保障居家养老服务水准,是机构养老和传统家庭养老的有机融合,是服务模式的创新突破。截至 2014 年底,宁波市平均每百名老年人拥有床位数约为 3.4 张,床位依旧紧张。尤其是随着宁波市空巢老年人口数的快速增加及养老观念的不断转变,在老年人对于集中养老的需求日益增强、养老床位供不应求、供需矛盾十分突出、享受养老服务的人群仍不够广泛的情况下,通过家院互融养老服务,以专业性养老服务为支撑,可以解决目前机构养老存在的床位不足难题,实现养老服务的公平性和可及性,提高现有养老服务资源利用率的最大化。

3. 以行业标准为突破,保障社区居家养老服务的规范性

目前国家层面尚无统一的居家养老服务规范,但一些地区已开始尝试制定居家养老服务规范,以提高社区居家养老服务质量,如2010年出台的《上海市地方标准社区居家养老服务规范》、2013年出台的《南京市社区居家养老服务标准》(宁民规〔2013〕7号)和2015年出台的《晋江市社区居家养老服务站建设规范(试行)》等,为规范居家养老行为,提高居家养老服务质量进行了有益探索。2009年,宁波市出台了《居家养老服务机构等级评定规范》,但是在居家养老服务项目和规范方面仍需要探讨(例如居家养老的供给方式,可以为居家老年人提供什么内容的服务,每项服务有什么具体要求,以及政府可以补助的服务范围等,这些都决定了社区居家养老服务水平高低)。因此,宁波市还应以建立行业标准为契机,从供给侧结构调整角度,确定社区居家养老服务实现的有效途径,并在确定服务内容的总体架构下,进一步细化居家养老服务项目,提出服务项目的标准要求。

4. 以职责分工为依据,形成社区居家养老服务的社会合力

社区居家养老服务模式的优势在于,其既解决了家庭养老的单一性和非专业性问题,也解决了机构养老的环境融合问题,并通过有效利用社会资源解决了老年人的养老问题。与机构养老模式相比,社区居家养老服务模式投资少、见效快、成本低。因此不少学者认为,社区居家养老服务模式是比较符合目前我国国情的城市人口老龄化对策[①]。但是目前来看,政府对这种养老模式的扶持力度还不够,社区机构本身的专业化程度也有待提升。因此,这就需要以社区为平台,整合各方面资源,明确各自职责分工,力求多渠道、多方式调动社会资源和社会力量参与社区居家养老服务活动。对家庭而言,家庭成员要承担对老年人的赡养和扶养义务,帮助老年人参与社会活动;政府部门可通过对家庭和公共设施进行无障碍改造、组织开展针对居家养老照护人员的免费专业培训等方式,对其给予一定的政策保障,制定社区居家养老服务机构的设置标准,并据此对机构进行监督考核;街道社区可协调各方面资源,建立社区居家养老服务中心,组织老年娱乐活动,对老年人进行日常探视并组织开展志愿服务;养老机构可通过发挥其专业性的特点,向社区延伸其养老服务,例如可以为老年人提供健康体检、营

---

① 龚静怡.居家养老——社区养老服务:符合中国国情的城镇养老模式[J].河南大学学报(哲学社会科学版),2004,6(4):72-74.

养餐点配送、陪送医等服务;社区内企业如家政公司等,可以通过购买政府服务的形式,向居家老年人提供代购物品、家庭保洁、家电维修、送餐等服务;其他社会组织和个人,可开展各类志愿服务或邻里互助活动,在老年人需要服务时,由社区统一调配,居家养老服务专业组织、志愿者组织等直接上门提供服务。

5. 以政府购买服务为途径,推进社区居家养老服务的社会化

人口老龄化问题的严重性以及政府力量支持的有限性,都决定了不管政府投入多少经费、批多少地、盖多少房子、给多少补助,都很难彻底解决老年人的居家养老需求。不过,在居家养老仍是社会主流养老模式的情况下,政府仍然需要承担起其在社会居家养老服务发展过程中的应有责任。政府可以通过购买服务的形式,履行其在养老服务中的职责,在提供居家养老服务方面发挥更大作用。宁波市在政府购买居家养老服务方面一直走在全国前列,早在2005年,宁波市海曙区就开始试行"政府购买居家养老服务",通过社区向非营利组织——海曙区星光敬老协会购买居家养老服务,其所需资金由政府承担,服务由该社会组织解决[①]。截至2015年10月,宁波市已经全面建立了政府购买居家养老服务制度,为全市约2万名困难老年人提供了政府补贴。这种"政府扶持、非营利组织运作、社会参与"的社区居家养老服务方式,重构了政府与社会的关系,创新了社会管理体制,也提高了社区自治和自我服务的能力,吸引了更多的社会资源进入到养老服务领域。

综上所述,"未富先老"给我国人口老龄化带来了巨大的社会养老负担,社会保障制度不健全、城乡发展不均衡、家庭结构和养老功能发生变化等,这些都加大了家庭养老的困难。社区居家养老作为一种新型养老模式,符合我国传统文化的要求,也适合现阶段的我国基本国情,应该可以发展成为一种具有区域特色的养老模式。宁波市在推广社区居家养老模式时,离不开起支撑作用的制度规范与标准,此外还要有相应的政策保障和人才支持以及社会化运作,才能保障社区居家养老老年人的晚年生活质量。

---

① 吴玉霞.政府购买居家养老服务的政策研究——以宁波市海曙区为例[J].中共浙江省党校学报,2007(2):51-57.

第二章
家院互融：机构养老服务向社区居家延伸模式的理论与实践

随着我国人口老龄化问题的日益加剧，越来越多的老年人迫切需要得到更专业、更优质的养老服务。"四二一"的家庭结构模式广泛存在和空巢老人日益增多，在一定程度上影响着我国传统的养老模式。当前我国养老服务事业发展不平衡不充分的发展问题直接限制了养老服务水平的高度，急需解决是需要用何种模式来解决日益突出的社会养老服务问题。家院互融立足居家养老服务需求，以社区为平台，结合了机构养老和居家养老两者的优势，取长补短，互融共生，为居家老人可以提供优质且专业的养老服务。本章从家院互融的相关理论分析入手，对家院互融养老服务模式进行界定，分析该模式的构建原则、构建思路以及构建的逻辑结构。

第一节　家院互融相关理论

养老服务是基于社会发展而产生的需求，从家庭养老到社区养老到机构养老，伴随着社会时代的变迁、民众需求的变化。无论是居家养老还是机构养老，都具有很强烈的现实需要，也同时存在一定的局限性，在相关理论的支持下，以社区为平台，构建两者融合发展的新型养老服务模式，更是一种创新探索。家院互融借助社区的平台，引入养老机构资源，服务居家养老，本质上是社区居家养老模式的升级，既提高了居家老年人获得外界支持的可能性，又保证了居家老年人的生活环境不变，该模式的运行也有相应的理论支持。

一、社会嵌入性理论和家院互融

20世纪80年代中期，美国斯坦福大学教授马克·格兰诺维特格（Mark Granovetter）[1]认为行动者具有多元动机，也就是说行动者并不是完全自私自利，也并非完全舍己为他，而是在两者之间摇摆不定。从另一个角度讲，行动者

---

[1] Granovetter M. Economic action and social structure: The problem of embeddedness[J]. American Journal of Sociology, 1985, 191(3): 486-487.

并不是完全脱离社会来自给自足,也不是完全受国家支配,甘当奴隶。相反,行动者是在一种特定的动态社会关系中积极追求目标的最大化;而且每个人都生活在特定的社会关系网络中,每个人都需要通过这一网络获得各种社会信息以及其他人的帮助,不可能作为个体单独存在;此外,获取社会资源必须掌握一定的"度",社会化很重要,但是过度的社会化同样不可取。所以,嵌入性概念主张相互扶持和实现个体与结构之间的互动和融合,提高社会的参与度。

传统观念认为,当个体步入老年时,就不再需要社会化了,简单地说就是老年人不需要再加入或参与到社会的竞争中来,应以享乐为主要生活目的。但是,社会嵌入性理论主张老年人还需要继续社会化,主要原因有:第一,老年人从之前未退休时的劳动者转换成为需要供养的角色,这势必会给子女和社会带来一定的负担;第二,在进入老年阶段之前,个体积极参与社会活动,在社会发展中能发挥较大的作用,并能通过自己努力获得自身心理上的满足感,但是进入老年期后转变成普通百姓,这会使老年人产生巨大的心理落差,此时产生的心理落差和空虚感大多源于此;第三,老年人之前在社会中都有自己承担的责任与从事的职业,退休之后更多地去扮演情感角色。但是老年人很容易遭受疾病的威胁、失去配偶等可能出现的重创生活的问题。因此,老年人还需要社会的帮助来解决他们面临的困境,即老年人仍需要再社会化,需要社会对他们的生活予以更大的支持和帮助。

随着我国社会现代化程度的不断提高,家庭中子女人数日益减少,家庭结构小型化趋势明显,传统的家庭养老方式已经无法长久维持,这就需要进一步完善社会的养老保障体系,使得老年人可以安享晚年。社会嵌入性理论是家院互融的重要理论基础,家院互融可以成为老年人得以继续实现其社会化的重要载体。首先,家院互融这个平台并没有脱离家庭的大环境,但是可以为居家老年人提供一个心理情感上相互支持、相互慰藉,通过专业的服务,让老年人在日常生活中实现互动中,能尽快帮助他们适应老年阶段的社会角色;其次,家院互融以社区为平台,养老机构的服务专业性可以进入家庭,除了可以提供受过专业训练的养老护理员、社会工作者等提供的专业化和个性化服务之外,其中还涵盖各类社会志愿者为老年人提供丰富多彩、多样化、优质化的生活服务内容,以达到帮助老年人顺利完成社会角色转换的目的;再次,家院互融以社区为平台,老年人并不需要离开家庭去入住养老机构就可以获得各种专业的养老服务,让专业的机构养老服务延伸到家庭和社区。由于家庭和社区是老年人最为熟悉的生活环境,是老年人享受精神文化生活、积极参与社会活动最好的场所,在得到养老机构专业服务的保障前提下有助于提高老年人对其生活满意度和自我价值的实现。由此可见,家院互融是实现居家老年人继续社会化的一个有效养老服务模式,老年人可以在家庭中或是在社区里得到自己所需要的服务,并可以积极参与社会的各项活动(比在养老机构更为便捷),感受精神文化和生活经验的同时也接受新的价值观念和社会行为模式,让老年人更好地在社会中发挥自己的作用,体现出自己的价值,让自己的晚年生活能得以充实。

二、福利多元主义理论和家院互融

第二次世界大战以后,西方社会的福利国家开始了稳定而又迅速的发展,资本主义社会以为找到了平衡个体自由与社会安全、经济增长与社会稳定的黄金点。然而,自20世纪70年代以来,受经济危机的影响,福利国家受到越来越多的批判和攻击。随着理论界对其批判及可能出路的探寻,福利多元主义理论应运而生,自20世纪70年代后期以来跃升为社会政策讨论的中心议题之一[①]。1978年,英国沃尔芬德的报告《志愿组织的未来》是较早使用"福利多元主义"概念的出版物之一,主张把志愿组织也纳入社会福利的供给者行列,即福利供给存在着多元价值体系[②]。1984年于欧洲中心举办的"社会工作培训与研究"会议也提出了相似的观点,倡导新生力量(譬如自助组织、互助组织、自愿组织和社区中有社会工作者介入的正式或非正式助人组织)可以进行社会参与。这反映了学者与决策界对混合福利体系的共同预期与展望。由于这一时期对"福利多元主义"概念缺乏一个精确的界定,所以常以"混合福利经济"的形式出现。

美国社会学家爱德华·A·罗斯(Edward A. Ross)最早对福利多元主义进行了阐述,他首先重申了福利国家的概念,认为福利国家并不是指福利完全由政府提供,国家只是福利提供中非常重要的一个主体。其次罗斯主张福利应该由国家、市场和家庭共同提供,三者的总和为社会的总福利。福利是全社会的产物,国家是福利提供的主体之一,但不是唯一的主体,市场和家庭在福利提供中也发挥着重要的作用。由于国家、市场和家庭单方面提供福利会存在很大不足,

---

① 彭华民,黄叶青. 福利多元主义:福利提供从国家到多元部门的转型[J]. 南开学报:哲学社会科学版,2006(6):40-47.

② J Wolfenden. The future of voluntary organizations:Report of the Wolfenden committee[M]. London:Croom Helm,1978.

所以应该将三方结合起来，以互补的方式来共同提供福利。例如，因为政府工作的低效率以及市场无法有效提供公共物品等缺点，所以国家和社会提供福利的同时也需要志愿者的补充；与此同时，家庭部分功能的丧失反过来也需要国家与市场的福利作为补充[1]。由此可见，罗斯很重视政府以外的其他部门在社会福利提供中的作用，认为国家可以在福利提供中扮演重要的角色，但绝不能形成对福利的垄断；主张福利是全社会的产物，要通过多种形式（市场、雇员、家庭和国家）来提供福利；福利多元主义意味着在福利提供中政府不再处于主导地位，社会福利服务可以由法定部门、志愿部门、商业部门、非正式部门等直接提供，政府只扮演重在参与和分散化的角色。德国学者伊瓦斯（Evers）发展了罗斯的多元福利组合理论，把福利多元化的几个部门具体化为三个：对应的组织、价值和社会成员关系，由此提出了福利三角理论：市场经济提供就业福利；个人努力、家庭保障和小区的互助是非正规福利的核心；国家通过正规的社会福利制度将社会资源进行再分配。因此在福利提供的过程之中，三方所能够提供的总量应该是相等的，如果一方提供的稍微多一点，那么其他几方提供的就会相对减少若干，这样在一定的政治、经济、文化、社会背景之下，国家所能够提供的社会福利和家庭所可以提供的家庭福利就可以分担其家庭成员在遭遇市场危机和重大家庭变故时所遇到的风险压力。简而言之，伊瓦斯的研究成功将对福利三角的研究顺延至经验研究领域，为西方国家解构自身的福利体系和制度架构提供了一个理论框架。在他的研究基础之上，约翰逊顺利地融入了非营利机构这一主体之中，即将福利主体分解为非正式部门、自愿部门、商业部门和政府部门。非正式部门的功能载体为亲属、朋友与邻居；自愿部门则包括：睦邻组织、自助或互助团体、为"案主"群体提供服务的组织、压力团体、主攻医疗或社会研究的团体、关注协调其他群体并为其提供资源的"伞状"型斡旋组织。他还特别指出，把自愿部门与非正式部门区分开的是组织化的程度，就其内部而言，则存在不同的形式，这就对福利主体有了更细致、更符合现实的结构划分[2]。

传统观点认为，对于弱势群体只需要政府承担帮助的义务，但是实际上政府受到经济社会发展的限制，并未必能满足所有社会范围内所有弱势群体对于福

---

[1] R Rose. Common Goals but Different Roles: the State's Contribution to the Welfare Mix[C]// R Rose, R Shiratori. The welfare states: East and west. New York: Oxford University Press, 1986.

[2] 韩央迪. 从福利多元主义到福利治理：福利改革的路径演化[J]. 国外社会科学. 2012(2):42-49.

利的需求,对于社会弱势群体的帮扶上,政府的确应该起到带头示范作用,但更多的社会组织、机构甚至个人都应该参与其中。随着社会经济发展,我国开始了福利多元主义的尝试,鼓励国家、集体、个人,以及社会上各种力量多种形式、多渠道的社会资本进入养老服务领域。政府更多的是从政策保障、制度支持、资金补贴等方面对养老产业进行指引,规范养老服务市场,发挥社会组织进行自我约束、自我激励和自我管理的作用,促进养老服务行业发展,而市场在养老事业中的作用越发显现,越来越多的社会资本进入养老领域,提供的服务主体也就趋向多元化,服务的内容也就趋向多样化。

家院互融的理念和福利多元主义理论也是相符的。家院互融以社区为平台,整合社会资源,将社区中的养老机构引入社区、进入家庭,让更多的社会资源参与到居家养老领域,对于居家养老其服务主体实现了多元化,政府不需要包揽一切居家养老事务,只需要做好"兜底"服务的内容,其他的服务都可以交由市场,通过社区整合资源来完成,政府单独直接管理转变为依靠市场、自主经营、自负盈亏,鼓励社会组织以及其他民间组织和社会大众以社区为平台共同参与到居家养老。所以,在家院互融的体系中。政府、市场、社会团体等都会各自发挥着不同的作用,扮演不同的角色,相互协作共同为提高居家养老服务质量而努力。

三、老年人的需求理论和家院互融

学术界普遍以美国社会心理学家马斯洛的需求层次理论为基础,结合老年人的生理和心理特征进行研究。马斯洛将人的需求分为五个层次,即生理需求、安全需求、社交和情感需求、尊重需求和自我实现需求。这五种需求层层递进,生理需求是人最基本的需求,自我实现需求是最高层次的需求。从最基本的需求开始,一种需求一旦满足,就会产生更高层次的需求。人都潜藏着这五种不同层次的需求,但各种需求在不同时期表现出来的迫切程度是不同的,这些迫切的需求是激励人的行动的主要原因和动力。

人类的基本需求大多是相通的,老年人自然也不例外,但由于老年人的生理机能、价值观、偏好都有其特殊性,因此在各个需求层次上会呈现不同的内容。穆光宗将老年人五个层次的需求简化为生存性需求、发展性需求和价值性需求等三大层次,并提出经济性和服务性需求为最基本的生存性需求[①]。有国内学者曾将老年人五个层次的需求阐释为:生理需求,即是所有人最基本、最优先的需求,老年人在此方面的需求也不例外,而且对食物、服饰、饮水、空气环境的需求较其他群体更具特殊性[②];安全需求,表现在医、住、行三方面的安全上;社交和情感上的需求,主要体现在老年人需要家庭的温暖、子女的孝顺和通过交流排解生活中的寂寞;尊重的需求,往往延伸为老年人注重自己在知识和修养方面的提高,对自身形体、衣着装扮的关注等;自我实现的需求,希望实现自身的价值或未完成的心愿[③]。较为值得关注的是,老年人对情感的需求不低,情感支持是父母与子女之间感情亲密程度的标志。国内学者常提到五个"老有",即"老有所养、老有所医、老有所为、老有所学、老有所乐",这充分体现了老年人在需求上的层次性,可以看作是马斯洛需求层次理论的具体化。老有所养是基础,老有所医是保障,老有所为是老年人社会价值的体现,老有所学代表了老年人文化素质的提高,而老有所乐是老年人对身心健康需求的表现。这与西方老年人需求理论所讲的三个方面(物质、精神、医疗)是相通的,共同表现为经济需求、精神需求以及医疗保健与生活照料的需求,充分反映了老年人在生存和发展中一致的需求特性。

马斯洛需求理论倾向于从服务对象自身的渴求出发来决定对老年人的服务所提供的内容。需求理论则提醒居家养老服务的提供者,不仅要满足老年人在物质层面的需求,还要注重老年人对家庭生活的感情诉求,注重老年人需求的多个层面,为老年人安享晚年创造一个良好的社会家庭环境和养老保障机制,因此需求理论对于家院互融模式的服务提供具有重要的指导作用。家院互融的养老服务模式突破机构养老过多局限于对老年人物质需求的满足,更加强调对于居家老年人精神文化的需求满足。首先,老年人的生活照料需求是最底层,也是最基本的需求,因此在家院互融模式中生活照料是养老机构最基本也是最重要的功能,养老机构委派专业人员为居家老年人提供专业的喂饭、洗澡等服务,可根据居家老年人的生理特点、宗教信仰和风俗习惯,合理安排饮食;其次,精神方面的需求是老年人在较高层次上的需要,养老机构和社区都可以安排专业人员、社

---

① 穆光宗.丧失和超越:寻求老龄政策的理论支点[J].市场与人口分析,2002,8(4):49-53.
② 马建堂.马斯洛人性管理经典[M].北京:北京工业大学出版社,2002.
③ 陈叔红.养老服务与产业发展[M].长沙:湖南人民出版社,2007.

会志愿者进入社区组织老年人在精神生活方面各类活动,不断丰富老年人的业余生活,提供精神慰藉服务,为老年人提供和创造为他人和社会做一些力所能及的事情的机会,让老年人从中感受到自身价值感和满足感;最后,医疗服务的需求是老年人的迫切需要,医养结合的养老机构可以在家院互融的模式中更为便利地为居家老年人提供及时、价优的医疗服务,社区也可以利用自身优势加强和本社区内卫生服务站点的合作,提供更为方便的就医转诊服务。简言之,家院互融模式所能提供的服务内容必须充分考虑居家老年人的实际需求,才能有效提高养老服务的实践效果。

四、社区照顾理论和家院互融

根据社区照顾理论,社区要运用全部社会力量,整合社会资源,构建照顾网络,通过解决谁来照顾、怎样照顾和在哪里照顾等三个方面问题,来保障社区内需照顾人群的正常生活,其主要包括"社区内照顾"和"由社区照顾"两种类型。前者主要是整合、集中和协调各种社区资源,由专业人士或志愿者在社区内提供各类社会服务;后者由在社区内居住的受助人的亲戚朋友或社会志愿者为其提供各种照顾和服务。

家院互融养老服务模式让老年人继续居住在家中,不改变其居住环境,不离开自己熟悉的社区,在确保家人照顾的基础上,由社区协调组织,安排养老机构内有关专业人员为居家老年人提供各种照料服务,或居家老年人在社区老年人日间照料服务中心等社区服务点接受养老机构的专业服务,此即所谓"社区内照顾";同时,社区运用人力、物力和财力资源,建立本社区的支持体系,通过社区平台,以邻里互助、志愿服务等形式,支持养老机构参与居家养老,为本社区的居家老年人提供服务,此即所谓"由社区照顾"。由此可见,家院互融养老服务模式以"以人为本、依托社区、互助而助"为原则,充分借助社会力量和社会资源,特别是养老机构力量,发挥家庭养老和机构养老的优势,老年人在家庭居住,由社区通过科学、有效、合理组织管理和协调,提倡家庭照护和上门服务等方式,为本社区居家老年人提供各类养老服务,以实现老年人"老有所养、老有所医、老有所为、老有所乐"。

五、老年社会福利理论和家院互融

老年社会福利是在社会福利理论的基础上发展起来的,欧美国家的福利实践已经创造出了很多流派。一般说来,社会福利是指为了改善和提高全体社会成员的物质生活和精神生活的各种社会服务措施,不仅包括了现行的社会保障制度,还包括教育、医疗等基本公共服务[①]。就老年人的社会福利而言,有广义和狭义之分。广义的老年福利是指国家和社会的福利设施和有关福利津贴等,满足老年人生活服务的需要,并提高生活质量的一种社会政策,其基本内容包括老年人的社会救助、养老保险和社会福利等三个子系统。其中,社会救助是指政府或者社会为完成其满足老年人最低基本生活需要而提供的一系列服务支持与资源保障的政策和措施,它是在社会福利体系中十分重要的"安全网",具有"托底"的社会功能和属性[②]。这三个子系统不仅可以充分满足老年人对基本生存的渴望,而且还可以满足他们对于安全的迫切需要;不仅能够满足他们在社会交往方面的渴求,而且可以使他们可以充分获得社会尊重和实现自我价值;不仅提供了用以满足老年人基本生存需要所需的"生存型福利服务",而且提供了用以满足老年人在发展需要方面所需的"发展性福利服务",还提供了用以满足老年人在休闲娱乐方面所急需的"享受型福利服务"。狭义的老年人社会福利则是指根据老年人的特殊需求和老年人自身的特点,由国家和社会提供给老年人特殊的、照顾性的物质和社会服务[③]。总而言之,社会福利对于保障老年人的安定生活,维护老年人健康充实的精神文化生活具有积极的意义。

　　家院互融养老服务在社会养老福利体系中发挥着重要作用,充分利用了社区现有资源,作为社会救助和养老保险的延续和提高。老年福利旨在解决在老年人基本物质生活需求的基础之上,进一步满足了老年人对物质、文化和生活的需要,最终实现"老有所养、老有所医、老有所学、老有所为、老有所乐"的社会目标[④]。在家院互融养老服务模式中,养老机构为居家老年人提供养护方面的保障,提供生活照顾和护理服务,实现老有所养;居家老年人可通过社区内的养老机构或医疗机构享受到的医疗护理人员提供的医疗服务,实现老有所医;养老机构或社区开展老年健康知识讲座以及老年人兴趣爱好培养等方面的学习活动,帮助老年人满足自我实现的需求,实现老有所学和老有所为;老有所乐是老年生活的最佳状态,社区要为老年人提供满足他们在日常娱乐方面所需要的多种场

[①] 中国大百科全书编辑部.中国大百科全书·社会学[M].北京:中国大百科全书出版社,1993.
[②] 刘祖云,田北海.老年社会福利的香港模式解析[J].社会,2008,28(1):164-170.
[③] 陈良瑾.中国社会工作百科全书[M].北京:中国社会出版社,1994.
[④] 杨立雄.老年福利制度研究[M].北京:人民出版社,2013.

所,如体育健身室、图书阅览室、棋牌室聊天室等。但是,要使居家老年人的福利真正能够得到实现,不能仅仅依靠单一的社会组织或团体,也不能完全依赖于政府,这需要全社会的各方力量和资源协作,需要包括社区内的养老机构、社会组织和志愿者一起为居家老年人提供多样化的福利服务。

六、服务型政府理论和家院互融

服务型政府理论上可以理解为把公民作为本位的政府。所谓以公民为本位就是指政府的一切工作都要以公民根本利益的实现为最基本的出发点,公民的利益需求决定着政府应提供何种服务、如何提供服务等[1]。也有观点认为"服务型政府"是指在公民本位、社会本位理念指导下,在民主制度框架内,把服务作为社会治理价值体系核心和政府职能结构重心的一种政府模式或政府形态,这就代表政府的服务行为间接地反映了公民的意志。政府的公共性理论是服务型政府产生的合法基础[2]。所谓公共性是指"政府产生和存在的目的是为了公共目标、公共利益、公共服务以及创造具有公益精神的意识形态等"[3]。在现代社会,公共性是政府的合法性基础。政府的公共性其实蕴含着一种基本预设:政府的职能是为人们服务而非为人们"掌舵",其实质意义主要在于帮助公民表述和实现其共同利益而不是控制和驾驭他们的社会利益。人口老龄化的社会问题导致了养老服务成为社会公众的重要需求,政府以公共利益为核心和以社会公平为原则,通过机构养老社会化可以将社会公众的利益作为公共行政服务的主要出发点,从而可以充分实现和保障老年人的切身利益,这也是社会公平性和可及性的体现。因此,政府主导下的居家养老服务贴合了社会公众的意愿,从宏观角度看,政府在相应把握居家养老服务的发展方向,通过市场化的介入提高居家养老服务的成效,实现了社会养老资源的最优化配置。

根据服务型政府理论,家院互融养老服务模式以社区为载体,由政府在政策、资金等方面予以支持,实现社会资源整合优化配置,政府可以通过向养老机构等社会组织购买服务,以解决居家养老的社会问题,而不是将养老这个问题直接或者全部交由家庭或养老机构自行解决,政策层面不仅能通过考核监督保障

---

[1] 黄克瀛.服务型政府理论溯源[J].长白学刊,2008(6):42-45.
[2] 陈国权,徐露辉.论政府的公共性及其实现[J].浙江社会科学,2004(4).
[3] 黄显.政府公共性理论的谱系[J].湘潭大学学报,2004(5):12-18.

工作实效,更是实现了社会养老资源的最优化配置。

七、社会交换理论和家院互融

美国学者霍斯曼在20世纪60年代提出:社会进步是一个用于处于交换的过程,交换关系的双方都得到自己所需要的东西,因此加强了这个交换团体的全体得益水平,而且这个团体持续扩展,产生了彼此交换的行为,各自的需求也得到了充分的实现,对此鼓励社会中的个人或者团体持续地供应社会所需要的养老服务或者养老产品。

家院互融养老服务模式以社区为平台,将社区内的各类养老机构、社会组织引入社区,创造一个比较大的社会交换场所,突破了家庭和养老机构的地域局限,扩大了居家老人和外界情感交流、活动接触的途径,进一步实现了居家养老服务的社会化,提高了居家老人的服务满意度。

八、养老产业理论和家院互融

养老产业是一个专门为老年人提供产品与服务的行业。但值得注意的是,养老事业与养老产业经常被混为一谈。虽然两者的服务对象都是老年群体,但养老事业与养老产业存在根本性的区别,对政府的角色定位也有相应的要求。养老事业属于社会福利事业的一部分,由国家和社会为老年人建立福利性质的设施与服务体系,如敬老院、老年人福利院等。这些机构和设施主要为"五保户"或享受国家照顾的特殊老年人和孤寡老年人提供服务,这种服务主要以救济性与福利性为特点。而养老产业是市场经济条件的产物,表现为越来越多的社会资金投入到养老服务中,以企业化经营养老设施,以市场形式提供养老产品。

养老产业理论在讨论政府角色定位中涉及的核心争论主要围绕养老产品性质的界定展开[①]。养老产品可分为"公共品""私人品"和"准公共品"。养老产品中的公共品是指政府为老年人提供免费养老服务,私人品是指通过市场形式获得的养老服务,准公共品是指通过特定组织或团队获得的低于市场价的养老产品。在家院互融养老服务模式中,既可以由政府为居家老年人提供免费或者低收费的、带有基础性质的公共养老产品服务,也可以通过市场形式让有经济条件的居家老年人获得个性化的私人居家养老服务,社区内的养老机构、社会组织也

---

① 陈永杰,卢施羽.中国养老服务的挑战与选择[M].广州:中山大学出版社,2013.

可以根据情况承接不同类型的居家养老服务。家院互融的社会化程度越高,养老服务产业化就越高,为居家老年人提供的服务就越具有多样性。

九、多中心治理理论和家院互融

印第安纳大学政治理论与政策分析研究所的埃莉诺·奥斯特罗姆在其《公共事务的治理之道——集体行动制度的演进》一书中提出了多中心理论,认为公共事务的治理应该摆脱市场或者政府"单中心"的治理方式,多中心治理强调了将公共体制和私人体制的有效结合,也意味着由许多在形式上相互独立的决策中心从事合作性的活动,或者利用核心机制解决冲突,通过社群组织的自发秩序形成多中心自主治理结构①。多中心治理理论的特点在于强调主体的多元化,在公共事务治理过程中,各级政府只是其中的参与者,任何在公共事务处理过程中的涉及的利益相关者都可能成为参与主体;强调了参与者和组织自发性,所形成的行动规则是不同性质的参与主体集体选择的结果;强调了治理手段多样化,多中心治理的目的是实现公共利益,必须要符合客观实际的政策选择,未必一定是最大化的公共利益,在治理过程中要充分考虑公共资源和参与群体的特殊性,要通过改善政府公共服务供给机制调动多方参与的积极性。

家院互融所要解决的是养老服务供给问题,需要政府、社会组织、养老机构、市场化主体、居家老年人和社会志愿者共同协作,从而实现养老资源的有效分配,在整个的养老服务供给体系中,居家老年人个体的特殊性,决定其对服务的要求有不同的层次和类别,政府部门在其中要采取新的管理方式和技术,激发其中的所有利益相关者参与居家养老服务的热情和动机,提高服务的水平,同时促进社会资源在居家养老服务领域的合理利用和优化配置。

十、供给侧结构调整理论和家院互融

全球范围内各经济体发展过程中的宏观经济调控手段看,传统宏观经济学倡导的经济增长"三驾马车"理论一直被奉为经典②。长期以来,我国经济的高速增长主要通过需求侧改革的思路实现,重点强调扩大由投资需求、消费需求和净出口增长"三驾马车"构成的总需求,过去的高增长主要由需求拉动,重点解决

---

① 董亚琦. 宁波市居家养老服务多中心供给研究[D]. 宁波大学,2017.
② 冯磊. 从供给侧推动中国改革[J]. 经济学动态,2013(3):41.

市场"有没有"的问题①。当前,我国的供给体系中总体上是中低端产品过剩、高端产品供给不足,传统产业产能过剩,同时存在着结构性的有效供给不足,如果只是产能过剩,可以通过扩大需求来消化的,而经济动力也会随之恢复。但是需求的增长在很大程度上已经被价格的上涨抵销掉了,大部分购买力没有能转化为消化产能库存的力量②。因此从理论上看,现在的状况是供给的价格弹性很小,价格变动只能引起很小的供给变化,只有大幅价格上涨才可能使供给发生显著变化,而大幅价格上涨,不仅会使购买力弱化,还会使一部分需求不再是"有效需求"③。由于供给的价格弹性小,扩大需求的措施很大程度上被转化价格上涨,却不能拉动产量较大幅地增长,目前情况是需求已经当前继续单纯通过"三驾马车"的需求侧管理"刺激"经济,空间已经十分有限④。所谓"供给侧改革"就是从供给、生产端入手,通过解放生产力、提升竞争力促进经济发展,具体而言就是要清理"落后企业",淘汰落后产能,将发展方向锁定新型和创新领域,创造新的经济增长点。

2015年11月10日,在中央财经领导小组第十一次会议习近平总书记强调,在适度扩大总需求的同时,着力加强供给侧结构性改革;同年11月11日召开的国务院常务会议也提出"培育形成新供给新动力扩大内需"。而在党的十八届五中全会公报中,也有"释放新需求,创造新供给"的措辞。2008年,美国应对金融危机时在宏观调控中就采用具有针对性的"供给管理"措施,从重经济发展规模、数量到重经济发展质量、效益转变的经济结构调整,以在经济体运行实践中推动经济增长。"供给侧结构性调整"意味着更注重提高供给体系质量和效率,要重点解决供给"好不好"的问题,以此推进经济结构性改革⑤。供给侧改革的目标一般是应该是解决市场经济中比较常见的供求错配问题⑥。从目前我国国内的宏观经济结构来说,存在较为严重"供需错配"的应该是公共服务部门,包括公共教育、公共医疗、公共交通、公租房等,也包括社会养老保障。党的十九大报告也指出:"深化供给侧结构性改革""把提高供给体系质量作为主攻方向"。

---

① 苏剑."供给侧"结构调整深意何在[N].中国城乡金融报,2015-11-20(B03).
② 杨溪.从诺斯的"制度"到中国的"供给侧"[N].北京商报,2015-11-26(002).
③ 冯蕾,陈晨."供给侧改革"如何影响经济[N].光明日报,2015-11-22(002).
④ 贾康,苏京春."三驾马车"认知框架需对接供给侧动力机制构建[N].中国经济时报.2015-5-7(005).
⑤ 刘霞辉.供给侧的宏观经济管理——中国视角[J].经济学动态,2013(10):9-19.
⑥ 曹国亮.供给侧管理在中国的推出及国际经验[J].品牌营销,2015(10):8-9.

这也意味着从提高居家养老服务供给的角度,完全符合我国经济社会发展的战略部署。

目前,我国居家养老服务供需矛盾突出,随着社会保障水平的持续提高,我国老年人的生活状况已有极大改善,老年人的对于养老服务需求已经从单一的生活照料向精神慰藉、文体娱乐、实现自我、参与社会活动等多方位的需求转变,中国老龄研究中心在2006年调查了10项居家养老服务项目需求和利用情况,结果显示服务供给明显跟不上老年人的服务需求,服务利用率也低于服务供给,居家养老更局限于保障生活型而非提高生活品质,只能达到"老有所养"这一层次[①]。家院互融以提高居家养老服务供给为目标,给居家老年人选择权,并提供专业性强、可定制、具有特色的养老服务,提升养老服务水平的同时,增加社会健康和谐程度,增加就业岗位,提高养老服务经济的效益,促进养老事业的可持续发展,这正是我国养老服务供给侧改革的方向。尤其是在国家在以居家养老为基础,以社区养老为依托,以机构养老为补充的"9073"战略的实施下,养老工作重心已经由机构养老调整到居家和社区养老,家院互融有助于及时解决养老服务模式的结构性问题,有助于以社区为平台更好地提供居家养老服务。

第二节 家院互融相关养老服务的实践及启示

人口老龄化的加速发展,社会养老需求的急剧增长,迫切要求宁波市加强养老服务体系宏观战略、框架功能、基本政策和标准规范等方面的研究,不断探索新时期养老服务事业改革发展的新思路、新途径和新办法,构建一个与地区经济发展水平相适应的养老服务体系。国内外社区居家养老服务模式的实践经验可以为我们对家院互融养老服务模式的构建提供参考和借鉴。

一、发达国家家院互融相关养老服务的实践探索

一些发达国家老龄化社会到来相对较早,在解决养老问题的过程中也明显发现仅仅依靠机构养老解决不了所有的养老问题,所以在社区居家养老方面进行了积极的探索。

---

① 王莉莉.基于"服务链"理论的居家养老服务需求、供给与利用研究[J].人口学刊,2013(2):49-59.

机构养老向社区居家延伸模式的研究
——以宁波市为范本

（一）美国：产业化养老社区

在美国，老年人很少与子女生活在一起，子女在成家立业后便和父母分开居住，老年人的养老问题主要由政府和社会承担。如今，大大小小、数以万计的养老社区遍布全美各州，带动养老产业经济蓬勃发展，成为新的经济增长点。20世纪八九十年代，美国养老服务实现了社会化转向，市场和民间力量在养老事业中发挥着主导性作用，形成了一条独具特色的美国式养老道路，美国也率先成为以市场提供养老服务为主的国家，奠定了美国"社团主义市场经济型"福利国家的地位。美国为促进老年服务事业的发展主要做了如下工作：自1965年以来先后颁布《老年法》《老年人志愿工作方案》《老年人社区服务就业法》等一系列法律，从法律上确定了老年救助、住宅、安养机构、医疗、再就业等养老服务的内容，为老年人构建了一张社会安全网，使老年人在经济收入、保健、医疗、居住、就业、学习等各个方面都得到保障[1]。

美国养老社区各具特色，根据不同的划分标准，美国养老社区可以有多种类型[2]：第一种是按照建筑类型和规模可以分为"养老新镇""养老村落""养老营地""集合式老年公寓"和"持续照护养老社区"这几类。第二种是按照医疗护理程度可以分为生活自理型养老社区、生活协助型养老社区、特殊护理养老社区和持续照护养老社区，这几种社区的照护内容和护理程度按顺序逐级加深。第三种是按照居民构成进行划分，比如：退休教师社区、退休邮递员社区等。养老社区也存在一定的局限性，住进养老社区会阻隔原有社交网络，缺少社会接触，老年人在心理上会产生孤独感。因此，养老社区里的老人需要通过多种社交网络、文化教育、运动休闲、旅行娱乐等活动来增加人际交往，丰富闲暇生活，减轻孤独感。美国政府在政策和财政方面的支持为养老社区开发提供有力保障。政府在养老保障事务上不断加大资助力度，直接或间接资助各种社保项目，在构建福利社会的道路上迈出了重要步伐。例如政府为老年人提供老年年金和安全补助，使生活困难的老年人有了养老保证；政府和民间组织为老年人设计并兴建住宅，以低廉的价格甚至免费给老年人居住；政府鼓励社会力量兴办养老机构，由政府出资兴建养老机构，由民间机构出资进行经营管理，宗教慈善组织等民间团体同

---

[1] 郑功成.社会保障[M].北京：高等教育出版社，2007.
[2] 桑永旺.国外养老服务经验之可鉴[J].社会福利，2006(11)：54.

时也对养老服务做了大量的工作等,这些都进一步促进了养老社区的发展。此外,美国地产开发热潮为养老社区兴盛提供了商业契机,房地产商们顺应时代潮流,抓住老年人住房市场需求,大力兴建标准化的养老社区,逐渐形成了一套成熟的开发理念①。

(二)日本:社会化的居家养老模式

日本是一个对家的概念比较注重的国家,在日本传统的养老服务模式中,老年人的养老费用基本上都是由家庭承担的②。但是自从进入老龄化社会以后,家庭观念有了很大的发展和变革,完全由家庭承担老年人养老费用的家庭养老模式已经不能满足社会的需要。从19世纪80年代起日本便逐步开始探索养老服务评价制度,并将其纳入社会福利基础改革的一环,推行到全国各社区和各养老机构。1963年《老年人福利法》的出台是日本养老社会化的开端。20世纪70年代后期,日本多位学者从西欧、北欧考察回国后,大力宣传"居家养老"的意义和重要性,日本政府开始重视居家养老。1982年《老年保健法》的出台和1989年的"黄金计划"标志着以"居家养老、居宅看护"为特色的日本居家养老模式的建立③。日本以老人自主、自立为基本理念,使得老人不仅"老有所养",并且能够活得更有质量,为老人的家人减轻了后顾之忧。

(三)新加坡:政策引导、各方参与的居家养老服务

新加坡也是遵循儒家文化传统的,强调家庭在混合福利框架中的作用,它的"奉养父母法律"对家庭养老给予了厚望。新加坡目前拥有完善的养老服务体系,养老模式主要包括居家养老、日托养老和机构养老④。完善的养老服务体系得力于新加坡政府对养老服务政策的大力推行和积极引导。相关政策规定,个人必须对自己的晚年生活负责,提前做出具体规划;同时家庭也要给老年人提供必要的照料;社区有义务协助和支持家庭担负照顾老年人的责任;而国家必须构

---

① 孙建萍,等.国内外机构养老模式现状[J].中国老年学杂志,2011,31(7):1264-1265.
② 季晓鹏,王志红.日本养老服务经验对我国老年服务方式及评估模式的启示[J].护理研究(上旬版),2006,20(11):2908-2909.
③ 王丽芳.日本养老服务评价制度及其对我国养老服务事业的启示[J].重庆大学学报,2010,31(4):46-50.
④ 曹煜玲.中国城市养老服务体系研究[D].大连:东北财经大学,2011.

建可行的养老框架,创造条件帮助个人、家庭和社区各尽其责。为了保证各方真正履行养老责任和义务,新加坡政府出台了一系列扶持政策支持开展居家养老服务。通过政策让社会各方都有积极性参与到养老事业中,并分层次地将个人、家庭、社区、国家都纳入"老年人关怀"序列中。

新加坡政府不仅在政策上给予极大的支持,在资金投入上的扶持力度也非常大。政府始终是各种养老设施投资的主体,各项服务成本均由政府承担,同时,允许国家福利理事会认可的养老机构面向社会募捐。政府每年都有大量资金用于老龄设施的建设,以保证其配置不仅达到先进水平,而且充分体现人性化。各种养老设施根据老年人的特点与需要作出合理安排。在雇佣专业服务人员方面,由于有着足够的经费支持,政府会雇佣那些具有专业知识与技能的人员来帮助那些身体虚弱、收入不高,而又需要护理的入住老年人[1]。

(四)瑞典:家庭扶助制度

瑞典前首相佩尔松曾经在一次讲话中说,作为政府首脑,他考虑最多的并不是如何发展经济、增加就业,而是怎样应对瑞典的老龄化。按照瑞典统计局公布的数字,该国目前男子的平均寿命为 79 岁,而女子寿命更是接近 84 岁,是世界人均寿命最高的国家之一。为此,瑞典大力推广"居家养老"、建立完善的养老金体系和家政扶助制度,鼓励老年人二次创业以解决人口老龄化问题。由于在应对老龄化问题上成为世界的典范,瑞典堪称"老年人的王国","老而快乐着"成为瑞典老年人的标志。

瑞典在 20 世纪 60 年代构建起世界上最慷慨也最发达的普享型养老金体系,被誉为"福利国家的橱窗"。由于坚持兼顾公平与效率的制度设计理念,在 20 世纪 90 年代为应对养老金财务危机而出现的世界养老保险制度改革浪潮中,瑞典养老金制度的数次调整都取得了成功。根据瑞典法律,子女和亲属没有赡养和照料老人的义务,赡养和照料老人完全由国家来承担。经过半个世纪的努力,瑞典已建立起了比较完善的社会化养老制度。瑞典目前实行的有三种养老形式,即居家养老、养老院养老和老年公寓养老。同时,瑞典还完善了养老家政服务网络,这一网络制度是瑞典"家庭扶助制度"的集中体现,早在 2003 年瑞

---

[1] 胡灿伟. 新加坡家庭养老模式及其启示[J]. 云南民族大学学报(哲学社会科学版),2003,20(3):35-38.

典议会就专门成立了"老人委员会",并出台了《未来老人政策》。根据该政策,老年人提出的申请只要核实批准,便会有专业人员定期到其家中进行医疗或者家政服务,并为那些有特别需要的人配备了专门的警报器。瑞典各地方政府负责提供的家政服务虽说是福利性质的,但还是要收取一定费用,收费标准根据接受家政服务的老人的实际收入确定。

二、我国家院互融相关养老服务的实践探索

2010年8月,宁波市江东区家院互融中心正式运营,着手搭建覆盖全区的专业养老服务体系,构建了区级和各街道家院互融服务网络,完善老年人需求信息库,建立助老服务热线,建立家院互融管理服务信息系统,各类服务实行统一规范化管理,被上级部门评价为"破题之作",标志着我国开始探索家院互融养老服务模式的开始。随后,各地纷纷仿效,对于家院互融养老服务模式也进行了创新推进。

(一)香港地区:长者社区支援服务

为了实现"老有所属、老有所养和老有所为"的目标,本着"使长者能够有尊严的生活"的信念,香港特别行政区政府根据老年人的居住情况为老年人提供了多元化的养老服务。这种"多元化"不仅体现在服务提供的主体和服务资金来源渠道的多元化,养老服务的内容更是多元化、全面化,养老服务队伍也具有专业化的水平。早在1973年的《社会福利白皮书》中,香港特别行政区政府就强调老年人应尽量在熟悉的环境中安享晚年,并为居住在社区的老年人提供了包括长者中心服务、长者社区照顾服务和其他支援服务的社区服务体系[①]。长者社区支援服务是香港地方政府为了鼓励老年人在社区中生活所提供的服务,是为体弱并需要照顾的长者在家或者在社区中所提供的服务,主要包括长者日间护理中心、长者日间暂托服务、改善家居社区照顾服务、综合家居照顾服务和家务助理服务,其提供的护理内容较多,且有大量的机构从事该项工作。

(二)台湾地区:确定居家养老服务形式

我国台湾地区和大陆有着相同的文化根源,家庭在老年人的照料中扮演着

---

① 丁华.香港的养老服务体系[J].社会福利,2004(11):46-47.

重要角色。但高龄化社会匆促的到来,迫使台湾社会面临前所未有的巨大冲击。在过去数十年的社会变迁过程中,台湾家庭形态与样貌皆出现了极大的变化,家庭结构与功能逐渐在改变。家庭支持系统户内成员原有的功能性不再显著,个别家庭的社会资源网络日渐薄弱。为了应对人口老龄化快速增长的态势,1998年,台湾地区颁发了《加强推进居家服务实施方案》,旨在缓解家庭的赡养压力并逐步解决老年人的养老保障问题。在 2000 年台湾当局颁发的《老龄政策回顾》中指出,实现居家养老模式的唯一途径是建立社会支持体系,以帮助家庭更好地解决高龄老年人的长期照护问题。

台湾地区居家养老服务主要有五种形式:一是居家服务,包括营养均衡餐饮服务、家务管理及垃圾清除、衣物清洗和缝补、住宅的清理和清洁、个人卫生和梳洗照料、日间照料、家属参与、节庆活动安排。二是介护服务,包括失能、失智分区服务、康复训练、生活自理训练、临终关怀等特色服务;另外还有协助问诊、与医疗机构联络、陪同就医、康复护理等。三是精神服务,包括:宗教活动(如佛教、天主教等);节庆活动(春节、端午节、父亲节、母亲节等节日专项活动);学习活动(如花艺、英语、日语、手工艺、水彩、书法、电脑等课程);日常聊天、慈善访问、电话问候等。四是外出服务,包括陪同外出购物服务、散布及参与社团活动(设有太极、国剧、歌唱等多种社团)等。五是生活器具的提供,如特殊睡床、特殊浴槽、特殊便器、保暖器具、火灾警报器及老年人专用电器等。台湾当局还鼓励家庭、社区、寺庙、地方慈善机构等民间组织通力合作,为社区老年人提供服务。台湾地区社会化养老服务使养老服务成了一个产业,社会机构可以与社会养老保障结合,多种费用可以通过社保报销支付,减轻了老年人养老费用负担,推动了社会养老机构的发展。目前,在台湾地区社会型养老机构中,对老年人的养老需求进行了系统全方位的满足,为老人提供了满足生理需求的基础服务,同时也提供了专业医护、精神慰藉、丰富的娱乐生活,此外还为老人提供老年大学之类的自我价值实现及 24 小时全方位的隐私保护工作。

(三)杭州市西湖区:推进家院互融创新养老模式

为实现养老机构的专业、人员、资源等优势达到效益最大化,杭州市西湖区积极推进家院互融养老服务模式,为老年人提供分层分类的养老服务。具体做法如下:

1. 政策创制，打破机构与居家界限

以文新、留下、双浦、北山、翠苑等地为试点，探索居家和养老机构补贴打通机制、居家和医疗机构补贴打通机制，使之成个案经验并总结反馈，通过召开多次镇街意见征求会，并征询专家、老年人代表等意见建议，出台服务补贴在居家和机构之间转换的具体实施办法，明确了评估、结算的具体流程和工作要求，努力推进"补贴跟人走"。

2. 加强引导，推进养老机构"开门办院"

加强养老机构建设运营分类指导工作，鼓励机构兼有居家服务功能，服务资源覆盖周边社区居家老年人。扶持机构内设居家养老服务照料中心、食堂、健身室、阅览室、活动室等功能区块对外开放，设置休息位和一定数量的日托护理床位。目前全区8个公办机构中，有6个已基本形成机构与居家的共同体，金秋钱塘老年公寓开辟2 059平方米的公共服务空间，专门打造居家养老服务照料中心，杭州橡树养老院打造医养融合体，为蒋村地区老年人提供医养护一体化服务。

3. 科学管理，强化机构设施运营

该区照料中心运营模式基本形成社区自主管理、老年协会管理和社会化托管。社区自主管理的照料中心配备专职公益性岗位助老员，兼具组织管理功能；老年协会管理的照料中心充分发挥老年人自我服务、自我管理作用，形成银龄互助活动氛围；委托社会化管理的照料中心由专业社会组织机构入住，为老人提供个性化多样化的服务。

(四) 武汉市：以互联网为重点推进家院互融养老模式

2014年以来，武汉市先后成为全国养老服务业综合改革试点、以房养老试点、养老机构远程医疗试点、养老服务标准化试点、居家和社区养老服务改革试点城市，是全国唯一聚集目前所有全国性养老服务改革试点项目的城市。经过系列养老改革，初步形成具有武汉特色的"以信息化为手段对接居家养老、以社会化为支撑强化社区养老、以市场化为依托发展机构养老、以政策化为保障推进医养融合"的养老服务网络。该市将重点在"互联网+居家养老"上精准发力，印发实施方案和三年行动计划，以互联网为主线，串联推进居家、社区、机构三个层面的养老服务，系统集成经验，形成"家院互融"的全新养老模式，切实提升老年人的获得感和幸福感。

目前,通过不断创新服务模式和供给方式,形成以常青花园"爱照护"长者照护之家、侨亚徐家棚街老年人服务中心及硚口中爱智慧养老信息平台等可学、可示范的"互联网＋居家养老"模式。同时,引导扶持了一批企业开发"互联网＋"的养老智慧穿戴设备和信息服务平台,如"爱家养老"居家养老信息平台已发展31万注册用户,入驻服务商1 200余家,为老服务3万余次[①]。

(五)浙江金华马宅镇:就地养老,没有围墙的养老院

部分养老服务照料中心受到自身条件限制,不能很好地为老年人提供服务,对此浙江金华马宅镇七秩塘村探索开展"家院互融"新型养老模式,按照"就地养老"的思路,大力倡导居家养老,让有养老需求的农村老年人集中居住,改变以往由政府出资兴建养老机构的做法,打造居家养老升级版,"家院互融"就像是一个"没有围墙的养老院",通过资源整合,为老年人打造一个幸福的晚年。

对于老年人而言,他们的生活空间主要在社区(村),绝大多数老年人愿意依托社区(村)居家生活,最需要社区(村)为他们提供面对面、心贴心的服务。七秩塘村的实践证明,居家养老采取让老年人在村里接受生活照料的服务方式,满足了老年人的心理需求和习惯需求,有助于提高他们的生活质量。

七秩塘居家养老中心不同于其他私人养老院,并无营业性收入,只收取最基本的房租费和伙食费。每个房间每月房租为300元,每天的伙食费按照年龄级别分为10元、8元、6元,85岁以上老人伙食费全免。单是居家养老中心的水电费、人工工资费、伙食费等加起来,一年的开支达到18万元,如果算上物件的更换和折旧费,一年支出超过20万元。因此如果想要长期地运营下去,高昂的费用是必须要解决的难题。因此,当地积极争取政府的补助费用,同时争取发动更多社会资源投入到居家养老中心,解决运营经费问题。[②]

(六)浙江台州玉环:政府引导开办家院互融服务中心

随着人口老龄化的加速,社会对养老服务的需求越来越迫切,然而,如今的

---

① 武汉民政局."家院互融"让老年人更有幸福感[N].长江日报,2017-10-19(A03).
② 陈巧丹.东阳一村庄试水"家院互融"养老乡亲乡邻在一起,养老离家不离村[N].浙中新报,2015-05-28(A04).

家庭模式和落叶归根的眷"巢"之情,使得传统的家庭养老和机构养老方式难以为继。玉环市现有老年人口6.97万,约占户籍人口的16.28%,已进入中度老龄化社会。为给不同层次、不同需求的老年人提供多样化、专业性的养老服务,当地政府于2013年11月份在全市率先推行"家院互融"新型养老服务试点工作,与天爱托老院合作成立了天恩"家院互融"服务中心,大力整合居家养老服务和集中养老服务资源,探索出了将居家养老服务和机构养老服务融合起来的全新养老模式——"家院互融"养老体系。

据悉,玉环市有60多位低保失能、失智老人,这些老人平时无人照料,生活起居无法自理。2013年,玉环市政府和天恩家院互融服务中心开展合作,由政府出钱,天恩家院互融服务中心提供上门服务。目前,天恩家院互融服务中心已有家政便民、老人日托、医疗保健等11大类83项服务项目。这些服务项目有的由政府买单,有的实行政府补贴,有的是低于市场价格进行优惠。当地民政部门表示,下阶段将继续深化完善家院互融模式,加强对服务机构的管理,开展服务技能培训和职业道德教育,逐步实行养老护理人员持证上岗,提升养老服务队伍的专业化水平[①]。

三、国内外家院互融相关养老服务的启示

人口老龄化是一个社会问题,家院互融(社区居家)养老服务模式的构建涉及地方财政、社保、教育、卫生、民政、贸易和工商等多个部门,从国内外与家院互融相似的养老服务的实践情况来看,政府在居家养老服务中的责任落实最为关键,需要重点从维护居家老年人合法权益、整合社区资源增加居家养老服务项目,规范居家养老服务标准,加快居家养老服务队伍建设,完善政府扶持措施、服务获得途径、监督管理、法律责任等方面予以保障,通过市场机制和各种优惠政策引导和动员社会各方面力量参与社区居家老年服务事业的建设,兼顾政府、社会和家庭的利益,构建符合区域社会经济发展现状的养老服务体系。

(一)认清家院互融相关养老服务所带来的红利优势

通常认为劳动人口的富裕是人口红利的体现,可以促进产业提升,带动经济

---

① 玉环:创新养老模式,探索推进"家院互融"养老体系. http://www.zyzhan.com/News/Detail/39713.html[OB/EL]. 2018-02-11.

发展,而社会人口老龄化加剧与之相对应的劳动力人口的减少,由此带来社会上的劳动力资源紧缺,经济因人力不足发展迟缓,社会养老负担加重。但是换一个角度,老龄人口也是一种人口红利,同样可以通过养老市场的开发,带动更多的人在养老领域就业,带动养老经济的发展,因此人口红利更多地体现在养老服务领域的就业推动和产业提升。社区居家养老服务涉及面广,所蕴含的市场也是极为广阔的,越来越多的社会资本进入养老市场无疑也是对居家养老服务所带来的经济价值的认可,所以在家院互融中坚持走社会化的居家养老服务,可以在促进就业的同时,带动养老市场的繁荣,这就是人口红利的体现。

(二) 以居家老年人权益全面保护为指导思想

近年来宁波市在社会人口老龄化的同时,社会经济实力也不断增强,物质文化生活水平大幅提高,人们的家庭观念、思想观念也发生了极大变化,导致空巢老人家庭逐年上升,同时失能老人数量也不可忽视。截至2011年底,宁波市60岁及以上人口107.2万,占总人口的18.6%,80周岁及以上老年人15.9万,占总人口的2.76%,其中长期失能老人3.23万,占总人口0.56%[①],在独生子女政策下,一对夫妻至少要赡养4个老人,加上年轻人工作压力大,很多都没有时间和精力照顾老人,因此养老服务的市场需求很大。我国《宪法》明确规定老年人赡养权受国家法律保护,老年人有获得国家、社会、家庭赡养的权利。但是老年人的需求不仅是物质上的,更有精神上的,比如《中华人民共和国老年人权益保障法》第十八条规定:家庭成员应当关心老年人的精神需求,不得忽视、冷落老年人。对此,家院互融相关养老服务要立足于家庭,通过社区的整合资源,落实老年人的合法权益,并围绕老年人的合法权益开展各类服务,在居家老年人物质帮助、生活照料和精神慰藉方面进一步细化,强化各相关人员如亲人、监护人、社区、养老机构和社区志愿者等各方义务。

(三) 根据区域社会需求创新养老服务模式

随着人口老龄化速度的加快和传统家庭养老功能的弱化,老年人对社会化养老服务的需求日益加大。《中华人民共和国老年人权益保障法》规定:国家建

---

① 失能老人护理难题亟须破解[N].宁波日报,2012-10-24(A03).

立和完善以居家为基础、社区为依托、机构为支撑的社会养老服务体系。根据宁波市目前的老年人口的布局以及社会需求,养老服务体系应以居家养老为主、医养结合为主要模式。首先,在社会供应力不足的情况下,地方政府应制定扶持政策,形成多渠道资金投入机制,如地方政府应将居家养老服务所需经费列入地方财政预算;制定税收等优惠政策,动员和吸纳外资或民间资本投资兴办居家养老服务产业,逐步推进养老服务的市场化运作,借助市场的力量达到社会养老资源的优化配置,充分发挥社会力量在养老服务业中的作用,促进家院互融(社区居家)养老服务参与主体多元化,依靠市场促进老龄服务供给的增加和服务水平的提高;鼓励和支持科研人员研究与开发老年护理用品;鼓励中介组织参与老年产业发展,提供评估、咨询和第三方认证等服务;在社区居家养老服务的激励手段上,政府要考虑到社会组织的生存和发展,在土地、税收、融资、就业等方面向养老机构提供优惠措施,积极吸引社会力量发展养老服务产业;鼓励单位、个人对养老服务业的慈善捐助,建立养老慈善基金[①]。其次,地方政府应确定完善相关的配套政策,如要制定居家养老上门服务制度、志愿者服务制度、服务监督制度、服务人员岗位责任制度、服务人员奖惩制度等。最后,地方政府应加快社区服务的体制改革,调整医疗保险制度,将社区卫生服务机构家庭护理和家庭病床的费用纳入报销范畴,最大限度地发挥社区内医疗机构服务的辐射面,获得最佳的服务效果。

(四) 推进养老服务规范化和专业化

创新养老服务养老服务模式的目的就是为了能给老年人提供优质的居家养老服务,提高晚年生活质量。规范化是确保居家养老服务质量的保障,专业化是提升居家养老服务水平的途径。因此,对于从事居家养老服务的各类机构和人员应实行资格准入制,在当前养老服务资源紧缺的情况下,既不能随意提高养老服务机构准入标准,也更不能随意将标准界定得过低,必须以社会实际需求和基本服务为底线,逐步将养老服务机构的做大做强;开展养老服务从业人员专业化培养,对于养老服务人员实行先培训后上岗制度,应鼓励和扶持地方中等职业学校、成人学校、社区学院和高校开展养老服务从业人员的技能培训和培养,加强

---

① 官玉琴.居家养老政策法规研究[J].福建教育学院学报,2009(2):15-19.

养老服务人员职业道德教育,以全面提高服务队伍的综合素质,提高服务质量①。当然,在人口老龄化日益严重的背景下,居家养老服务供给能力严重不足的情况下,这种专业化和规范化要求政府应在政策、资金等方面予以保障。

(五)构建养老服务保障网络

好的养老服务模式就是能为居家老年人能获得比较完善的服务保障,从社会和政府层面上要巩固、完善养老和医疗保险制度,健全老年社会救助体系,提供社会养老福利,为实现老有所养、老有所医、老有所为、老有所学、老有所乐奠定基础。因此,社区居家(家院互融)养老服务应根据区域经济社会发展实际,推进建立多层次的社会保障体系,逐步提高对老年人的保障水平,倡导全社会优待老年人,依法建立健全覆盖城乡的养老、医疗、最低生活保障、社会救助和被征地农民基本生活保障等社会保障制度,逐步提高保障水平,保障老年人的基本生活和基本医疗;对老年人进行生活服务优待,对于政府设立的公共文化设施、旅游景点、公共交通工具和体育健身场所等可以给予免费或减价享受;对老年人进行医疗服务优待,社区卫生服务机构建立居家老年人健康档案,定期为居家老年人免费提供健康检查;开展老年人宜居环境建设,以社区为基础,并为老年人提供范围广泛的预防性、补救性和发展性等方面的服务,如无障碍设施建设,使老年人能够在自己家里和他们的社区里尽可能过独立生活,继续成为参加社会活动的有用公民;科学设计并运用互联网+居家养老信息保障管理系统,提高服务的有效性。

(六)建立养老服务需求评估机制

西方发达国家和我国香港、台湾地区等各地社区居家养老服务经验表明养老服务需求评估机制的运行使得老年人"对号入座",根据不同的身体状况给予不同的服务级别,然后为老年人制订合适的照顾计划。现实情况是老年人有多种需求,对老年人福利的改善要建立在需求调查与评估基础之上,建议政府相关部门要对居家老年人生理和心理的实际状况进行科学调查与评估,将居家养老服务的供给建立在老年人需求评估基础上,对于不同需求的老年人提供不同的居家养老服务内容,可实现资源的合理分配。

---

① 陈文龙.浙江出台养老新惠政.大学生当护理员奖4万元[N].都市快报,2013-05-23:(A04).

第三节　家院互融：养老服务模式的发展研究

在我国人口老龄化逐步走向高峰的过程中，解决老年人的服务照料问题是关键。我国人口老龄化的一个特点是"少子化"，加上家庭小型化和劳动力流动，以及社会压力（工作的、生活的）等不利因素，完全靠子女和家庭来服侍老年人、照顾老年人恐怕会力不从心。构建并发展家院互融养老服务模式，通过充分利用、合理配置各类相关的专业人员，使"家""院"一体，融合到专业化的更高层次上，提升了居家养老服务水平，提高了老年人的居家幸福感。

一、养老服务模式的相关研究

模式是指从生产经验和生活经验中经过抽象和升华提炼出来的核心知识体系，就是解决某一类问题的方法论。因此，把解决某类问题的方法总结归纳到理论高度，那就是模式。养老服务模式是一种对养老服务的指导，是在理论的指导下，通过实践探索，得到解决养老问题的办法。

（一）养老服务的内涵

养老服务是以老年人为服务对象，结合老年人的生理、心理等多方面的特殊需求，包括了老年人康复护理服务、生活照料服务、精神慰藉服务、居家照料服务、老年教育服务等。按照服务内容划分可以分为生活照料服务、健康护理服务和精神慰藉服务等三种；按照服务的主体不同可以分为家庭内部提供的养老服务、政府提供的养老服务、市场提供的养老服务和其他社会组织提供的养老服务等四种[①]。

（二）养老服务模式的内涵

养老服务模式是指养老服务在经济供给、服务来源及老年人养老地点上所具有的特征与存在形式，一般具有长时间的稳定性，并其存在有其特定的价值观基础等特点[②]。根据养老服务所承担的角色可划分为家庭养老、社区养老和机

---

① 董亚琦.宁波市居家养老服务多中心供给研究[D].宁波大学,2017.
② 陈友华.居家养老及其相关的几个问题[J].人口学刊,2012(4):51-59.

构养老等三种模式,这种划分也体现了养老服务模式在经济社会发展过程中的变化。

(三) 家庭、社区和机构三种养老模式

1. 家庭养老模式

(1) 家庭养老的概念:家庭养老是一个历史性范畴,它以家庭的存在为必要的社会历史条件。传统农业社会把小生产作为当时主要的生产方式,家庭既是一个生活单位又是必要的生产单位,具有多方面的功能。在这种社会条件下,家庭养老成为最主要的也是最为普遍的养老方式。家庭养老服务的内容主要包括经济上的赡养、生活上的照顾和情感上的慰藉。

家庭养老模式在我国有着悠久的历史,它既是农业社会的一种传统养老模式,也是一个传承下来的古老的制度。直到20世纪90年代,家庭养老模式还一直被视为是我国养老的主要模式。家庭养老模式具有以下特点:一是家庭养老模式可以被称作是一种文化模式。这种模式既和一定时期的经济发展水平相适应,也和我国的相关文化传统、中华民族的价值观和伦理观相一致;二是家庭养老模式具有稳定性。家庭养老模式的悠久历史足以证明它坚不可摧的稳定性。自从我国进入人口老龄化社会,尽管各研究领域学者推论家庭养老不适合现代社会发展需要,但也不得不承认家庭养老模式还要继续存在下去,哪怕是演变成一种新形式——居家养老,其实任何一种养老模式归根到底都还是家庭养老的补充;三是家庭养老模式是以血缘关系为核心的。家庭是一个用血缘关系联结而成的单位,养老功能是一个家庭最基本的功能之一。由于家庭养老模式的服务提供者主要是由老年人本人、配偶、子女以及亲朋好友构成,其最大的优势在于老年人能够得到家庭的温暖以及亲情的关怀[①]。

(2) 家庭养老模式的实践基础:家庭养老的历史传统使人们有着独特而丰富的家庭养老经验。在传统的家族制度中,生产资料为家庭所有,宗法礼教以保护家庭为基础,一切由家长支配。家族不仅是社会最稳定的基层单位,同时家族制度也是我国传统文化的重要组成部分,家族中的族长利用宗法控制着所有的家族成员,族长一般都是家族内道高望重的长者,族内通过以血缘关系为基础,

---

① 姚远.对家庭养老概念的再认识[J].人口研究,2000,24(5):6-7.

标榜尊崇共同祖先,维系亲情,在宗族内部区分尊卑长幼,并规定继承秩序以及不同地位的宗族成员各自不同的权利和义务的法则,在这个体系中对长幼关系的存在是尊老的基础,也是形成良好尊老氛围的保障,正所谓"老吾老以及人之老"。因此,家庭养老是在传统文化背景下家族制度的实践,更是家庭道德文化内涵的重要组成部分。

(3) 家庭养老模式的主要内容:家庭养老的内容包括经济上的赡养、生活上的照顾和情感上的交流等三个方面,其中收入保障是最主要、最根本的内容,是其他两个方面的经济基础。虽然部分经济较发达的地区已开始为老年农民发放一定数量的退休金,但尚不普及,只能作为家庭养老的补充资金。城市的情况有所不同,虽然绝大多数老年人都与自己的子女一起居住,但他们多系离退休人员,主要是靠离退休金作为自己的收入保障。其实不管老年人有没有基本的收入保障,他们的生活照顾和情感交流仍需要在家庭这个以血缘关系为纽带的内部得以实现。

(4) 家庭养老的发展:随着大工业的出现和城市化的发展,生产的功能逐渐从家庭中分离出来,家庭的其他一些功能,如养老功能逐步为各种社会机构所代替。在现代化的工业国家中,家庭养老已经不再是唯一的养老方式,其内容也有了明显的变化。在一些西方发达国家,他们有了完善的社会福利保障体系,老年人的养老资金和医疗方面的服务基本上是由国家或社会各类专业部门以及一些志愿者组织来提供的。但由于老年人口日益增多,国家和社会负担越来越重,发达国家也有观点提出要重新给家庭养老以必要的重视,要重建在社区支援下的家庭养老制度。

现代社会,家庭可以分为核心家庭和联合家庭两类。核心家庭是指由一对夫妇及未婚子女(无论是有无血缘关系)组成的家庭,通常称"小家庭"。人类学家默多克通过对 250 个家庭的研究,在《社会结构》(1949)中依其亲属关系进行分类后解说的一种家庭形态,以区别于多偶家庭和大家庭。主要特征:一是其他两类家庭赖以扩大的基本单位;二是含有夫妇和血缘两种关系;三是对亲属的依赖性较小;四是择偶比较自由;五是离婚率较高;六是缺少亲属的照顾。在其他著述中,也称自然家庭、直接家庭、生物家庭、原级家庭、限制家庭和基本家庭等,用以研究家庭结构变化所产生的婚姻、家庭教育与社会设施等问题;联合家庭是指由有血缘关系的两个或多个性别相同的人及其配偶和子女,或者两个以上同

辈兄弟姐妹结婚后组成的家庭类型,或有父母长辈,或没有,这种类型是核心家庭同代横向扩展的结果,它突出表现为人口较多,关系较为复杂。由于每个基本三角形都有自己的核心,互相之间具有较大的离心力,所以这种家庭形式只能在一定条件下发生,目前已经很少。联合家庭主要有两种结构形式:一是异代联合家庭,即两对以上同代夫妇及其未婚子女与父母所组成的家庭,二是同代联合家庭,即两对或两对以上同代夫妇及其未婚子女所组成的家庭。

由于联合家庭一般是兄弟们结婚后不分家而形成的,兄弟不分家大多是出于共同继承财产的需要。父母房屋多或经济宽裕,可以提供住房或补贴,婚后子女才可能在一起共同生活。此外,如果已婚子女缺少分开居住的住房条件,那么他们除了与父母生活外没有其他选择。也就是说,我国目前的联合家庭大多是由于经济上的原因而形成的,仅仅以感情为基础而形成的联合家庭是很少的。但如果从养老能力来看,联合家庭要强于核心家庭。

目前家庭养老在我国仍然发挥着巨大的作用,但是从长远的发展趋势看,家庭的养老功能不可能被社会力量完全取代。只要家庭还存在,它基本的养老功能就不会消失。但是,由于社会经济的发展和转型、家庭规模缩小等因素导致家庭养老功能弱化,单靠这种传统的养老模式也不能完全满足老龄化时代老年人日益增长的对美好生活的需要。无论机构养老,还是社区养老都是作为家庭养老的补充。当然,为了使老年人安享晚年,还需要借助其他养老服务模式,这其中也包括了社区居家养老。

2. 社区养老模式

(1) 社区养老的概念:社区养老简单来说就是让老年人在自己熟悉的社区环境中获得养老服务,具体来说是以家庭养老为主,社区机构为依托,为居家老年人提供上门服务,通过整合社会各方力量使老年人在自己生活的社区环境中得以颐养天年的养老模式[①]。这种模式的特点在于:让老年人住在自己家里,在继续得到家人照顾的同时,由社区的有关服务机构和人士,比如社会工作者为老年人提供上门服务或托老服务,目前社区老人日间照料中心就是社区养老的一个典型方式。社区养老主要有两种形式:一是由经过专业培训的服务人员上门为老年人开展照料服务;一是在社区创办老年人日间照料服务中心,为老年人提

---

① 李学斌. 我国社区养老服务研究综述[J]. 宁夏社会科学,2008(1):42-45.

供日托服务。前一种是社区养老的主要形式,后一种则是一种辅助形式。

（2）社区养老的理论基础：社区养老来源于西方的社区照顾理论,是指老年人居住在家,由社区通过科学的组织管理,向社区的老年人提供社会化的服务以实现养老目标的养老模式。社区养老模式存在两个养老支持资源网络,一是由家庭成员、亲朋好友、邻居与志愿者等组成的非正式照料资源网络；二是由社区老年人服务专业人员组成的正式照料资源网络。西方学术界则认为,社区照顾包括谁来照顾、怎样照顾、在哪儿照顾三个方面,依次可以将社区照顾分为"社区内照顾"(care in the community)和"由社区照顾"(care by the community)。"社区内照顾"主要是通过整合社区内部的各种资源,由专业的工作人员（如护工、社会工作者等）或志愿者在社区内为老年人提供专业的健康和个人社会服务；"由社区照顾"主要是在社区内,利用个人的社会支持网络,由受助人的家人、朋友等提供照顾。社区养老模式的原则为"以人为本、依托社区、互助而助"①。由此可见,社区养老模式充分结合了家庭养老和机构养老所具有的优势,社区养老不仅符合老年人的心理需求,老年人可以在自己熟悉的社区环境中养老,得到家人的照顾,同时又可以得到社区内养老机构提供的专业服务；同时与养老机构相比,投资少,见效快,成本低。社区养老可以充分整合各种资源,降低投资成本。但目前来看,政府对这种养老模式的扶持力度还有待加强,社区机构本身的专业化程度也有待提升②。

（3）社区养老的服务内容：一般说来,凡是老年人的需求都应成为社区养老服务内容,包括生活照料、医疗服务、文化娱乐、康复保健和心理沟通等,而且就社区的资源汇集和整合能力而言,这些服务更有利于在社区的平台上实现,打破了机构、家庭与外界的隔离界线,有利于居家老年人参与社会活动,加强社会认知,丰富生活内容。

（4）社区养老的发展：首先,社区养老顺应了我国"未富先老"——人口老龄化这个大的社会趋势。随着经济的发展,人们思想观念的转变,传统的联合家庭模式正在慢慢地缩减,核心家庭的数量在不断地增加,由此导致的空巢老人的数量越来越多,像过去那种多子女家庭来共同照顾老年人的情况越来越少③。当

---

① 陈友华.居家养老及其相关的几个问题[J].人口学刊,2012(4):51-59.
② 何雨,王振卯.社区照顾:城市养老模式的第三条道路[J].南京社会科学,2009(1):96-100.
③ 李学斌.我国社区养老服务研究综述[J].宁夏社会科学,2008(1):42-45.

老年人的年龄越来越大时,就会面临身体生理功能退化等各方面的问题,此时社区养老模式正好解决了老年人在养老方面存在上述问题。由于我国人口老龄化是在经济还不够发达、物质条件尚不充裕的情况下到来的,单靠政府的力量来发展养老福利事业是不现实的。社区养老服务具有投资少,见效快,成本低的特点。更为重要的是,社区养老服务模式可以让社区内那些尚不富裕但又有养老需求的老人得到更好的养老服务,从而更好地稳定家庭结构,促进社会的和谐[1]。

其次,社区养老符合我国老年人的生活习惯和心理特征。受我国几千年来传统的家庭伦理观念影响,我国大多数老年人不愿离开自己的家庭和社区,到一个新的环境去养老[2]。社区居家养老服务让老年人在自己熟悉的环境中获得养老服务,不仅适应了老年人的生活习惯,而且还满足了老年人的心理需求,有助于他们安度晚年。

最后,发展社区养老服务必须坚持以下几项原则:坚持以人为本,真正从老年人的实际需求出发,为老年人提供方便、快捷、高质量、人性化的服务;坚持依托社区,在社区内建立养老机构或养老场所,形成一支完善的社区养老服务队伍,整合社会各方面的资源,调动各方面的积极性,为老年人共同营造良好的社区养老环境;坚持因地制宜,从实际出发,与当地经济社会发展水平相适应,与社区人文环境和老年人的需求相适应,循序渐进,稳步推开;坚持社会化方向,采取多种形式,充分调动社会各方面力量参与和支持社区养老服务[3]。

3. 机构养老模式

(1) 机构养老的概念:机构养老是指以老年社会福利院、敬老院、老年公寓、托老所、老年护理院等养老机构为服务载体,对老年人提供有偿或者无偿的食宿、生活照顾、专业护理、文化娱乐等服务的一种养老模式[4]。从资金来源上,养老机构可分为由地方政府兴建的养老机构与由民营资本投资兴建的养老机构;从居住方式来看,养老机构分为老年公寓、托老所、养老院、敬老院与老年护理院

---

[1] 刘丽萍,蒋升湧. 我国城市养老模式及其发展研究[J]. 改革与战略,2007,23(12):154-156.
[2] 李学斌. 我国社区养老服务研究综述[J]. 宁夏社会科学,2008(1):42-45.
[3] 龚静怡. 居家养老——社区养老服务:符合中国国情的城镇养老模式[J]. 河南大学学报(哲学社会科学版),2004,6(4):72-74.
[4] 邱文一. 我国城市机构养老问题研究[D]. 大连:大连海事大学,2011.

等[1];随着人口老龄化的不断发展和老年人口高龄化的加快增长趋势,在经济和健康条件允许下,选择到老年福利机构、养老院、托老所和老年公寓等的老年人日益增多。

(2) 机构养老的特点:机构养老与家庭养老和社区养老相比较,主要有以下特点:一是机构养老能有效减轻子女生活上的负担,家庭的小型化、工作的快节奏等都让子女没有时间、没有能力照顾父母,让老年人到养老机构供养,可以让更专业的养老服务人员照顾老人,更适合于存在老年父母身体状况不佳的家庭情况;二是机构养老能有效避免家庭生活中的不和谐和代沟上的冲突,老年人住在养老机构,减少了和子女的见面机会,产生家庭矛盾的机会也会比较少;三是机构养老能有效消除孤独感,提高老年人的社会参与度,机构养老是对老年人进行集中供养的形式,将老年人聚集在一起,有更多年龄差不多的老年人有机会一起生活、一起娱乐,有更多的共同话题和爱好;四是机构养老能获得医疗保健等更为专业化的帮助和服务,通过养老机构可以组织医疗机构等社会组织集中为入住老年人提供上门服务,提供服务的方式更有便捷性、服务的过程更有组织性、服务的成效更有规模性。

(3) 机构养老的发展:随着人们生活水平的提高和思想观念的转变,传统的家庭养老功能逐渐弱化,机构养老逐步被人们接纳[2]。国家也高度重视机构养老事业发展。进入 21 世纪,国家加大资金投入,在城镇建立面向"三无"老年人的社会福利院,在农村为"五保"老年人提供集中供养场所和生活服务;国家先后颁布了《关于加快发展养老服务业的意见》等一系列等政策文件,鼓励和调动社会力量,采取公建民营、民办公助、政府补贴、购买服务等形式,推动养老机构快速发展。因此可见,机构养老已经成为家庭养老和社区养老的有效支撑。

二、家院互融养老服务模式的内涵和优势

相比家庭养老和机构养老,家院互融养老服务模式有其特有的界定,只有在内涵界定清楚的前提下,才能更好地分析该模式的优势所在。

---

[1] 孙建萍,周雪.国内外机构养老模式现状[J].中国老年学杂志,2011,31(7):1264-1265.
[2] 穆光宗.我国机构养老发展的困境与对策[J].华中师范大学学报:人文社会科学版,2012,51(2):31-37.

(一)家院互融养老服务模式的内涵

老龄人口日趋增多,社会老龄化所带来的养老服务需求和养老服务供给之间的矛盾日益突出。养老机构、社区养老和家庭养老都存在明显的养老功能不足的情况,社区养老可解决居家养老的精神慰藉的问题,但是服务品质不高,机构养老的专业化优势明显,但是精神慰藉能力明显不足,家庭养老局限于家庭内,虽然保留了亲情,但是也限制了居家老年人和外界交流的机会。2008年3月宁波市江东区率先在国内创新提出了"家院互融养老服务模式"。该模式是通过整合资源,对于原有的传统模式进行了一种创新。所谓"家院互融",在这里"家"指的是"居家养老","院"指的是"院舍养老(机构养老)",将这两者结合到一起,相辅相成,融为一体,可以取得"整体大于部分之和"的系统协同效应。无论就效果而言,还是就效率而言,都是一个值得倡导的方向。

家院互融养老服务模式是在基本建成以居家为基础、社区为依托、机构为支撑的社会养老服务体系的基础上,更加突出多种养老服务方式的互动融合,多个养老服务主体的高效协作,多项养老服务功能的全面提升。其特点有:一是本质是居家养老服务,通过社区平台,引入专业的机构养老资源;二是以社区为平台,打破居家和机构之间的界限,让老年人在两个领域中实现互通互融;三是扩展了养老机构的业务领域,实现了服务的延伸拓展,辐射到更多的居家老年人。

概括说来,家院互融养老服务模式就是"互动融合、高效协作、全面提升",是体现更高质量和水平,与服务市场需求更适应、与宁波市城市发展更协调的社会养老服务体系。其中,"互动融合"就是居家养老、社区养老和机构养老三种方式功能拓展、互相促进、无缝对接、融合一体,整体提升社会养老服务体系的质量水平。"高效协作"就是在政府主导与社会参与相结合,社会责任与家庭义务相结合的大框架下,推进政府、养老机构、社区和家庭等养老服务主体分工更为明确、运作更为顺畅,同时发动相关企事业单位、社团组织、志愿者等更多社会力量参与养老服务事业。"全面提升"就是要围绕老年人的多层化、多样化、专业化的服务需求,通过提升主体能力、加强方式创新、完善信息技术等措施,各项服务能力得到普遍提升,使老年人满意度持续提高。

（二）家院互融养老服务模式的优势

家庭养老因为具有服务对象的单一化、服务人员的非专业性、服务项目家庭化、服务过程感情化等特点，导致家庭养老的服务水平提升有限、受益面不广、成本较高；机构养老是一种更加符合现代规律的集约化社会服务方式，这有利于合理配置资源，降低人工成本，因此为需要付出更高成本的专业化服务开拓了运营空间。从国际经验看，专业化的社会服务都是从机构服务开始的，因为只有社会服务机构才有条件聚集专业人员，譬如专业的管理人员、社会工作者、公共营养师、康复治疗师、护士以及高中低各种级别的专业服务人员。反过来说，专业服务机构的存在也有利于促进服务质量的提高和专业理论的提炼、升华。所以，专业服务必须依托专业的养老机构。但是，专业的养老机构也有其明显缺陷，会使老人脱离家庭和社区，将老人与其生活了一辈子的熟悉环境割裂开来，这会对老人的心理健康产生负面影响。家院互融养老服务模式充分结合了两者的优势，让居家养老服务更专业、让服务效果更能让老年融合社会既能解决政府"兜底"的居家老年人的养老问题，也能解决居家老年人高层次、个性化的养老服务需求。

家院互融养老服务模式通过社区平台，不仅提高了养老服务水平的同时，还有效降低了政府和居家老年人在养老服务上的成本，改变了过去传统养老服务模式相对独立、各自运作的状态，让居家老年人能获得更专业和多样化、个性化的服务。此外，家院互融的市场化运作模式，可以促进居家养老服务提供者的业务拓展，在繁荣居家养老服务市场的同时，带动人口就业和养老产业的提质扩容，提高居家老年人生活质量，也推动了居家养老事业的发展。

综上所述，家院互融实际上探索了一条可以使居家养老、社区服务和机构养老融合为一体的道路，各取所长、相辅相成，在满足对老年人的服务照料和精神慰藉等方面起到了积极的作用。因此，全面推进家院互融养老服务，是破解我国日趋尖锐的养老服务难题，切实提高广大老年人生活质量的重要出路；是弘扬中华民族尊老敬老优良传统，尊重老年人情感和心理需求的人性化选择；是促进家庭和谐、社区和谐和代际和谐，推动社会主义和谐社会建设的重要举措；是加快发展养老服务业，扩大就业渠道和促进经济增长的重要途径。

三、家院互融养老服务模式的社会价值

价值是标志主客体之间意义、效应和状态的范畴。社会是一种价值存在,是包含自我、他人、群体、社会主体等多种价值主体,物质、精神、制度、环境和个体自身等多种价值客体,工具、传媒、符号等多种中介在内的复杂价值体系。在一般情况下,社会价值可以近似地看作一个部门的平均生产条件下生产的、构成该部门产品绝大多数的那种商品的个别价值。家院互融养老服务模式是提升社会养老服务体系质量水平的有效途径,对于养老服务的市场化、社会化和专业化具有重要的社会价值[①]。

(一)有利于推动区域养老服务事业的市场化

从长远来看,政府投入能力是不能满足发展需求的,政府主导作用将更多集中于宏观指导、基本保障和重点扶持方面,而市场化是养老服务事业发展的根本方向。家院互融养老服务模式将充分发挥服务主体的能动性、积极性和协作性,使体系自主运作更加高效、顺畅,是一种集约化的发展方式,这有利于控制政府运行成本,促进政府职能转变,提高市场配置养老服务资源的使用效率。

(二)有利于推动区域养老服务事业的社会化

养老服务具有一定的公益性,社会广泛支持参与是养老服务体系可持续发展的基础性保障。家院互融养老服务模式更加注重多种服务主体的高效协作,更加注重各方面社会力量的积极参与,不但提升了政府、养老机构、社区和家庭等服务主体的责任和能力,而且引导医疗、教育、相关企业、志愿者等外围力量的重视和广泛参与,从而激发和提高整个社会对养老服务事业发展的责任意识和自觉参与意识。

(三)有利于推动区域养老服务事业的专业化

专业化服务程度是衡量养老服务质量水平的重要标志。只有提高专业化服务水平才能满足老年人日益增长的物质文明和精神文明需求。家院互融养老服

---

① 陈延,卢跃.宁波市发展融合型社会养老服务体系的对策思考[J].宁波职业技术学院学报,2013,17(4):70-74.

务模式中,机构、社区等服务主体发挥着各自优势,进一步提升各有所长的专业化服务功能,同时社会养老服务产业的加快发展将提供更多的专业化服务、培养更多的专业化人才、涌现更多的专业技术手段,开发更多的专业养老产品,从而整体促进养老服务专业化程度的提升。

第四节 家院互融养老服务模式的构建

发展居家养老服务必须坚持以人为本,从老年人实际需求出发,为老年人提供方便、快捷、高质量、人性化的服务;坚持依托社区,在社区层面普遍建立居家养老服务机构、场所和服务队伍,整合社会资源,调动各方面的积极性,共同营造老年人居家养老服务的社会环境;坚持因地制宜,紧密结合当地实际,与本区域经济社会发展水平相适应,与社区人文环境和老年人的需求相适应,循序渐进,稳步推进;坚持社会化方向,采取多种形式,充分调动社会各方面力量参与和支持社区养老服务。针对人口老龄化的现状以及研究养老服务的需求,家院互融养老服务模式的构建研究为该模式指明构建思路,以体现原则性和纲领性的要求,明确家院互融养老服务模式框架。

一、家院互融养老服务模式的构建原则

原则是行事所依据的准则和依据。家院互融养老服务模式的构建原则就是要该模式构建过程中必须依据的准则和依据,要贯穿于整个构建过程的始终。

(一)养老服务社会普遍性原则

养老服务社会普遍性原则,是指养老服务的实施范围应包括所有社会成员,他们都应享有养老保障的共同权利。公民在法律面前一律平等,这就意味着每一个公民都平等地享有在进入老年阶段时,从国家和社会获得养老服务的权利。所以,普遍性原则要求家院互融养老服务模式开始构建时就要从地方社会经济、人口状况等实际情况出发,在体现公平的前提下搭建优先普惠性的养老服务体系,政府应做好"保基本、兜底线"的基础工作,着力保障特殊困难居家老年人的养老服务需求,确保人人享有基本养老服务,探索养老服务新模式、新路径,把养老服务工作积极向前推进,确保养老服务的可及性、公平性,提高老年人的晚年

生存质量。

(二) 养老服务政府职能和社会责任兼顾原则

养老服务政府职能和社会责任兼顾原则是指应将养老服务作为整个社会都来参与的事业,实现养老服务机构的社会化、养老服务项目的社会化以及养老保障责任的社会化,同时政府对于养老服务的支持也必不可少,这也有助于政府履行维护社会秩序、促进社会和谐稳定发展的政治职责。当然,政府职能和社会责任兼顾应相互补充,缺一不可。养老服务关系社会民生,是每一个公民都将必然会有的社会需求,这也是养老服务的社会属性体现,作为政府理应承担起其保障每个成员养老服务需求的责任。因此,家院互融养老服务模式构建过程中必须体现全民参与、全社会参与,地方政府部门和社会团体的共同参与。可见,养老服务的社会化并不意味着各级政府的完全退出,老年人的保障依然是各级政府的一项重要职责,同时养老服务的落实也需要各级政府的强制性措施予以保障,只不过政府在实现这个职能上,重点在于宏观运作和全面调控上,体现在政策指引、资金扶持和社会氛围营造等方面,同时也包括对基层和农村养老服务的投入;要求公办养老机构重点做好为无收入、无劳动能力、无赡养人和抚养人、失能半失能等生活困难老年人提供无偿或低收费服务等。

(三) 养老服务保障水平与地方社会经济发展相适应的原则

地方经济发展水平决定着养老服务的水平。养老服务特别是养老保障是以经济发展创造的、可供再分配的社会财富为基础的。家院互融养老服务模式的构建必须与一定的地方经济发展水平相适应,即经济发展水平决定了社会成员的生活水平,在此基础上,社会成员就会要求与之水平相适应的养老服务水平。如果养老保障水平高于社会经济发展水平,必定使经济发展背上沉重的包袱,降低经济发展活力,阻碍经济发展速度。而如果养老服务水平低于经济发展水平,则不能使社会成员真正享受社会发展的成果,从而激化社会矛盾。

(四) 以搭建家院互融养老服务体系为主循序渐进的原则

家院互融养老服务模式构建应在地方养老服务工作的实践经验基础上,根据国家相关的政策法规,以此确立家院互融养老服务体系的总体框架和基本保障制度,所涉及养老机构的管理、养老服务专业队伍建设、养老服务纠纷处理以及养老福利措施等环节应根据实际情况做出规定。由于较大的人口基数、不断提高的预期平均寿命、经济社会发展的地区和城乡差异决定了家院互融养老服务模式的构建只能逐步推进,应进行循序渐进的探索、调整和完善。

(五)家院互融养老服务模式构建体现相对独立性和创新性原则

我国地域幅员辽阔,各地区之间存在重大差异,区域特殊性非常显著,发展极不平衡,一个地区的政治、经济、文化发展程度既决定着该地区现代化、社会化程度的高低,也决定着其社会大众之间同质化程度更高还是异质化现象更加显著。因此,家院互融养老服务模式应具有相对独立性、创新性,而非简单地援引或照搬。家院互融养老服务模式在继承优良的养老传统同时,冲破传统习惯的束缚,创新提出新的养老理念,以更加符合时代的要求,符合区域社会的养老需求。

二、家院互融养老服务模式的构建思路

从20世纪90年代初开始,我国人口老龄化持续加剧,养老问题成为社会关注的焦点,通过多年的实践探索,国家提出了"机构养老与在社区服务支持下的居家养老相结合"的战略蓝图。以数量化的视角看,对90%能够生活自理的老人,以社区服务作为支持网络,帮助他们实现无后顾之忧的居家养老。但是,作为这个战略计划关键所在的社区服务网络,虽然近年来各级民政部门也下了大力气去抓,取得了一定的成果,但仍有诸多不尽人意之处。养老服务常常需要做到无微不至,这样才能切实地使老人及其子女无后顾之忧,现在的做法,一是以邻里互助的方式,请邻居、亲友作为志愿者来照顾老人,二是由社区组织雇用家政服务员来提供"小时工"式的家庭服务。但是,志愿者和小时工能够承担的责任实际上都是非常有限的。更重要的是,他们也很难提供专业化的养老服务——要求志愿者在提供老人服务方面"专业化",至少在当前国内还有相当大的难度。要求家政服务员做到"专业化",这是有可能的,但对家政服务员提供专业培训会提高人工成本,因而服务费用也会相应增加,当然,是否能找到合适的服务人员也是一个难题。

家院互融养老服务模式构建的总体思路是以社区为支持、机构养老和居家养老融合发展为总体思路,努力探索了一条可以使居家养老、社区服务和机构养老融合为一体的道路,各有关方面各取所长、相辅相成,能对老人的服务照料和精神慰藉等方面起到了积极的作用。该模式以社区为平台,进一步整合资源,充分利用、合理配置各类相关的专业人员,使"家""院"一体,融合到专业化的更高层次上。通过机构的专业化保障服务水平,通过家庭的感情化保障老年人的心理接受度,努力满足老年人在物质方面和精神方面的各种需求。

三、家院互融养老服务模式构建的逻辑结构

面对日益严重的人口老龄化问题,机构养老和家庭养老都不能完全解决养老问题,养老服务的供需矛盾日益加剧,家院互融养老服务模式以社区为纽带,将机构养老和家庭养老实现了无缝对接;以社区为载体,整合了区域的内各种养老服务资源,既保证了服务的专业性,也不改变居家老年人的生活环境,更营造出社会爱老、敬老、为老的良好氛围,有助于打造老年人宜居友好社区,据此要形成该模式逻辑结构(图2-1)。

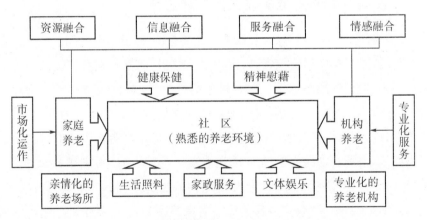

图2-1 家院互融养老服务模式的逻辑结构

(一)家院互融养老的服务主体

家院互融养老的服务主体既包括了养老机构,也包括了家庭,还包括了社区平台上的各种社会组织、志愿者;既包括了公办养老机构、社区街道等政府组织,也包括了各类企业、家庭和各类社会组织非政府组织。通过各方相互协作、互为

补充,这也是在家院互融养老服务模式中政府和市场分工的体现,避免了单纯由政府提供养老服务所造成的高成本、低效率问题,而非政府组织通过参与在家院互融养老服务提供的过程有助于其社会责任感的提高,丰富养老服务的内容,提升养老服务的层次和水平。

(二)家院互融养老的服务对象

家院互融养老的服务对象是指居住在家庭的60周岁及以上老年人,其中重点对象是生活自理能力丧失或部分丧失、无子女或子女无法实施有效照护的老年人,如高龄、独居、空巢、失能、失智、失独的老年人。目前政府定制的重点服务对象是指有明确的服务时间、服务项目和服务质量等要求的服务对象,包括享受政府购买居家养老服务的老年人。

(三)家院互融养老的服务内容

一般说来,凡是老年人的需求都应成为家院互融养老的内容,分为生活照料、医疗服务和心理慰藉。对于老年人而言,首先是物质生活方面的需求,如衣食住行用;其次是精神文化需求,如文化娱乐、保健、医疗卫生等;第三是情感和心理慰藉方面的需求,比如说心灵沟通,当然老年人也有为社会发挥余热来实现自身价值的要求,这也是心理慰藉的一个方式。

因此,家院互融养老主要由养老机构等组织为居家的老年人提供安全保障、生活照料、助餐、助浴、助洁、助行、助医、助急、代办、个人卫生护理和起居护理、康复辅助、医疗护理、精神慰藉、紧急救援等服务,主要包括为不能或不愿出门的老年人提供钟点工、保洁、送饭、洗澡等日常生活照顾和生活护理方面的服务;依托社区,养老机构联合社区内的医疗机构,建立老年人医疗健康档案,定期为老年人进行健康指导,护理,上门巡诊,设立家庭病床,提供预防、诊断、治疗、康复锻炼等服务;依托社区,在志愿者的帮助下,为老年人开展心理咨询和各类文体娱乐活动等。

(四)家院互融养老的服务方式

1. 无偿服务

政府是基础性机构养老服务的主要提供者,政府通过购买服务等方式为居家老年人提供具有社会保障性质的基础性照护服务。由政府出资,服务机构落实家庭服务员上门为老人服务,其服务对象为完全依靠或部分依靠社会赡养的城市"三无"人员和农村"五保户",子女赡养有一定困难,或享受低保待遇的老年人。

2. 低偿服务

主要面向高龄老人,特殊老年群体提供基本生活保障的服务,服务价格低于市场价格,政府通过资金补贴等方式为居家老年人提供具有一定社会保障性质的老年照护服务。

3. 有偿服务

主要为具有一定经济基础的居家老人根据需要向养老机构等组织购买服务,可根据不同居家老年人的个性化需求提供可供选择的服务,满足了不同层次的养老服务需求,实现了政府与市场相互补充、相互协调、相互促进。

第三章
家院互融：机构养老服务向社区居家延伸模式的宁波实践

在人口老龄化日益严峻的社会背景下，宁波市面对快速增长的居家养老服务需求，仅仅依靠政府承担不现实的，居家养老服务必须走创新之路，各县区开展多种养老服务形式的探索，尤其是以江东区[①]为代表积极开展家院互融养老服务模式的创新，受到社会的广泛关注。本章以宁波市江东区为范本，在全面阐述家院互融养老服务模式发展历程的基础上，对该模式的实践效果进行客观评价，寻找问题，总结经验，并介绍了其中的典型案例，探索其中值得推广借鉴的做法。

第一节 宁波市家院互融养老服务模式的提出和发展

人口老龄化问题日益严峻，如何解决养老问题成为宁波市政府亟待解决的民生问题。2013年底，宁波市11个县（市、区）及市本级实际共有各类养老机构233家，共有床位37 937张，平均每百老年人口床位数3.2张，其中护理床位9 654张，占25.4%。目前发展中国家的百名老人床位数2~3张，发达国家达到5~7张[②]，我国则在2.5张左右[③]。宁波市的每百老年人口床位数已经高于发展中国家水平和全国平均水平，位于北京、南京[④]、杭州[⑤]之后，上海[⑥]、长春[⑦]之前。

---

① 江东区于2016年9月撤销，原江东区管辖的行政区域划归宁波市鄞州区管辖，本书为了叙述方便，仍沿用原来的行政区划。
② 郑文文.城市机构养老比较研究[D].福建：福建师范大学，2011.
③ http://mzzt.mca.gov.cn/article/qgmzgzsphy/zhbd/201312/20131200569541.shtml. 2014年全国民政工作会议.
④ http://js.people.com.cn/html/2013/12/19/276344.html. 截至今年10月底，南京养老床位总数达到5.1万张[DB/OL]. 千名老人拥有养老床位数达到42张，排在北京市之后，位居全国第二.
⑤ http://zj.chinaxiaokang.com/html/jzzj/2014-03/18797.html. 杭州市2013年养老机构床位数（不含居家养老照料中心床位）44 601张，平均每百名老人拥有床位数3.31张，现入住老年人18 945人.
⑥ http://www.shmzj.gov.cn/gb/shmzj/node4/node10/node1775/u1ai37519.html.
⑦ http://jl.sina.com.cn/news/b/2014-07-22/071793545.html. 2013年底，长春市老年人口达122.9万，养老机构462家，养老床位30 193张，百人床位数2.4张.

与2012年全国36城市养老床位排名①情况比较,继续保持全国前列的前提下总体呈上升趋势。尽管地方政府高度重视机构养老,但是仍然满足不了老年人的实际需求。2015年5月宁波市统计局组织的全市养老服务业发展情况和养老服务需求调查数据显示:受访者当中认为入住养老机构"难"的比例占39.1%,认为"比较难"的占38.2%,两者合计高达77.3%,只有22.7%的受访者认为"不难",可见养老服务供需矛盾仍然比较突出。因此,宁波市必须寻找到一条合适的、科学的养老之路。

一、宁波市开展家院互融养老服务模式的发展基础

社区居家养老是指以老年人生活的社区为空间,依托社区平台,整合政府、社会各种资源共同为老年人提供物质支持和精神关爱的养老服务模式。2004年,宁波市开始探索社区居家养老服务,历经十多年摸索实践,依托社区的居家养老服务模式基本在全市范围内全面推广,初步构建起了覆盖城乡的社区居家养老服务网络,形成了政府主导、社区支持、社会参与的服务模式。这些为宁波市开展家院互融养老服务模式发展奠定了坚实的基础。

(一)基本建立以政府供给为主的社区居家养老服务的政策体系

2004年以来,宁波市委、市政府出台了一批相关政策文件。宏观指导上主要有《宁波市社会养老服务体系建设"十二五"规划》《关于深化完善社会养老服务体系建设的意见》等;具体管理上主要有《关于开展城市社区居家养老服务工作绩效评估的通知》《居家养老服务机构等级评定规范—宁波市地方标准》等;配套服务上主要有《关于推进建立我市老年人应急求助信息系统的通知》等。这些政策文件,有力支持和保障了宁波市社会养老服务体系建设的顺利进行。

2012年9月,宁波市人民政府发布《关于深化完善社会养老服务体系建设的意见》(甬政发〔2012〕85号)和《宁波市社会养老服务体系建设三年行动计划(2013—2015)》(甬政办发〔2012〕187号),明确提出巩固居家养老基础地位,鼓

---

① http://www.ycwb.com/ePaper/ycwb/html/2014-01/04/content_340551.htm?div=-136 城市养老床位排行榜[DB/OL].排在前列的依次是杭州、南京、长春、武汉、宁波、大连、北京和上海。此排名依据数据多由民政部或当地民政部门直接提供,也有一些数据来自当地统计局的《国民经济和社会发展统计公报》、民政局的年报、政府的年度工作报告和媒体的新闻报道,虽不是官方数据,但也能起到较好的参考作用。

励老年人居家养老,支持社区自治组织和社会养老服务实体,大力开展居家养老服务和互助照料;到2015年,市及县(市)区养老服务指导中心、街道(乡镇)养老服务中心三级组织管理系统健全,城市社区居家养老服务实现全覆盖,60%以上的行政村建有居家养老服务站点,具有日托服务、爱心照料、精神慰藉等服务功能,实质性开展居家养老服务工作,城市社区和行政村居家养老服务中心(站)在继续发展传统服务项目的同时,拓展康复护理、无障碍设施改造、紧急呼叫、安全援助等服务,满足老年人的居家养老服务需求。

2017年9月,宁波市人民政府发布的《关于宁波市居家和社区养老服务改革试点工作的实施意见》(甬政发〔2017〕69号)提出:到2020年,居家养老服务发展短板基本补齐,居家养老服务水平全面提升,在社会养老服务体系中的基础地位更加牢固;符合标准的居家养老服务设施覆盖城乡社区,街道和中心镇建有区域性居家养老服务中心,所有的区域性居家养老服务中心和50%以上的城市社区居家养老服务站实行社会化运营,居家养老服务机构与基层医疗卫生服务机构签约合作率达到90%以上,居家养老服务人员持证和岗前培训率达到80%以上,培育一批小型化、连锁化、专业化服务机构;居家养老服务供给主体更加多元,各类主体活力得到有效激发,居家养老服务内容更加丰富,特殊和困难老年人的照护需求基本得到保障,四级互通、数据共享的智慧养老服务平台全面运行,居家养老服务标准和质量评估体系更加健全;推进城乡居家养老服务设施建设,各区县(市)政府要认真贯彻实施《宁波市养老服务设施布局专项规划(2012—2020)》,按照建成"城市十分钟、农村二十分钟"养老服务圈的总体目标,分级规划居家养老服务设施,充分整合基层各类为老服务资源,合理布局设施功能;要求乡镇(街道)特别是中心镇一般建设1个区域性居家养老服务中心,社区(村)一般建设1个居家养老服务站,面积较小、老年人口较少的社区(村)可与邻近社区(村)共建共享,面积较大、老年人口较多的社区(村)可在居民小区、自然村设立若干服务网点或老年活动室,形成"一中心、一站点、多网点"的居家养老服务网络。

(二)基本实现了以政府供给为主的社区居家养老服务全面覆盖

目前,宁波市已基本形成了上下联动、横向互通、分工协作、科学有效的市、县(市、区)、街道(乡镇)、社区(村)四级养老服务工作组织框架。同时,县(市、区)、乡镇(街道)和社区(村)分别成立以分管领导为组长、各相关负责人参加的社区居家养老服务工作小组,基本形成了党政主导、民政负责、部门协作、基层运作的组织工作机制,市级和县(市)区养老服务指导中心、街道(乡镇)养老服务中心三级组织管理系统健全。截至2015年底,全市共有各级各类居家养老服务中心(站点)2 308个,其中区(县)级的区域性中心35个,城市社区居家养老服务站点456个、农村居家养老服务站点1 817个,分别占到城市社区、行政村总数的82%和72%,在居家养老服务中心内建有社区养老食堂280个,每天为4 000多名居家老人提供用餐服务;8个县(市)建立了政府为困难居家老人购买养老服务制度,全年投入资金约3亿元,惠及2万余名城乡老年人[①],基本形成以城乡居家养老服务中心(站)为主体的社区居家养老服务网络。

2016年,宁波市成功申报成为中央财政支持的居家和社区养老服务改革试点地区。按照市委、市政府高水平建成小康社会的目标要求,加快推进我市养老服务体系建设,经过积极协调争取,宁波市成为改革试点地区中唯一的计划单列城市,为全市深化养老服务改革、进一步提升整体服务水平搭建了一个良好的平台。

(三)社区居家服务模式不断创新

宁波市通过向各类养老服务组织购买服务的方式,为符合条件的困难高龄老年人提供生活照料、家政服务、医疗保健和精神慰藉等方面的养老服务,提高居家老年人的生活水平,实现了养老服务向适度普惠型发展。2015年度宁波市全市共有21 317人享受了政府购买养老服务的补贴,其中居家养老老年人21 042人,补贴金额5 058.92万元,其中用于居家养老老年人金额4 774.14万元[②]。

宁波81890求助服务中心[③]建立了老年人救助服务平台,为老年开设应急呼叫绿色通道,有效提高老年人居家安全系数和生活便利程度,居家老年人在家中遇到紧急情况,又无法及时获得家人帮助时,只要按下电话机上的特制红色按钮接通24小时值班的服务中心,就可以实现电话求助,求助服务中心的工作人员会第一时间联系相关组织机构的人员提供救助;2013年该中心又开发了高位老年人监视系统、老年人健康管理系统等平台,将居家老年人的健康状况与老年

---

① 宁波市民政局.2015年度宁波市老龄事业发展统计公报.
② 宁波市民政局.宁波市2015年12月底养老服务补贴统计表.
③ 宁波市81890求助服务中心是由宁波市海曙区人民政府开发的为宁波市民提供公共服务的政府平台,连接各类生活服务性企业为市民提供便利服务。

人家属、健康照护机构进行有效联结,通过老年人随身可穿戴设备检测老年人健康状况定时向服务平台传送老年人的健康信息,再通过平台发送给老年人子女,随时监控处理老年人的身体异常状况[①]。

宁波市各区(县)也积极开展居家养老服务的创新实践。鄞州区结合智慧鄞州建设,运用信息化技术实施智慧养老,开发养老智能信息化系统,构建"机构—日托—居家"三位一体的为老服务管理平台,基本涵盖了居家老人照护服务需求评估系统、老人补贴管理系统、居家养老服务管理系统、日间照料中心管理系统、养老机构管理系统、养老服务组织评估系统、孤老和失独老人远程关爱系统、老年人健康服务系统等八个功能模块,优化了各项养老服务资源;江北区引进了慈爱嘉、恭和苑等居家养老服务机构,以社区为平台,纳入居家养老服务供给体系,为老年人提供多样化、专业化、优质化的服务;江东区率先示范"家院互融"养老服务体系建设,受到全国媒体广泛关注和民政部充分肯定;海曙区率先开展政府购买居家养老服务,依托社区养老议事会、友爱访问员制度、银龄单身俱乐部等服务载体为辖区内居家老人提供精神养老服务,积极探索"走进去、走出来"模式,获"全国社区养老服务示范区"称号[②];象山县推进农村集中式互助养老等服务模式或机制,为农村老年人提供养老服务;余姚市鹿亭乡通过建立老年互助会,引导老年群体互帮互助、共同活动,满足日常养老服务需求,形成"以老助老"服务模式,并在全省推广。

二、宁波市家院互融养老服务模式的发展历程

人口老龄化与社会养老功能滞后之间的矛盾日渐凸显,老龄人口的急剧增加,急需社会养老服务能力加速提升。面对巨大的养老工作压力,如何解决老年人的老有所养问题,已成为政府、社会和家庭关注的焦点。宁波市江东区总面积37.66平方千米,辖8个街道,下设82个社区,是宁波市重点建设的城市中心区和重点金融商业区。近年来,该区老龄化趋势日益严重,呈现加速之势。截至2014年底,该区老龄户籍人口已达5.5万,占全区户籍人口20.8%,按照国际惯例,老龄人口超两成意味着已进入中度老龄化社会。江东区作为宁波市主城区

[①] 董亚琦.宁波市居家养老服务多中心供给研究[D].宁波:宁波大学,2017.
[②] 陈延,卢跃.宁波市发展融合型社会养老服务体系的对策思考[J].宁波职业技术学院学报,2013,17(4):70-74.

的老小区之一,面临居家养老服务水平不高、养老服务市场发育不良等问题,亟须创新养老服务模式,提高养老服务水平。对此,宁波市江东区在全市范围内率先提出家院互融养老服务模式。

(一)家院互融养老服务模式的提出

近年来,宁波市江东区老龄化程度发展越来越快,现有的养老设施、居家养老的服务功能和专业化水平不能满足老年人多方面的需求,面对种种问题,区政府积极推进社会养老服务体系建设,着力构建具有需求主导、虚实互促、家院互融、社会互动的养老服务新模式,并在实践中逐步完善。

2008年3月,宁波市江东区率先提出构建"家院互融"养老服务体系,提出了"需求主导,家院互融"的建设思路,以社区为平台,发挥机构养老的优势,整合养老服务资源,将居家养老服务与养老机构相互统一,整合居家养老服务和集中养老服务,改变过去养老服务模式相对独立的状态,将社区资源同时也向养老机构老年人开放,将养老机构的服务向社区居家老年人延伸,通过功能融合、情感融合、信息融合、组织融合,使得居家老人足不出户就能享受到与养老机构一样的专业化、多样化、优质化的服务①。2009年增加了"社会互动",到2010年又拓展了"虚实互促"。

这里的家院互融中的"家"即居家养老,"院"即机构养老。家院互融养老服务是在传统居家养老和机构养老服务基础上的模式创新。通过大力整合居家养老服务和机构养老服务资源,使居家老年人能够享受到养老机构的多样化、专业化照料与服务,也使在居家的老人依然感受到家庭温暖,受到亲人的关爱和照顾。

(二)家院互融养老服务模式的发展

2010年5月,江东区家院互融服务中心正式启动运营,为探索建立覆盖全区的专业养老服务体系奠定了基础。首先,建立了家院互融服务网络,设立区级家院互融服务中心及各街道的家院互融站,实行规范化管理。江东区家院互融中心作为江东区社会养老服务体系建设中的中心枢纽,下设一个养老服务会所,1个示范站和6个街道级服务站,同时依托38个居家养老服务中心、11个助老

---

① 陈华,秦艳."家院互融":宁波江东区居家养老服务提档升级之变[N].中国社会报,2010-09-15.

服务点、6个养老机构的养老服务大网络。设立在区社会福利中心的家院互融区共6个楼层,设置了信息化服务、红蚂蚁志愿服务、养老培训服务、老年产业开发、温馨日托和中医康复等六个服务平台,将机构养老不能覆盖而居家养老不能提供的养老服务项目进行精心规划,服务面积达到了3 000多平方米,服务覆盖全区的5万多名老年人,有嘉和、三替等多家养老服务企业在七个街道开展全方位的家院互融服务。各街道建立的家院互融服务站,在布局、标识、服务标准和管理上实现统一,并实现服务对象一个人一个档案,有近200个培训合格的服务人员为老年人提供专业化的服务。其次,家院互融政策保障体系日益建立并完善。对于促进养老服务发展予以政策扶持,建立政府享受购买服务或服务补贴的老年人资格评估机制、养老服务质量评估机制和服务治疗跟踪回访制度等,将发展社会养老服务作为一项重要内容列入国民经济与社会事业总体发展规划中,纳入《江东区社会养老服务体系建设"十二五"规划》。为更好地推广家院互融养老服务模式,江东区人民政府先后发布了有关推进和保障家院互融工作方面的政策文件,助力该模式的推广,逐步形成了具有地方特色的"需求主导、家院互融、虚实互促、社会互动"的养老服务新模式。第三,开发家院互融服务项目。先后开发了"365必到",老人日托、医疗保健、人文关怀、"先锋365"及应急救助等11大项83个小项服务[①]。第四,建立信息化服务网络。完善老年人服务需求库,设立助老服务热线,建立家院互融管理服务信息系统,实现服务的快速响应,通过跟踪反馈,保障服务的高效、优质、专业。最后,打造家院互融养老服务品牌,推出《江东区家院互融服务指南》,编印《家院互融简报》,开发家院互融网站和形象标识。经过多年的实践,该模式取得了显著的社会成效,基本实现了居家养老和机构养老的组织融合、信息融合、功能融合、情感融合。

(三)家院互融养老服务模式的提升

首先,深化政府购买家院互融服务。发挥区福利中心家院互融区作用,把家院互融服务区打造成机构养老和居家养老互通、专业化和市场化并重、政府购买和社会服务互补的覆盖全区老年人的社会化服务体系。以各街道家院互融服务站为辐射核心,加大政府购买养老服务的力度,扩大服务的覆盖面,精心设计不同护理等级老人的分层分类服务,不断引入市场化竞争机制,引导社会力量进入

---

① 江东区发改局课题组.江东区社会养老服务体系研究[J].经济丛刊,2012(5):33-35.

家院互融的专业服务领域,并以新建的信息化服务平台为契机,继续推进全区养老机构、社区居家养老和志愿助老服务三大平台的有机整合,通过信息化升级工程的建设,为不同的服务对象提供不同的紧急求助实现方式,为服务人员的出勤以及服务的满意程度提供实时的考核手段,对家院互融服务的过程监督提供及时、准确、直观的汇总统计,不断提升智慧养老的能力。

其次,探索立体式养老服务。以江东怡康院①的龙头建设带动全区机构养老能力水平的总体提升,着力打造失能半失能老人入住福利中心等养老机构、居家需照料老人享受家院互融服务或进日托机构、健康老人以居家养老为主的立体式养老服务体系,实现养老服务无盲点,养老服务无盲区。

最后,引导志愿助老服务。宁波市江东区在家院互融服务中,在提供物质保障的同时,更注重对老年人的精神关爱,鼓励社会参与,通过宣传志愿服务理念、奉献意识和公民意识,继续挖掘各种爱心助老服务的人力资源,积极培育志愿助老服务组织。通过以红蚂蚁助老服务队为代表的志愿助老"分层三服务",实现老人与他人的情感融合,促进老年人精神健康;由宁波市精神病医院和宁波市康宁医院的专业心理治疗医务团队为骨干,为有心理疾病且家属提出申请的老年人,提供专业的心理治疗;在心理援助专业服务方面主要和百合心理咨询中心等社会组织合作,对因突发重大事件导致心理调节发生障碍需要进行心理干预的老年人,进行心理援助;在精神慰藉志愿服务方面主要以红蚂蚁志愿服务为主体,通过结对、陪聊、陪学、开展文体活动等方式使老年人融入群体得到社会关爱,目前红蚂蚁志愿服务队人员人数不断扩大,已形成36支分队,有近3 500名志愿者,先后获得全国"优秀志愿者组织"、宁波市"十好百佳"社区社会组织等多项荣誉称号。

三、宁波市家院互融养老服务模式的探索发展

在人口老龄化不断加剧的背景下,宁波市江东区通过整合居家养老服务和机构养老服务资源,使老年人在家庭内能够享受到机构养老的专业化照护,实现了院内外老人服务的互融。居家养老和机构养老逐步摆脱了原先单打一的局面,形成了"资源融合、信息融合、服务融合和情感融合"的良好养老格局。

---

① 现已更名为"鄞州怡康院"。

(一)政府高度重视,保障家院互融养老服务的长效发展

一是围绕养老服务中的重点、难点问题,政府相关部门先后出台了《江东区关于推进养老服务业发展实施意见》《江东区推进家院互融养老服务体系建设实施意见》《江东区关于进一步推进家院互融养老助残服务工作的实施意见》等多个政策文件,对养老服务体系的建设起到了较好的制度推动作用。二是健全养老服务规章制度,完善养老机构运行机制来促进家院互融。先后制订实施了《江东区家院互融服务中心工作考核实施办法》《江东区家院互融专项资金使用办法》等规章制度。这些政策法规的出台为建立家院互融养老服务的长效发展机制奠定坚实基础。

(二)依托社区平台,嵌入融合创新养老服务体系

家院互融养老服务模式需要依托社区平台,发挥社区资源整合能力,根据"以人为本、依托社区、互助而助"的工作原则,充分结合家庭养老和机构养老的服务优势,嵌入社区老年服务体系之中,提高养老服务的供给能力。首先,机构嵌入实现服务架构上的融合。设立区级"家院互融"服务中心进行协调统筹,依托居家养老服务中心、居家养老服务站、福利院的养老服务网络,具有多层次、广覆盖的特点,通过鼓励养老机构和居家养老服务中心依托地缘开展对接服务,实现了服务架构上的融合;其次,规范嵌入实现服务标准上的融合。家院互融养老服务模式的实效性必须通过服务效果来体现,通过不断加强养老服务机构的规范化建设,出台了区级《居家养老服务机构等级评定规范》(现已经升级为市级标准),对于承担家院互融养老服务的机构通过资格准入、服务要求、效果考核等形式予以评定等级,实现服务标准上的融合,同时根据评定等级发放补助,不仅保障了机构提供居家养老的积极性,也确保提供服务的社会效果;第三,将志愿服务嵌入实现老年情感的融入,通过社区组织的各类志愿服务人员对居家养老人予以心理疏通和感情交流,从精神上关心居家老年人,帮助老年人融入社会化解心理危机,提高生活质量。

(三)借助网络资源,信息共享创新养老服务方式

信息网络时代,借助数据资源可以分析居家老年人的生存状况、服务需求情况,由此可以创新家院互融的养老服务方式。宁波市江东区在整合居家养老和

集中养老实体服务网络的基础上,进一步构建信息化服务模式,建立了家院互融的信息化平台,推动资源信息的互通共享,推动虚拟网络和实体网络之间的互融互促,有效提升全区养老服务水平。首先,完善了区、街道和社区养老服务信息库,实现实时更新,保障了家院互融养老服务的便捷性,为养老服务信息化创造条件;其次,开通专用号码"87680000"助老服务热线,和"家院互融"服务中心电话组成通信虚拟网络,符合了大部分老年人使用电话的生活习惯,通过电话及时了解老年人需求,为老年人提供服务,同时也进一步开发特制手机或监控功能,拓展个性化、需求化服务,及时把握老年人居家生活情况,方便了居家老年人和外界的沟通联系;第三,开发"家院互融"管理服务信息系统,根据居家老年人的需求统一安排服务,实现全区范围内居家养老服务的快速响应,建立跟踪反馈机制,利用信息大数据分析保障提供服务的针对性和有效性,以信息化手段提升服务的便捷性,提高服务的品质,让居家老年人能获得更好的服务。

(四)购买社会资源,市场运作创新开发服务项目

宁波市江东区家院互融养老服务模式以特色服务为主,在通过政府投入保障兜底服务的基础上,加强市场化运作能力,通过择优选聘养老机构加入"家院互融"服务体系,不断整合养老服务资源,强化特色服务,扩大服务人群,以连片辐射、连锁经营、统一管理的方式逐步进入市场化运作轨道,在提高经济和社会效益的同时实现良性发展。目前开发的项目有"365必到"、家政便民、物业维修、医疗保健、老人日托和人文关怀等11大项83项服务,通过市场化运作,养老机构逐步开拓、延伸个性化、特色化和专业化的居家养老服务项目,逐步提高居家养老服务水平。

(五)全面智力支持,科学规划家院互融纵深发展

为进一步加强对家院互融养老服务体系建设的指导,规范为老服务工作,不断提升服务水平和服务质量,着力推进全区养老服务产业发展,宁波市江东区聘请宁波市养老服务指导中心、宁波市老龄委、宁波大学商学院、中国社科院兼职博导以及街道、社区相关领域12名专家成立家院互融养老服务体系建设联合指导组。联合指导组的主要任务是:定期分析和研究全区家院互融养老服务体系建设面临的形势与存在问题,科学评估全区养老服务工作的实际效果;组织评估检查,开展有针对性地业务指导,帮助家院互融服务中心(站)进一步理清工作思

路,明确工作目标,抓好各项措施落实;对家院互融养老服务体系建设进行全程跟踪,并根据工作需要,深入基层调查研究,为全区制定符合实际的养老服务政策提出决策建议;针对养老产业发展中的热点难点问题,加强理论研究,提交专题研究报告。指导组成员将根据总体工作安排,结合各自工作专长和优势,定期或不定期开展调查研究,提供相关对策建议和意见。家院互融服务中心(站)对联合指导组成员及指导组集中会议反馈的情况通过深入调查研究,及时有效解决问题,促进家院互融养老服务工作稳定健康发展。

第二节 宁波市家院互融养老服务模式的运营模式

运营模式最基本、最主要的职能是财务会计、技术、生产运营、市场营销和人力资源管理。企业的经营活动是这五大职能有机联系的一个循环往复的过程,企业为了达到自身的经营目的,必须对上述五大职能进行统筹管理,这种管理就是运营模式。2011—2015 年,宁波市江东区连续 5 年将家院互融养老服务列入区政府实事工程,由区政府安排专项资金,以政府购买服务的形式,调度社会化运营的养老机构安排专业人员上门为居家养老的老年人提供专业优质的养老服务服务[①]。经过多年的总结完善,该模式运行日趋科学、合理、有效,极大地提高了社区内老年人的生活品质。

一、成立家院互融服务机构总体负责运营

家院互融养老服务新模式为提升老年人生活质量,推进江东区养老服务社会化发展,促进经济、社会和人的全面发展发挥了积极的作用。宁波市江东区家院互融服务中心获国家民政部全国创先争优"优质服务品牌",并荣获人民政府颁发的宁波市慈善奖。

(一)组织架构

宁波市江东区家院互融服务机构包括了区级家院互融服务中心和各街道家院互融服务站(图 3-1)。其中,江东区家院互融服务中心位于宁波市江东区东

---

① 朱艳敏,张二华.家院互融养老服务模式的运营机制研究——基于宁波市江东区的调研[J].劳动保障世界,2017(6):6-7.

胜街道百宁街66号,是江东区民政局组建的涉老服务组织,2010年12月进行民非企业登记。服务中心以"需求主导、政府扶持、市场运作、自负盈亏"为原则,强化特色服务,以连片辐射、连锁经营、统一管理的方式逐步进入市场化运作轨道,不断扩大服务人群的覆盖面,在提高经济和社会效益的同时实现良性发展。

江东区家院互融服务中心下设养老服务会所和信息化服务两个平台,其中养老服务会所面积400多平方米,由区民政局全额投入福彩公益金建造。会所以茶文化、情感交流和志愿服务为特色,对居家老年人和福利院老年人的需求进行协调、整合,为家院老年人搭起在一起和互动的平台。信息化服务平台则是江东区民政局根据管理信息化和服务高效化的需要,委托电信公司开发的家院互融管理服务信息系统。信息系统能够有效实现服务中心和服务站之间的信息化管理,实现全区为老人服务的快速响应。

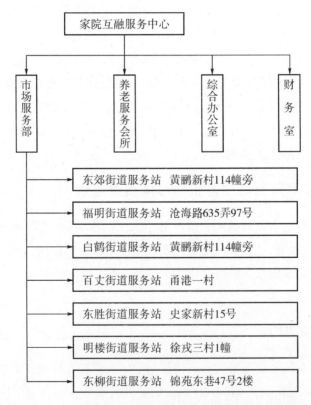

图3-1 宁波市江东区家院互融养老服务机构组织架构图

（二）服务内容

目前家院互融服务中心在原有居家养老服务中心服务项目的基础上，增设了嘉和颐养院等社会组织及加盟企业的特色化服务。通过开展 ABC 会员式服务，为服务对象提供"365 必到"、家政便民、物业维修、老人日托、医疗保健、人文关怀、文化教育、环保绿色、政策咨询、先锋服务及其他类服务共计 11 大类 83 项服务，收费标准低于市场价格并实现全区统一。

（三）服务流程

家院互融服务中心通过信息服务系统平台，根据服务对象的类别，施行个性化、专业化服务，实现为老人服务流程的闭环管理，以提高工作效率，确保操作的安全性。

1. 管理流程

服务中心（街道服务站）派专人上门拜访服务对象，采集数据，建立服务对象信息档案，做到一人一档。通过服务系统联网，实现服务中心与各街道服务站之间的统一派单和监督管控，实现快速工单打印、查询和服务情况反馈。服务中心（街道服务站）还将服务对象的经常性服务需求存储到信息系统，从而形成周期性工单，确保服务的稳定性和持续性。

2. 服务流程

服务对象通过拨打"87680000"服务热线，提出服务需求，服务人员根据服务管理平台上提供的工单内容，上门为老人提供相应的服务，服务结束时，服务对象需签字确认。服务中心（街道服务站）根据服务对象的满意度进行服务情况考核。

3. 回访流程

服务中心（街道服务站）运用信息服务系统平台，通过电话或上门回访服务对象，征询服务对象对服务质量、服务人员态度等方面的意见和建议，并按照规范要求进行检查考核。

二、多部门协作统筹规划居家和机构养老助残服务资源

江东区民政局坚持统筹规划，大力推进养老助残服务设施建设，建立区家院互融服务中心和街道家院互融服务站，明确服务中心和服务站的工作内容、流

程,制定相关制度以及考核标准;区家院互融服务中心和各街道家院互融服务站整合服务内容,做好家政便民服务、"365必到"安全服务等10大类81项服务,并不断扩大服务对象,拓展服务领域,逐步走上专业化和市场化的发展道路;明确各社区居家养老助残服务中心的服务职责,做好原居家养老的服务项目,并宣传落实好居家养老服务的相关政策,及时反映社区老年人的各种需求;发挥社区志愿者作用,积极开展丰富多彩的文化、教育、体育等活动,对家院互融服务工作进行指导和监督。

三、服务等级会员制进行分类管理提高服务水平

家院互融养老服务体系中,通过政府购买服务和实施分类管理等方式,不断扩大服务的受益面,优化服务内容,提高服务水平。从2011年4月份开始,江东区政府加大投入力度,扩大财政资金购买的服务面,按照A、B、C三个类别提供会员式服务,根据老年人的情况给予不同的服务待遇。对福利机构内的老年人和残疾人,也通过不断加强机构与社区的融合,将社区资源向福利机构内的老年人和残疾人开放。目前已经超过6 000人成为A、B类对象,全年仅购买服务财政支出就超过750万元,自服务项目启动起来,已为服务对象提供各类服务超过370万人次。

(一) A类:重点会员

分为两类:A1的服务对象为具有江东区户籍并实际居住在江东区的持有最低生活保障证或社会扶助证、家庭中的需要护理60周岁及以上老年人,享受由政府购买的专业化可选择的服务,标准为每人每月240元;其中独居对象同时享受"365必到"安全服务,标准为每人每月50元;A2的服务对象为具有江东区户籍并实际居住在江东区的持有江东区残疾人二代证、需要护理的一级、二级视力、肢体、智力、精神重度残疾人以及70周岁及以上听力、言语残疾人。政府购买服务的标准为每人每月200元,其中150元为专业化可选择的服务,50元为"365必到"安全服务。

(二) B类:一般会员

分为B1和B2两类:B1的服务对象为具有江东区户籍并实际居住在江东区的80周岁及以上的纯老家庭老年人(含独居和双方均在80周岁及以上老年

人)。独居老年人政府购买服务的标准为每人每月110元,其中60元为专业化可选择的服务,50元为"365必到"安全服务。双方均在80周岁及以上老年人政府购买服务的标准为每人每月60元,享受专业化可选择的服务。B2的服务对象为具有江东区户籍并实际居住在江东区的70～79周岁需要护理的独居老年人,60周岁及以上享受因病致贫专项补助家庭的老年人和重点优抚对象的老年人。政府购买服务的标准为每人每月80元,其中30元为专业化可选择的服务,50元为"365必到"安全服务。

(三) C类:体验会员

除A、B类以外的其他老年人和残疾人。由家院互融服务中心提供专业化和市场化服务,收费低于市场价格10%并实现全区统一标准。

四、构建信息化养老助老服务平台

随着人口老龄化社会发展日益加速,仅仅依靠传统的养老服务提供方式显然已经不能满足老年人的养老服务需求,依靠信息化互联网可以提高养老服务的工作效率,对此江东区在家院互融养老服务体系中加强了信息化建设。首先,构建养老助老信息服务平台。江东区家院互融邀请电信运营商参与构建网络化信息平台建设,在整合养老服务的基础上,开发建立家院互融管理服务信息系统,推进服务中心和服务站点的信息化管理,实现虚拟网络与实体网络的相互融合,逐步做到信息的互通共享。其次,充实完善老年人需求服务信息库,在区、街道、社区三级共享的养老助残服务信息库的基础上,有效整合信息库与社会救助信息系统,及时更新相关信息,在该信息平台可以查询到老年人的服务需求,社会各界可以通过这个系统关注到老年人服务需求以及确保老年人服务的质量,家院互融服务更为精准。第三,加快建立养老助老服务呼叫系统,开通家院互融服务电话专线,把服务对象的定制话机和家院互融服务中心电话组成虚拟网,通过信息技术不断拓展服务功能。第四,支持手机开发企业为老年人量身定做手机,根据老年人身体状况、行为习惯等定制手机功能,方便老年人的使用,促进居家老年人和外界沟通,帮助社会随时关注老年人的身心状况。

五、规范开发家院互融养老服务项目

宁波市江东区将"365必到"安全服务、各类家政服务等纳入家院互融养老

服务体系,加强服务标准化、规范化、专业化、制度化建设,建立健全监督机制,加强服务队伍建设,不断提升服务水平,确保服务对象生活安全,及时、准确掌握服务对象基本生活安全状况,消除服务对象家中用电、用气、用水等安全隐患,及时了解服务对象基本需求并反馈给家院互融服务中心或服务站,切实提高服务对象生活质量。主要的服务项目如下:

(一)"365必到"安全服务对象

(1)具有江东区户籍并居住在江东区的最低生活保障或社会扶助证家庭中的60周岁及以上独居老年人和居家养残体系中纳入家院互融政府购买服务的重度残疾人。

(2)具有江东区户籍并居住在江东区的80周岁及以上独居老年人。

(3)具有江东区户籍并居住在江东区的70~79周岁独居老年人,60周岁及以上享受因病致贫专项补助家庭的老年人和重点优抚对象老年人。

原则上对上述服务对象"365必到"安全服务工作人员必须每天上门看望。确因服务对象自身要求主动提出更改服务形式的,在了解其具体原因后,分三种情况进行服务:一是生活自理能力重度依赖的服务对象仍必须坚持每天上门服务;二是生活自理能力轻中度依赖的服务对象,可根据对方意愿改为每天电话问候,同时每隔三天必须上门一次;三是生活自理能力正常且身体无重大疾病的服务对象,可根据对方意愿,以电话问候为主,同时保证每周进行安全检查一次。

(二)"365必到"安全服务流程

"365必到"服务是区家院互融服务中心根据政府要求,对政府购买服务对象提供的基础性服务。服务中心和街道服务站工作人员必须按照以下流程做好相关工作:

(1)按要求分别上门看望或电话问候服务对象,及时观察服务对象的精神和心理状况。

(2)了解服务对象基本情况及各种服务需求。

(3)检查服务对象家中存在的安全隐患。重点检查用电、用气是否安全、电器设备运转是否正常、户内是否通风、门窗是否破损等。

(4)及时排除检查发现的各种安全隐患,并对一时难以排除的安全隐患做好登记上报服务中心,同时告之亲属。

(5) 详细记录服务情况。

(6) 每天汇总"365必到"安全服务情况,对服务中发现的问题和服务对象的意见建议及时汇报相关街道家院互融服务站。

(三) "365必到"安全服务规范

(1) 服务时间:上午8:00~11:30,下午2:00~5:00,具体可以根据服务对象需求作个性化调整。

(2) 服务人员上班实行考勤制度。考勤由工作所在街道家院互融服务站负责。

(3) 服务人员应文明服务、规范服务。需身着规定制服、佩戴工作牌及徽章上岗。

(4) 服务人员对服务对象应一视同仁,服务热情周到,能积极和服务对象交流沟通,耐心听取服务对象意见,能落实各项服务内容。

(5) 服务人员应公私分明,不得向服务对象及其家属索要财物。

(6) 服务人员应不断加强业务水平,提高应变突发事件的能力,避免安全事故发生。

(四) 菜单式的服务项目

家院互融中心通过择优选聘企业具体承担养老服务项目,除"365必到"项目之外,还有家政便民、康复保健等11大类83项服务。根据规定,按照统一的折算办法将政府提供的养老服务补助折算成工时,居家老年人可根据自己的需求进行点单。

1. 家政便民服务

包括代购生活用品、烧饭做菜、帮老人洗澡、上门理发(包括洗发)、清洗衣服、床单、被子、陪同就医、翻身擦身、喂饭喂药、其他生活护理、临时搭伙、快餐配送、擦窗、代缴各项费用、普通家庭保洁、专业家庭保洁和其他便民服务。

2. 物业维修服务

包括水管、龙头漏水维修、更换水龙头、灯具维修、更换进水阀、马桶漏水维修、开关、插座维修、安装、疏通下水道、安装、清洗抽油烟机、房屋维修、房屋租售、家电维修等。

3. 老人日托服务

包括老人日托和老人临托。

4. 医疗保健类服务

包括出诊送药上门、上门量血压、上门注射、换药、就医用药指导、生活保健咨询、按时服药提示、康复训练咨询、医疗保健讲座、医疗保健服务、康复训练陪护、医疗保健巡视等。

5. 人文关怀类服务

包括生日关怀、节日关怀、老人交友、红蚂蚁志愿者助老活动等。

6. 文化教育类服务

包括老年大学、电脑培训、娱乐活动、健康讲座、健身活动、图书阅览、越剧说唱、卡拉OK、电视录像等。

7. 环保绿化类服务

包括居家白蚁控制、居家蚊子控制、居家老鼠控制、居家蟑螂控制、居家苍蝇控制、居家蚂蚁控制、居家跳蚤控制、居家尘螨控制、家庭消毒、居家绿化养护、居家绿化租赁、居家绿化咨询等。

8. 政策咨询类服务

包括老年人权益保障、家庭婚姻、民事纠纷、经济纠纷、社会救助、社会保障等。

9. 其他类服务

包括火警"119"、匪警"110"、急救"120"、交通事故"122"、电力报修"95598"、供水服务热线"96390"、自来水报修"65111515"、兴光服务热线"967266"、兴光煤气抢修电话"87767110"等。

10. "先锋365"服务

包括生活关怀、精神关怀等。

11. "365必到"

包括安全服务老人基本生活安全状况、老人家中安全隐患检查等。

（五）家院互融养老服务的工作流程

江东区家院互融服务中心通过信息化手段，工作流程实行闭环管理，以提高工作效率，确保操作的安全性。家院互融的服务对象可以通过服务免费热线电话"87680000"，可获得中心提供的各项服务，通过江东区家院互融服务信息管理系统,可实现服务中心与各分中心之间的统一派单和监督管控,迅速实现工单打印、查询和服务情况反馈,具体流程是:将服务对象的需求输入系统,服务中心根据工单指派服务人员为服务对象提供服务。

六、加强家院互融养老服务的过程管理

首先,严格审批管理流程。由社区居委会、街道办事处、区残联参与服务对象的审批和分类管理,采取老年人提出申请,由社区居委会、街道办事处、区家院互融中心和区残联、区民政局由下至上逐层核实、审批,审批结果反馈申请人,新增加服务对象每月报批一次,A和B类服务对象定期核实,C类会员可以自行申请;建立标准调整机制,政府购买服务经费标准与最低工资及物价指数的联动机制,经过家院互融服务机构申请,适时由发改、财政、民政、残联等部门联合召开价格听证会,调整政府购买服务的标准。其次,规范政府购买养老服务的程序。家院互融养老服务在原有居家养老服务中心的服务项目基础上增加了嘉和阳光为老服务中心、三替家政服务有限公司等社会组织或机构的服务项目,收费标准低于市场价格并实现全区域统一,完善养老服务政府购买服务补助办法,不断加大政府购买服务的受益面。第三,建立指导和协商机制。成立家院互融养老服务体系建设联合指导组,建立专家学者的智囊团为家院互融养老服务体系建设提供智力支持,建立家院互融联席会议制度,搭建服务主体督促协商、协商活动的平台,形成共建机制,营造良好的工作氛围。

七、增加家院互融养老服务的财政补助

为缓解老年人养老服务实际困难,让更多的居家老年人享受到专业化的家院互融养老服务。宁波市江东区从2013年10月1日起,实施家院互融养老服务扩面工程并提高养老服务财政补助标准。经过养老服务调准调整,全区60～69周岁年龄段、需要护理的独居老人将被纳入政府提供的家院互融专业化养老服务保障范围,其中60周岁及以上老年人享受政府购买专业化可选择养老服务标准提高到每人每月240元,独居老人补助标准由原来每人每月50元提高到80元,同时还可享受"365必到"安全服务。此外,该区还提高了残疾老年人养老服务补助标准,其中持有残疾人二代证的需要护理的一级、二级视力、肢体、智力、精神重度残疾人以及70周岁及以上听力、言语残疾人,政府购买服务标准调整为每人每月250元。此外,为切实减少老年人养老费用支出,江东区还确定由

家院互融服务机构提供市场化动作的专业化养老服务,收费统一且低于市场价格。

八、建立家院互融养老服务的考核体系

宁波市江东区通过加强考核,切实推进家院互融养老助残服务体系建设,确保家院互融服务水平和质量,提升老年人(重度残疾人)的生活质量,推进全区养老助残服务社会化和专业化发展,为促进经济、社会和人的全面发展发挥积极作用。

(一)考核机构

宁波市江东区以《江东区家院互融服务中心工作考核实施办法》(甬东民〔2011〕18号)为考核依据,围绕构建社会主义和谐社会的目标,对家院互融服务中心(站)落实工作情况进行考核,由江东区民政局牵头、江东区社会福利院组织实施,成立区级家院互融中心,负责对街道家院互融服务站进行日常管理和监督考核工作。考核每半年一次,分别于每年的5月和11月进行。

(二)考核内容

考核内容为以区家院互融服务中心建立组织机构、落实工作职责、资金管理使用及完成工作情况等为主要内容。考核分为考核小组考核和服务对象考核两方面进行,并计算综合考核分,满分100分。

(三)考核方法

服务对象在考虑服务人数的基础上,合理划定各街道所占份额,并按不少于3%的比例在政府购买服务对象中随机抽取。

考核小组考核采取听工作汇报、查台账资料、座谈听取意见建议等方式进行。由小组成员分别按考核表内容进行打分,总计后计算平均分,并以50%计入综合考核分。服务对象考核采取座谈、上门、电话等方式进行。考核时每个服务对象填写一张考核表打分,总计后计算平均分,并以50%计入综合考核分。根据《江东区家院互融服务中心工作考核实施办法》,对各项考核指标的完成情况实行量化打分,满分值为100分,考核分90分以上为优秀、76~90分为良好、75~60分为合格、60分以下为不合格。其中以服务对象考核为基础,服务对象

考核不合格则综合考核为不合格,服务对象考核为合格及以上,则按实际综合考核情况计分。考核结果由位区民政局负责反馈。此外,政府聘请第三方机构对承担家院互融服务项目的养老机构进行考核,随机不少于10%的服务对象进行上门走访测评,同时通过家院互融信息系统实现对服务人员实时对服务人员进行 GPS 定位考核,老人需求十分钟响应和二维码满意度实时评估等功能,对养老机构进行响应度的快捷度、服务水平、服务时间等方面进行考核。

(四)考核运用

考核情况记入家院互融工作档案,并与年度下拨资金挂钩。对半年考核在合格及以上的,区民政局将按规定拨付相关资金;对一次考核不合格的,区民政局将通知限期整改;对连续两次考核不合格的,区民政局将停止拨款直至解除合同、取消项目承接资格。

第三节 宁波市家院互融养老服务模式的评价分析

社会人口老龄化程度加剧,社会经济的快速发展、人口计划生育政策的长期执行带来的家庭小型化、空巢化,家庭养老功能日益减退,传统的家庭生活方式已经无法解决所有的养老问题。在此背景下,宁波市江东区积极探索家院互融养老服务模式,为居家老年人安享晚年寻找到一条创新之路。

一、宁波市江东区家院互融养老服务模式的实践成效

宁波市江东区家院互融养老服务模式创新性地把机构养老和居家养老的资源进行有效融合,经过多年的各方努力,发展迅速,逐步建成了适合本区域情况和老年人需求的家院互融养老服务体系,根据不同情况按照 A、B、C 三个类别为老年人购买服务,2013—2015 年政府购买家院互融养老服务支出达 2 000 多万元,财政性资金充分发挥了引导和杠杆作用,先后有多家优质养老机构加入并共同推进本区域的居家养老服务事业,不仅取得了极大的社会效益,也提高经济效益,减少了优势养老资源的闲置浪费,履行了政府在居家养老方面的工作职能,也减轻了政府承担居家养老的压力,实现了老年人、养老机构、政府三方共赢的良好发展局面。2011 年江东区家院互融服务中心共开展"365 必到"安全服务人次达 667 110 人次;家政便民类服务 21 666 人次;物业维修类服务 2 435 人次;

人文关怀类服务5 066人次;其他类服务1 200人次;"先锋365"服务1 600人次。合计服务人次约699 077人次。2012年江东区家院互融服务中心共提供各类服务达1 017 369人次,其中"365必到"安全服务897 475人次,包括走访与电话回访,仅信息平台累计拨打回访电话以及接听预约服务、咨询等电话共计47 620多个(其中有预约服务电话10 382个,"365必到"服务质量回访21 786个,生日与节日慰问电话14 165个),为4 525名服务对象提供了10万余次的可选择性服务(其中家政便民74 390人次,物业维修10 250人次,人文关怀22 517人次,环保绿化268人次,其他服务3 442人次,"先锋365" 5 917人次,文化教育2 918人次、医疗保健192人次)。2013—2015年,家院互融共服务达268万余人次,其中"365必到"安全服务126万余次,家政便民类服务136万余人次(其中物业维修类服务2.8万人次,日托、医疗和送餐等其他类服务3.7万人次),养老服务工作得到有效推进,家院互融服务赢得了老年人的充分肯定,全区养老服务的满意度有明显提高。近年来,第三方测评服务对象平均满意度在90%以上,全区居家养老群众满意度位居市六区第一。2011年,江东区家院互融服务中心收到服务对象寄来的感谢信15封,收到服务对象送来的锦旗18面。2012年,江东区家院互融服务中心共收到服务对象和亲属寄来的感谢信11封、锦旗20面。感谢和表扬电话426个(其中民政局接到31个,信息平台接到395个)。2011年6月,家院互融项目获由宁波市人民政府颁发的宁波市第二届慈善奖。2012年家院互融服务被国家民政部评为全国创先争优"优质服务品牌",被誉为升级版居家养老服务。

二、宁波市家院互融养老服务模式的社会价值

随着宁波市社会经济的发展,社会老龄化程度不断加深,老年人的社会需求发生巨大的变化,一碗饭、一床被已经不能满足老年人的需求,原有的家庭养老服务模式局限性日益显现,养老服务供给来源单一、资金有限,供给和需求不匹配,已成为制约宁波市养老服务事业发展水平的重要原因。宁波市江东区首创家院互融养老服务模式,促进了居家养老、机构养老和社区养老的有效融合,加快了社会化养老服务的进程,实现了社会资源的共享和整合,为居家老年人提供更加充足优质的养老资源,包括了老年人基本的经济需求、基础医疗需求和困难老人的基本生活服务需求;实现了服务供给与需求的良好匹配。在市场化的运作体系下,家院互融养老服务供给主体为争取更多的服务对象,主动挖掘和开发

养老服务供给，从供给侧入手，设计和提供更贴合居家老年人实际的服务内容，丰富了服务供给的手段，更提高了需求和供给的匹配度；提升了居家养老服务供给的专业化程度。家院互融养老服务体系中，通过引入专业的养老机构、市场化的运营组织、非政府组织、社会志愿者等多方面资源，充分发挥专业特长，将服务覆盖老年人生活需求的各个方面，形成多层次、多方位的养老服务体系。因此，该模式切实提高了居家养老服务的水平，丰富养老服务项目，提升了居家养老服务水平，具有较高的社会价值。

（一）建立了家院互融养老服务的多元供给体系

在家院互融养老服务体系中，以居家老年人的养老需求为导向，多个服务供给主体提供不同的养老服务项目，既有专业性的养老机构，也有非政府组织、各类市场化运营主体如家政服务公司等；既有营利性的组织，也有非营利性的机构。各类居家养老服务供给主体发挥各自优势，实现居家养老服务供给的多样性，提高服务供给效率，提升了居家养老服务水平。家院互融养老服务的多元供给体系具有以下特点：

首先，多元供给形成了家院互融养老服务利益发展的共同体。家院互融的多元供给改变了以往养老服务由政府统一供给的传统单中心模式，将原本属于服务供给外部系统的非政府组织、市场化运营服务机构、老年人家属纳入到家院互融养老服务体系内部，将供给问题由外部治理转化为内部治理，多元供给主体为了共同的服务目标，通过建立合作共享共赢机制，推动家院互融养老服务公共利益的可持续发展。

其次，多元供给实现了家院互融养老服务的分层分类。家院互融养老服务体系中，各供给主体根据老年人的实际服务需求，根据自己的优势主动匹配，或是通过改善供给提高服务能力，并在整个体系中发挥不同的作用，例如政府主要从政策保障、资金支持方面予以提供、养老机构提供专业化的养老照护服务、社会志愿者和老年人家属提供精神慰藉、家政服务企业提供各类居家家务服务等，不同的供给主体在体系中通过不同层次、不同类别的服务实现了家院互融养老服务的分层分类，推动了服务的个性化和专业化。

最后，多元供给实现了家院互融养老服务的多样性。以政府为中心的养老服务体系中，由于政府受资金、人员等多方面限制，服务供给更显得过于单一，多以"兜底基础"为主，供需之间无法实现全面匹配。但是在家院互融养老服务体系中,由于多元供给主体的进入,弥补了政府供给的不足,通过市场化的运作供给方式实现了多样化,更是增加了服务项目的多样性,服务内容更加丰富,服务水平也因此得到提高。

(二)建立了家院互融养老服务的分工协作体系

家院互融养老服务模式将机构养老引入了社区居家,实现了融合式发展。机构养老、社区养老和家庭养老所承担的主体各不相同,从政府层面而言,需要承担起养老的社会职能,但是全部依靠政府是解决不了所有的养老问题,政府更多地侧重于"兜底",对于孤寡病残的老年人要首先予以保障;从社区层面,更多需要引入社会化的养老服务资源,让老年人能积极参与到社会活动中,接受到更多个性化、优质化的服务;从家庭层面,需要为老年人提供亲情温暖,从物质上首先对老年人的赡养和照顾予以保障。在家院互融养老服务模式中,整合了政府、社区、家庭等各自的职能,在资源整合的基础上,建立了政府部门主导、各类机构组织、社会志愿者、家庭相互协作参与的分工体系。

1. 政府部门

政府在家院互融养老服务体系中的供给不再是单纯的"生产者"的角色,不直接为居家老年人提供服务。作为养老服务的供给者,其供给内容主要体现在以下方面:

(1)做好居家养老服务相关政策的供给:通过制定相关家院互融养老服务的政策,为养老服务提供人、财、物等方面的支持,这种政策是政府在社会价值的指导下,为实现养老服务这一社会目标而采取的社会行动的总和,其实质是政府为社会民众提供家院互融养老服务方面承担责任的行动。

(2)做好居家养老服务物质基础的供给:作为政策供给者,政府可以通过制定养老服务业发展规划、制定养老服务政策、加强养老服务的市场监管对家院互融养老服务工作予以把控和保障,为家院互融所涉及的基础公共性的设施、资金予以直接支持,建立并完善养老金制度,为老年人安度晚年提供资金保障,尤其对特殊老年人群体予以资金补贴,实现社会养老福利普惠;改善养老服务资源配置,合理设置养老服务站点,为老年人养老提供机构保障;给予家庭照料者、社会组织、参与居家养老服务的市场化运营机构等予以资金补助引导,创造多元参与的良好社会养老氛围。

(3)做好居家养老服务供给主体的培育:家院互融养老服务模式的供给是

多元的,多元供给需要政府主导下的培育支持,一方面鼓励养老机构积极参与社区居家养老服务的供给,需要引进符合资质要求的养老机构,支持它们根据社区区域划分情况对居家养老服务站点进行专业化管理,提供具体业务支持。一方面加强对区域内养老服务志愿团队的管理,对参与居家养老服务的志愿者提供保险,对于完成志愿服务内容和时间的给予物质和精神奖励,提高志愿者服务的积极性。此外,大力发展居家养老服务产业,在税收保障、创业就业等方面出台优惠政策,鼓励相关企业参与居家养老服务,引导社会资本进入到居家养老服务体系中,通过政府购买服务保障低收入经济困难老年人和基础养老服务工作,体现社会的公益性,引入营利性组织,对于经济条件较好、服务要求层次较高的居家老年人提供更高层次、更高水准的养老服务,同时加强考核和监管。

(4)居家养老服务专业人员的培养和服务标准的制定:开展家院互融养老服务需要养老机构、社会资源的支持,核心还是在于人才,品质在于标准。政府需要提出养老服务业的服务标准、养老机构标准以及养老服务从业人员的规范化要求。首先,对于养老机构和养老服务从业人员实行资格准入制。在当前养老服务资源紧缺的情况下,政府既不能随意提高养老服务机构准入标准,也更不能将标准界定得过低,必须以社会实际需求和基本服务能力为底线,逐步推进养老机构的做大做强;其次,开展养老服务从业人员如养老护理员、公共营养师、社会工作师等专业化培养。对于养老服务人员实行先培训后上岗制度,政府应鼓励和扶持地方中等职业学校、成人学校、社区学院和高校开展养老服务从业人员的技能培训和培养,加强居家养老服务人员职业道德教育,以全面提高服务队伍的综合素质,提高服务质量。例如宁波市鄞州区发布《宁波市鄞州区"十三五"人才发展规划》(以下简称《规划》),社会工作人才建设被纳入发展规划,成为鄞州区"十三五"期间人才发展规划的重要组成部分。《规划》指出,"十三五"期间,鄞州区将从完善人才开发制度体系、加大人才培养力度和拓宽社会工作服务领域三方面大力培养社会工作人才,力争到2020年,社会工作人员总数达到1 575人,取得社会工作者职业水平证书人员达到1 100人以上,70%以上社区专职工作者取得职业水平证书。又如《宁波市大中专院校毕业生创业和入职养老服务机构补助办法》规定:对在校大学生或毕业5年以内的高校毕业生在我市初次创办的养老服务机构;入职本市养老服务机构(包括养老机构、居家养老服务机构,纳入事业单位正式编制的除外)普通高等院校、高等职业技术学校、中等职业技术学校(含职高)毕业生予以创业或入职奖励。通过政府的推动,提高从业人员的职业认可度,吸引更多的优秀学生进入到居家养老服务领域工作。

(5) 养老敬老社会环境的培育:政府应加强老年人居家养老的宣传引导,从思想意识、消费意识等方面引导居家老年人走出家庭,融入社区,帮助他们在与社会组织、养老机构、志愿者之间搭建平台和桥梁,改善老年人居住环境,做好居家养老服务的供需对接,同时重视家庭对养老的支持作用,鼓励家人多关心老人,多回家看看,对于空巢老人要予以重点关注。

对此,有关部门应当在老年人办理养老金、办理房屋权属关系变更、户口迁移等涉及老年人重大人身和财产权益事项时提供帮助或优先办理;实现老年人诉讼优待的权利,老年人因赡养费、扶养费、养老金、抚恤金、医疗费以及婚姻等纠纷提起诉讼的,人民法院应当依法及时立案、审理和执行;实现老年人医疗服务优待的权利,医疗机构应当为老年人就医提供方便,对老年人就医予以优先;实现老年人生活服务优待的权利,提倡与老年人日常生活密切相关的服务行业为老年人提供优先、优惠服务,城市公共交通、公路、铁路、水路和航空客运,应当为老年人提供优待和照顾。博物馆、美术馆、科技馆、纪念馆、公共图书馆、文化馆、影剧院、体育场馆、公园、旅游景点等场所,应当对老年人免费或者优惠开放。新建、改建和扩建道路、建筑物、交通设施、居住区等,应当符合国家无障碍设施建设标准,优先推进与老年人日常生活密切相关的公共服务设施的改造;开展多种形式的老年宜居环境宣传教育,开展老年宜居环境科学研究,培养管理人才和专业技术人才,推动老年友好型城市和老年宜居社区建设。

2. 社会组织

社会组织在社区平台上要发挥政府和居家老年人的纽带作用,整合资源供给。社区因为自己的地域优势,可以吸引社会组织参与到居家养老服务活动中,这类社会组织包括了非政府组织、社区(村)居委会等。具体分工如下:

(1) 非政府组织在家院互融养老服务体系中具有非营利性、组织化、专业化的特点,在供给体系中既可以参与政策的制定和决策,也可以参与实际的服务供给活动以及政策效果的评估分析、监督和反馈,在调节政府与居家老年人、政府和服务共赢企业之间的关系过程中,起到桥梁联系作用,要力求在政府服务供给承担者和政策参与者的两者身份之间实现居家老年人和服务供应者的利益平衡。在家院互融的养老服务体系中,非政府组织可以分为两类,一类是向居家老年人提供服务、不以营利为目的(居家)养老机构,为社区居家养老服务提供专业化管理,为社区居家养老服务设置、场所设置提供建议,参与家院互融养老服务模式的规划设计;另一类是居家养老服务供应企业自发组建的行业协会,在家院互融养老服务体系中,通过行业自律机制、服务标准等手段引导养老服务行为的规范化,为养老服务的提供者提供交流沟通的平台,或者承接养老服务项目,督促和指导所属居家养老服务供应企业具体实施。

(2) 社区(村)居委会是居(村)民自我管理、自我教育、自我服务的基层群众性自治组织,属于养老服务相关政策的终端和具体执行者,承担着联系居家老年人、辖区内各类资源以及落实政策的职责。社区(村)居委会因工作原因,负责办理居家老年人低保等的认定工作,掌握居家老年人的各类信息,了解居家养老服务需求,绝大多数的居家养老服务站点是以社区(村)为单位设置的,社区(村)居委会也是主要承担这些服务站点的场地设施维护工作。

(3) 社会志愿者组织在家院互融养老服务体系中具有重要作用,通过组织化、制度化管理,推行志愿服务入社区,入户对接居家老年人,帮助居家老年人积极老龄化和健康老龄化,发挥特长优势,直接为社区居家养老服务助力。

3. 居家养老服务市场运营机构

在家院互融养老服务模式中,居家养老服务市场运营机构可以为居家老年人提供保洁、供餐、水电维修、休闲娱乐、文化教育、生活照护等服务,不仅包括了低层次的、专业性不强的服务,也包括了专业性较强的、个性化的专业服务。通过引入市场机制和市场主体,家院互融养老服务模式内在生机和活力得以进一步激发。

(1) 进一步细化了居家养老服务市场:居家养老服务需求具有多样性的特点,通过不同类型的居家养老服务企业接入家院互融市场,推进居家养老服务市场专业项目的多样化、精细化,每家企业所承担的居家养老服务项目更趋于聚焦,更凸显专业,生活照护、医疗康复、健康管理、心理咨询、居家事务、老年文化等不断细化,从而最大限度满足居家老年人的服务需求。

(2) 进一步创新了养老服务模式:在家院互融养老服务模式中引入居家养老服务的市场主体,在社区的平台上充分整合了社会资源,一方面通过政府购买服务保障了具有公益性的居家养老服务,另一方面通过市场供给提升了居家养老服务品质,以高水平的供给引发了需求,推动了居家养老服务产业的发展。

4. 居家老年人的家属

家庭自古就有养老助老的传统,家庭实际就是一个互助组织,家人对老年人的照顾既是传统美德,也是法律要求。根据《老年人权益保障法》的规定,居家老年人主要有享受家庭赡养与抚养的权利,赡养人应当履行对老年人经济上供养、生活上照料和精神上慰藉的义务;患病的老年人应及时得到治疗和护理;经济困难的老年人,应当获得医疗费用。对生活不能自理的老年人,赡养人应当承担照料责任;赡养人要保证老年人有权居住在条件良好的房屋及拥有或承租的住房的权利;亲属要尊重老年人婚姻自由权,老年人的婚姻自由受法律保护,子女或者其他亲属不得干涉老年人离婚、再婚及婚后的生活,且赡养人的赡养义务不因老年人的婚姻关系变化而消除;居家老年人可以对个人的财产,依法享有占有、使用、收益和处分的权利,亲属未经委托无权处置;居家老年人有依法继承父母、配偶、子女或者其他亲属遗产的权利,有接受赠予的权利,亲属则无权干涉。

(三)建立了家院互融政府购买养老服务的运作方式

政府购买服务是指政府部门为了履行服务的社会职能,通过政府财政向各类社会服务机构直接拨款或公开招标购买社会服务,实现政府财政效力最大化的行为,是政府转变职能中公共服务社会化的新趋势[①]。社会老龄化带来的老年人健康问题也日益严重,失能、失智、高龄老年人增多,这些居家老人的照护需要细心、耐心和更多的专业知识,社区现有的很多养老服务志愿者和团队没有经过专业培训,服务不一定能完全到位,甚至适得其反。通过政府购买第三方服务的方式,由辖区的家政服务公司,为老年人提供定制服务,充分利用市场化的优质专业资源照顾居家老人,可以提高服务品质。2005年3月,宁波市海曙区率先在全区65个社区中全面推广"政府购买居家养老服务"这一新型养老服务形式,由区政府出资,向非营利组织——海曙区星光敬老协会购买居家养老服务,社区落实居家养老服务人员,每天上门为辖区内600余名高龄、独居的困难老人服务,通过推行社会福利社会化,吸引更多的民间力量到养老工作上来,在重视家庭养老作用的基础上,积极推行社区居家养老服务,走家庭养老和社会养老相结合的道路。同时,通过海曙区社会组织服务中心的培育和孵化,每年在公益创投项目申报中,1/3以上的项目涉及助老爱老,通过引入第三方开放式养老,进一步提高居家养老服务的社会化,海曙区不少社区的居家养老服务都进驻了"第三方",或嵌入了"机构"服务。例如在汪弄社区,宁波市安健家政服务有限公司打造出一个微型养老院,有专业的护理资源以及老人食堂,设计的服务内容包括

---

① 吴玉霞.政府购买居家养老服务的政策研究[D]杭州:浙江大学,2006(2):51-57.

日托服务、定点家居服务、"临终关怀"服务、便民广场公益活动等,并推出了"居家养老服务卡",不同年龄层的老年人领取不同的卡,享受不同的折扣,比如特困老人领用的是安康卡,可享受折扣为37.5%;60～70岁的健康老人领用的是吉祥卡,享受优惠70%;70～80岁的老人领用的是如意卡,享受优惠62.5%;80岁以上的老人领用的是福寿卡,享受优惠55%;在马园社区,由宁波市海曙大众社区服务有限公司设立的"邻家大姐"助老中心会派驻两个社区管家到社区,每周一到周五有为老服务菜单,为老人提供以公益为主的个性化服务,包括洗眼镜、磨刀、修伞等项目,社区管家每天会上门走访,了解老人需求,陪伴老人聊天,服务是有偿的,但低于市场价,老人有需求,直接向社区管家登记便可。此外,海曙区也致力于培养有能力承接全区居家养老服务和护理工作的规模化骨干队伍,已经在新芝等超过20个社区开展服务试点。产业思维换来新空间,养老服务不断转型升级,企业参与养老领域的意识也逐渐增强,例如南门街道车站社区"爱·福满车站"居家养老服务站引入辖区爱心企业资源,为社区老人提供涵盖安全保障、生活照料、医疗保健、文化娱乐、精神慰藉等方面的服务。截至2017年底,海曙全区50%的城市社区居家养老机构实现社会化运作,同时全市在推进居家养老服务社会化方面,已培育或引进品牌化养老服务机构10余家,200多个社区通过服务站点委托管理、服务项目协议外包等方式引入社会服务企业或组织参与运营,布点规模日趋广泛,取得了较好的社会效益。

由此可见,居家养老是基础,不能把老年人都赶到养老院去,养老机构也无法接受这么多老年人住养,居家老年人也未必都能接受在养老院养老,毕竟离开了自己原有的生活环境。对于失能半失能,以及经济困难老人,政府确实有保障责任,但不一定亲自提供服务。也就是说,政府提供资金,通过市场机制可以选择具有合格资质的社会服务组织,为老年人提供服务。

江东区作为宁波市的一个老城区,面临较多的养老难题:一是养老床位严重不足。江东区仅有一家区级集中养老机构和四家街道级集中养老机构,不到1 000张养老床位,平均每百位老人拥有床位数不足2张。二是居家养老水平不高,老小区多,养老资源和设施特别明显不足,养老服务队伍以公益性岗位和志愿者为主,缺少专业化人员,养老服务服务经费主要以上级补助为主,总量有限,社会资金较少。三是养老市场发育不良。全区养老服务企业和社会组织规模小、力量弱,专业化集团化的组织机构不多,多以小型家政类企业为主,因此面对日益增长的养老服务需求,居家养老服务市场发展不平衡、不充分的矛盾日益突出。针对这些困难,在江东区委、区政府的统一部署下,紧紧围绕满足老年人现实需求,依托社区,多举措并举,大力开展社会化养老服务工作,逐步形成了具有区域特色的机构养老和居家养老互通、专业化和市场化并重、政府购买和社会服务互补的覆盖全区老年人的家院互融养老服务体系。在家院互融养老服务体系中,引入政府购买养老服务由政府以及有政府职能的社会团体出资对居家老人生活照料、满足吃穿住行、精神慰藉等,或是购买养老服务的某一方面,比如文化娱乐等,重点安排与老年人生活照料、康复护理相关的项目。因此,通过建立家院互融政府购买养老服务的运作模式,既完成了政府对特殊人群的保障责任,又能把有限的养老资源最大化利用,同时还发展了社会组织,一举多得,实现了多方共赢。

为了保障家院互融政府购买养老服务,宁波市江东区同时制定出台了多项支持家院互融养老的财政政策,在原有的居家养老服务中心的服务项目基础上增加了宁波市嘉和阳光为老服务有限公司、宁波市三替家政服务有限公司、莱康养老服务企业等市场化企业、社会组织及加盟企业通过政府招标的形式进入到家院互融养老服务体系中,逐步建立并完善了市场竞争机制,不仅提高了居家养老服务水平,同时通过整合养老服务资源,培育养老服务品牌,推动了养老服务市场的繁荣发展。2011—2015 年,区级财政累计安排家院互融养老服务项目预算资金 3 298.5 万元,实际支出 2 885.5 万元,预算完成率 87.5%,支出项目包括了对家院互融重要服务对象分类(A 类和 B 类)进行政府购买;对各街道、社区和社会力量兴办的养老机构给予相应的开办补助;对经济困难的居家养老人发放养老服务补助;建立居家养老服务规避机制,对居家养老服务机构服务人员进行人身意外伤害保险的补贴;将居家养老服务人员按照标准予以公益性岗位补贴。

江东区的家院互融社会化养老服务体系建设在连续几年大力推动下,有了长足的发展,建成了适合江东区情和老年人需求的家院互融社会化养老服务体系,养老服务工作得到有效推进,政府养老托底功能得到明显加强。江东区社会福利中心于 2013 年 10 月正式投入运营,实际床位使用率达 80% 以上,基本构建立体式养老服务体系,政府养老服务托底功能得到进一步加强;家庭经济困难和身体困难老人基本服务得到有效保障,家院互融养老服务品牌逐渐形成,通过引入专业养老服务组织,政府购买服务资金呈现良好绩效,家院互融体系创新分 A,B,C 三个类别为老年人购买服务,财政性资金充分发挥了引导和杠杆作用,大大地提高了经济和社会效益,实现了老年人、养老服务机构、政府三方共赢的良好发展局面。

实践证明,在多方共同推动下,家院互融养老服务模式创新性地把机构养老和居家养老的资源进行有效融合,减少了优势养老资源的闲置浪费,大大减轻了政府养老压力,推动养老服务业的发展。家院互融养老服务赢得了老年人的充分肯定,全区养老服务的满意度有明显提高。同时,推行政府向社会力量购买养老服务对于推动民政养老职能转变,整合利用养老社会资源,增强公众参与养老服务意识,增加养老服务供给,提高养老服务水平和效率,都具有重要意义,实现了花最少的钱为老年人办最实在的事、办最需要的事、办最有效的事。

(四)建立了家院互融信息化的网络服务布局

信息化服务平台是江东区民政局根据管理信息化和服务高效化的需要,委托电信公司开发的家院互融管理服务信息系统。通过多年的投入建设,截至2015年已经建成集信息化服务中心、信息平台于一体,形成"一库(数据库)、一线(87680000服务热线)、一机(老人电话)"的家院互融信息化服务架构,推动虚拟网络和实体网络之间的互融互促,实现了养老机构、社区居家养老和社会志愿服务三大平台的整合,通过信息化升级工程的建设,为不同的服务对象提供不同的紧急求助实现方式,为服务人员的出勤以及服务的满意程度提供实时的考核手段,对家院互融服务的过程监督提供及时、准确、直观的汇总统计,同时根据信息化平台功能的不断完善,调整家院互融养老服务项目的付费方式,通过建立家院互融合养老服务的考核体系,加大市场化项目的良性竞争,提高智慧养老的服务能力。同时,通过家院互融信息平台提高服务监管效果,主要通过二维码、电子工单、服务人员GPS实时定位相结合加强对养老服务的监督。针对服务对象,信息化网络服务主要体现在服务平台和个性化老人手机网络的运用,具体如下:

第一,信息化服务平台能够有效实现服务中心和服务站之间的信息化管理,实现全区为老服务的快速响应。话务员可以根据服务对象来电需求,进行协调分派。针对服务群体的特点,家院互融服务中心已经将所有服务对象的资料录入数据库,当服务对象打电话进来后,信息平台会自动显示该服务对象的个人资料,工作人员只需核对其资料,然后根据他的需求,即刻分派相应街道服务站工作人员上门服务。服务平台除了协调分派外,另一项重要职能是回访工作。目前回访工作分为电话回访和人工回访两种形式。所谓"电话回访",就是当服务人员服务完毕后,服务中心通过电话听取服务对象对服务满意度的反馈。而人工回访主要由服务站的管理人员承担,每天都会抽查 10 户左右服务对象进行上门走访,听取意见和建议。此外,服务平台还有一项工作是"主动关怀",就是在信息服务平台的醒目位置上会显示出最近三天过生日的服务对象名单,根据这份名单,这里的工作人员通过电话主动慰问,送上一份生日祝福。

第二,宁波电信为家院互融服务对象专门定制的个性化手机。这款手机免费发放给政府购买服务对象,手机除具有普通手机的通讯功能外,还具有文字宽屏显示,方便老年人阅读;超大按键与字体,方便老年人日常拨打电话及收发短信;超大音量,方便老年人接听电话;以及手电筒和 FM 收音机功能。同时该款手机还具备帮助键紧急呼叫功能,老年人在发生紧急情况下可通过该按钮自动与预先设置的服务中心、亲人等号码取得联系及时告知。家院互融服务中心还为每个手机开通了家院互融虚拟网功能,该虚拟网包括家院互融服务中心、老年人家庭电信固话及手机,享受虚拟网内老年人与服务中心,老人与老人之间的免费通话优惠。同时,根据老人需求免费开通家庭固定电话及老年人手机的一号双机功能,方便老年人对电话号码的记忆,符合老年人对固定电话的使用习惯,目前已为服务对象发放了超过 1 500 个老人机。

(五)建立了家院互融的志愿养老服务模式

在推进居家养老服务的过程中,宁波市充分发挥政府主导作用、兜底保障功能的同时,积极鼓励社会参与,吸引社会力量参与到养老事业当中,其中志愿养老是一支非常重要的队伍。在提供物质保障的同时,家院互融更注重对老年人的精神关爱,通过志愿助老"分层三服务",即心理治疗志愿服务、心理援助志愿服务、精神慰藉志愿服务,实现院内与院外的老人、老人与社会的情感融合,促进老年人精神健康。本着服务老年人的精神需要这一宗旨,江东区家院互融服务中心每月都有主题活动安排,在社会志愿者的支持和参与下,邀请居家养老的服务对象和入住机构养老的休养人员共同参与主题活动,在每个月中旬为当月生日的老人举行集体祝寿会,进一步促进互通互惠,真正实现家院互融。

在众多社会志愿服务组织中,"红蚂蚁"助老志愿队就是其中的代表,该志愿队前身是一个社区的民间爱心组织"老年互访团",创办之初只有 16 名队员,曾获得"最美江东人"提名奖朱红英的父亲朱金元就是创办人。2008 年,江东区民政局、江东区老龄办为了推进养老服务社会化,加强爱心超市志愿者队伍建设,决定成立"红蚂蚁"助老志愿队。在区民政局的牵头策划下,在团区委的大力配合下,"红蚂蚁"采取总队统一组织和分队分开行动的方式进行服务,服务对象主要是大病、独居、困难老人。社区"红蚂蚁"经常到孤寡老人家里陪老年人聊天;公交公司的"红蚂蚁"为老年乘客讲解乘车指南、乘车安全小知识并帮助行动不便的老人上车;明州医院的"红蚂蚁"进社区为老年人开展义诊……依托家院互融,"红蚂蚁"服务已成为江东区助老服务品牌,"红蚂蚁"的形象越来越深入人心,受到了老年人的欢迎和尊重,成为江东一道亮丽的风景线。政府每年安排8万元的财政资金支持"红蚂蚁"服务发展。目前"红蚂蚁"助老志愿组织有32支分队3 600多名志愿者,分布在各行各业,为区域的养老服务事业特别是精神助老做出了很大的贡献,极大地丰富了家院互融的服务内涵。

三、宁波市家院互融养老服务模式发展中存在的问题分析

宁波市人口老龄化程度不断加深,单一家庭养老服务模式或是机构养老服务模式已经无法适应老年人对幸福晚年生活的追求,家院互融养老服务模式充分考虑到当前宁波市区域社会经济发展现状,比较符合居家老年人的意愿需求,经过多年的探索实践,也取得了非常突出的社会效益。但是仍然存在例如敬老助老的社会氛围不够、运行成本较大、专业化的居家养老服务人员缺乏等问题。

(一)对家院互融的理解认识仍不到位

当前主要有三种片面或错误认识制约着机构养老和社区居家养老服务的融合发展,也使得社会参与环境氛围不浓。第一种是对政府作用认识不到位:认为政府主导就是要建立政府为主体的服务体系,导致养老服务过于依赖政府,忽视其他主体的重要作用,直接导致影响家院互融养老服务服务模式的多元化主体构成,也不利于社会资源的有效整合;第二种是对主要服务主体作用认识不到位:认为机构、社区和家庭等服务主体应局限于自身的服务内容,这忽视了多种主体的互补互融性,也无视当前新的形势要求,导致机构养老、家庭养老完全隔离,不符合积极老龄化、健康老龄化的社会发展趋势,尤其从供给侧角度不能符合居家老年人的需求;第三种是对社会参与家院互融的作用认识不到位:认为养老事业与己无关,忽视了社会力量参与和服务市场发展对服务体系的可持续发展所具有的决定性作用,导致了社区在整合社会资源、引入市场化的专业居家养

老服务主体时困难较大。

(二) 与家院互融配套的居家养老服务市场仍不成熟

与家院互融配套的居家养老服务市场仍不成熟主要体现在两个方面：一方面是养老机构、非政府组织、市场企业和民间资本等参与养老服务体系投资建设和管理运行的比例仍不高，而行政化或半行政化服务主体的效率和创新不足，主动融合的积极性不够，仍依赖于政府强力推动；另一方面是当前养老服务产业的发展较为滞后，市场上，缺少足够多的有实力、有品牌的养老服务提供者，使得养老服务需求存在很大空缺、服务资源得不到保障，更多的居家养老服务项目仍有待开发，没有形成供给创造需求的良性发展形势。

(三) 与家院互融配套的运行机制仍需验证

在家院互融养老服务组织架构上，养老机构等组织的融合机制有待进一步完善，在组织上未形成有效融合；在考核评价上，相应的考评机制有待进一步完善，对互动融合的相应考核、评价和奖惩机制有待建立；在服务长效性上，社会力量参与临时性、形式性的服务活动多，长效机制未形成，实效性尚未经受考验，有待时间上进一步予以验证。

(四) 与家院互融配套的政策文件仍不完善

在家院互融养老服务模式中，对社会资本特别是民营资本投资建设和管理运营养老机构的政策文件仍不完善，资源保障、收益分配、政府补贴、税收优惠等政策仍需进一步明确和落实，尤其对发展养老服务产业的政策支持还需加大力度；政策上对于社会组织、志愿者参与家院互融养老服务活动的支持力度仍有待加强，志愿者结对助老服务活动的检查、激励和反馈制度有待建立，以逐步促进志愿助老服务组织化、常态化和规范化，进一步发挥志愿者在养老服务中的重要作用。

(五) 家院互融养老服务人员缺少且专业化程度不高

目前，家院互融养老服务队伍普遍存在"一高一低一少"的现象。即：年龄偏"高"，40岁以上人员占了65％；文化程度偏"低"，初中文化的人员占了60％多，男性服务人员比例偏"少"。当前，具有高学历、高技能、高素质从业的养老服务人员十分稀缺,而一般的从业人员又缺乏系统的培训,且流动性大,影响了服务队伍的稳定,对于服务对象而言也难以适应。具体分析如下:

首先,居家养老服务人员职业认可度低。项目组曾经调查过210名居家养老服务人员,85.7%的被调查者认为养老服务行业具有良好的发展前景,对现在从事的家庭服务职业发展的满意率只有51.4%,但是81%的被调查者不希望自己的子女从事家庭服务,61.9%的被调查者认为家庭并不能满意自己从事养老服务工作,可见居家养老服务人员的社会认同并不理想。

其次,从事居家养老服务工作的人员学历不高。基于传统社会道德的观点,以家庭保姆、搬运、清洁为主的家庭服务常被社会认为是较为低级的工作,是被他人使唤甚至是伺候的工作,而且技术含量不高,属于体力活,并且职业化和专业化程度低,这就让该职业缺少吸引力,难以产生职业荣誉感,由此导致该行业中缺少了高学历高技能高素质的专业人才。据项目组调研得知,从事居家养老服务工作的人员中有相当一部分是再就业比较困难的城市下岗人员和来自农村的外来劳动者,文化程度不高,大部分的服务人员只能从事简单的家务劳动,这也进一步印证了传统观念,也影响了居家养老服务工作的职业认可度。

第三,居家养老服务人员培训不规范。由于入门门槛不高,而且市场上对于居家养老服务需求量日益旺盛,导致了居家养老服务企业、养老机构重数量而忽视质量,对于培训工作也不够重视,职业资格证书的获得还未能成为上岗的必需条件,尤其是养老护理员国家职业资格证书取消后,更进一步增加了培训市场混乱的可能。

最后,居家养老服务人员招工难。针对家院互融服务对象的特点,老年人都基本只会宁波本地土话,需要的服务人员要求会听会讲宁波话,年龄30~45岁,能吃苦耐劳。而目前符合这条件的人并不多,尤其是外地的人想听懂宁波话非常困难,更别说会讲宁波话。

(六)家院互融养老服务运行成本较大

首先,人员成本问题。近年来,宁波市区域经济的发展也带动了最低工资标准、社保基数的逐步上调,员工的工资、福利、各种法定的补贴、奖励、劳保用品(服装)等人工成本已成为今后一个时期需要正视的重要问题。2012年家院互融服务中心(含信息平台)有中心主任1名、内勤1人、出纳1人、话务员5人(话务员实行早晚班制,2人早班、2人晚班,1人轮休),区民政局每年给予9万元的补贴,若按人均5万元/年(包括工资、福利、各种法定的补贴、奖励、劳保用品——服装、养老保险、医保、公积金等)计算,每年共需35万元,差额达26万元。

其次,运营成本问题。在家院互融服务体系中,政府购买的服务一般都为基础性的服务项目,尤其通过招标运行,养老机构及其他组织一般只能保本或是微利,想从中获得较高的经营利润基本不大现实,尤其在民营养老机构、市场化居家养老服务主体缺乏其他造血功能的基础上,运营压力明显增加。

(七)家院互融养老服务获得社会支持不够

宁波市统计局于2015年5月组织开展了全市养老服务业发展情况和养老服务需求调查,调查数据显示:当前九成以上的老人采取居家养老方式,但是采取居家养老的老人中只有2.3%的人由居家养老服务专业组织定期提供上门服务,其余主要还是靠自己照顾自己或是由子女、保姆照顾。受访者表示,居家养老服务目前存在三大瓶颈制约:一是养老机构为居家养老提供的延伸服务不够,选择比例为65.0%;二是居家养老获得的配套服务不够,选择比例为64.4%;三是社会组织、企业提供的养老服务项目少、收费高,选择比例为58.0%。可见,社会各方包括养老机构、社会组织等在参与居家养老服务的深度和广度均有待提高。

(八)家院互融养老服务项目开发不够

目前的家院互融养老服务体种,特色化的服务项目明显偏少,健康服务类项目不多,多集中于相对低端的基本生活保障类项目如家庭保洁、水电维修等,养老机构限于机构性质、服务人员、运营方式等方面的因素,开发健康服务类项目的能力普遍不强,而医疗卫生资源进入该服务体系中仍有一定难度,限于职称、管理主体等原因,卫生和民政两个系统尚未完全打通,造成一方面养老机构自身医疗服务能力不足,另一方面养老机构吸引医疗资源或兴办医疗服务机构也存在障碍,医务人员到养老机构从业职称晋升难、薪资待遇也低。

第四节 宁波市家院互融养老服务模式的典型案例介绍

宁波市家院互融养老服务模式不改变老年人在家中的居住环境,并由养老机构等社会资源提供养老服务的一种养老方式,以家庭为核心,以社区为依托,以老年人日间照料、生活护理和精神慰藉为主要内容,以上门服务和社区日托为主要形式,是符合我国国情的新型养老方式。经过多年的实践,具有区域特色的家院融合养老服务模式逐步形成,直接受益于体系的老年人超过2万人,老年人对养老服务的满意度有明显提升,赢得了居家老年人的肯定,全区养老服务的满意度有明显提高。在全面推进"家院互融"养老服务体系建设工作中,中央、省、市新闻媒体也对此做了专题报道,其中《中国社会报》先后两次头版头条予以报道。中国社科院社会政策研究中心秘书长唐钧认为:家院互融养老模式探索出了一条可以使居家养老、社区服务和机构养老、志愿服务融合为一体的道路,是养老事业迈向专业服务的必由之路。本节将收集整理部分新闻媒体对家院互融养老服务模式典型案例的介绍分析,力求能对该模式能有更为客观、全面、深入的认识。

一、"家院互融"是迈向专业服务的必由之路

宁波市江东区探索"家院互融"养老服务体系,取得了积极的成效,这是一件十分可喜的事情。何为"家院互融"?在这里,"家"指的是"居家养老","院"指的是"院舍养老(机构养老)",将这两者结合到一起,相辅相成,融为一体,可以取得"整体大于部分之和"的系统协同效应。无论就效果而言,还是就效率而言,都是一个值得倡导的方向。

在中国人口老龄化逐步走向高峰的过程中,对老人的服务照料同样是一件重中之重的大事。中国人口老龄化的一个特点是"少子化",加上家庭小型化和劳动力流动,以及社会压力(工作上、生活上)等不利因素,完全靠子女和家庭来服侍老人、照顾老人恐怕会力不从心。所以发展社会化养老服务体系势在必行。

从20世纪90年代初开始,社会学界就对中国迈入老龄社会后的老年社会服务问题不断发出呼吁,民政部门也从实务的角度持续进行探讨,最终提出了"机构养老与在社区服务支持下的居家养老相结合"的战略蓝图。从数量化的视角看,对90%能够生活自理的老人,以社区服务作为支持网络,帮助他们实现无

后顾之忧的居家养老;对5%生活不能自理的老人,则实施机构养老;另外还有5%的老人,虽然生活能够自理但收入较高、需求也较高,他们可以选择更高档次的机构养老。

但是,作为这个战略计划首要的社区服务网络的建设,虽然近年来民政部门也下了大力气去抓,取得了一定的成果,但仍有诸多不尽人意之处:老人服务常常需要做到无微不至,这样才能切实地使老人及其子女无后顾之忧。现在的做法:一是以邻里互助的方式,请左邻右居、亲朋好友作为志愿者来照顾老人;二是由社区组织雇用家政服务员来提供"小时工"式的家庭服务。但是,志愿者和小时工能够承担的责任实际上都是非常有限的。更重要的是,他们也很难提供专业化的养老服务——要求志愿者在提供老人服务方面"专业化",至少在当今中国还有相当大的难度。要求家政服务员做到"专业化",这是有可能的,但对家政服务员提供专业培训会提高人工成本,因而服务费用也会相应增加。可以想见,现在的一般家庭大多很难负担得起。

机构养老是一种更加符合现代规律的集约化社会服务方式,这有利于合理配置资源,降低人工成本,因此为需要付出更高成本的专业化服务开拓了运营空间。从国际经验看,专业化的社会服务都是从机构服务开始的,因为只有社会服务机构才有条件聚集专业人员,譬如专业的管理人员、社会工作者、营养师、康复师以及高中低各种级别的专业服务人员。反过来说,专业服务机构的存在也便于专业人员聚在一起讨论切磋相关的专业问题,对服务质量的提高和专业理论的提炼、升华都有好处。所以,专业服务如果不从机构服务入手,其实很难真正迈开步子。另一方面,机构服务也有其缺陷,会使老人脱离家庭和社区,将老人与其生活了一辈子的熟悉环境割裂开来,这会对老人的心理健康产生负面影响。

宁波市的"家院互融",实际上探索了一条可以使居家养老、社区服务和机构养老融合为一体的道路,各有关方面各取所长、相辅相成,在满足对老人的服务照料和精神慰藉等方面起到了积极的作用。当然,现在的发展模式中也许对于专业服务强调得还不够。但"红蚂蚁"服务队的心理咨询已经给我们指出了方向。要真正满足老年人在物质方面和精神方面的各种需求,就应该进一步整合资源,研究如何在一定区域内,充分利用、全面配置各类相关的专业人员,使"家"

"院"一体,融合到专业化的更高层次上①。

二、江东率先推行"家院互融"养老模式

樱花社区77岁的离休干部徐美月夫妇俩不想动手做饭菜,于是拨打了江东"家院互融"服务中心的服务电话"87680000"要求送餐上门。当天中午,一桌"三菜一汤"的饭菜就送到了家里。徐美月老人高兴地说:"我们在家'点单',足不出户'保姆'式的服务送上门,真的很方便。"

为给不同层次、有不同需求的老年人提供多样化、专业化养老服务,江东区于2010年6月在全市率先推行"家院互融"新型养老服务试点工作,成立了江东"家院互融"服务中心。"家"即是居家养老,"院"即是院舍养老(又称机构养老),江东区将两者结合起来,一方面让养老院的老人能够感受到更多家庭般的温暖,另一方面也让居家养老的老人能享受到养老院专业的照料和服务。江东区民政局局长宋修竹说:"以往居家养老和机构养老是各自为政,单独运行,现在两者互通互融,资源有效整合,并且走专业化、市场化道路,有利于提升养老服务的水平和质量。"

江东"家院互融"服务中心设在嘉和颐养院内,通过择优选聘企业和社会组织承担具体的养老服务工作,为老人提供家政便民、"365必到"、老人日托、医疗保健、人文关怀、文化教育等10大类81项服务,这些服务有的由政府买单,有的实行政府补贴,有的是低于市场价格的优惠价。自6月份试运行以来,该中心已为4.8万余人次的老人提供了各类服务,效果显著。

中国社科院社会政策研究中心秘书长唐钧研究员表示,江东区的"家院互融"养老模式,是一种创新之举,实际上探索了一条可以使居家养老、社区服务和机构养老、志愿服务融合为一体的道路,是养老事业迈向专业服务的必由之路②。

三、养老院进家来

"住在家里,跟住在养老院一样舒服。"宁波市江东区潜龙二村的独居老人肖

---

① 全文载于2010年9月14日凤凰网(作者:唐钧,系著名社会学家、中国社会科学院社会政策研究中心秘书长、研究员)。
② 全文载于2010年10月17日宁波日报(记者:卢磊 通讯员:刘学文)。

大妈说。她每天早上一起来,就有服务人员上门送菜、打扫卫生、检查安全,把脏衣服拿去清洗。老人乐呵呵地告诉记者:"遇到事情,拨打'87680000'助老服务热线,就会有人上门帮忙。"

居家养老,却能享受专业化服务,这是江东区首创的"家院互融"养老新模式。中国社会科学院社会政策研究中心秘书长唐钧认为,"家院互融"将居家养老、社区服务和机构养老融为一体,值得借鉴和推广。

2009年,宁波60周岁以上的老人达97万人,占全市人口的17%。宁波2004年在全国率先启动居家养老服务,但是社区居家养老服务中心普遍存在软硬件设施落后的问题,而老人数量越来越多,需要享受专业化的养老服务。江东区有4.2万老年人口,有关部门普查发现,大多数老人不想离开家,又希望能享受专业化的生活照料。

"让老人都进养老院不现实,那就让养老院进家门,让老人在家享受专业的养老服务。"江东区民政局副局长刘学文说,该区决定对全区29个居家养老服务中心、43个居家养老服务站、5个福利院进行整合,统一纳入区"家院互融"服务中心,并逐步在各街道、社区设立分中心。

在江东区"家院互融"服务中心的助老服务热线接线大厅,电话声不断响起,墙上的大屏幕滚动显示上门服务、回访反馈等情况。记者看到,接线员一接到老人的求助电话,就能在电脑上看到他的基本资料,包括住址、病史、性格和爱好等信息。

"热线24小时运转,每天有50多位老人打来电话。"服务中心负责人董雅琴告诉记者,只要老人一个电话,就能享受到代购生活用品、代缴各项费用、餐饮配送、按时服药提醒等服务,以及专业的康复保健、医疗护理、心理咨询等服务。助老服务热线被老人们亲切地称为"电子保姆"。

"家院互融"模式自2010年6月在东胜街道试运行以来,已有1 086名老人纳入服务对象。所有独居老人免费享受服务,普通老人支付的费用,平均每天不到1元①。

四、江东"家院互融"养老获市领导肯定

江东区将居家养老服务中心和福利院的服务资源整合到"家院互融"服务体系之内,为满足全区老年人日趋多样化、专业化的养老需求打下坚实的组织

---

① 载于2010年10月26日浙江日报(记者:朱海兵、陈醉,报道组:张绘薇)。

基础。

近期,宁波市副市长陈炳水曾对江东区探索"家院互融"养老服务体系作出批示:江东区探索的"家院互融"养老服务体系,这一做法既弥补了我市目前养老机构不足的问题,同时也提升了居家老人的生活质量,值得各地学习、借鉴,可以在有条件的区域进行试推。

"家院互融"养老服务体系的主要内涵:"需求主导、家院互融、虚实互促、社会互动"的养老服务新模式。该区整合全区29个居家养老服务中心、43个居家养老服务站、11个助老示范点、4个福利院的养老服务网络,并在嘉和颐养院及东胜街道的3个社区开展了试点。通过试点,使集中养老机构和居家养老机构的人力、物力和服务设施等资源得到了有效整合。

江东区建立区级"家院互融"服务中心,致力于推动虚拟网络和实体网络之间的互融互促。完善老年人需求信息库,研制开发适合养老需求的老人专用手机,建立"家院互融"服务信息管理系统,设立"家院互融"服务热线,开通专用号码"87680000",及时了解老年人需求,为老年人提供服务。

"家院互融"服务体系为老服务内容主要分三个层次:首先,以特色服务为主,加强市场化运作能力,目前有家政便民、老人日托、政策咨询等10大类81项服务项目,收费标准全区统一并低于市场价格。其次,以独居老人为重点,加大政府购买专业服务力度。最后,以居家养老为基础,完善为老服务体系。

通过以"红蚂蚁"助老服务队为代表的志愿助老"分层三服务",实现老人与他人的情感融合,促进老年人精神健康。一是开展心理治疗志愿服务。由宁波市精神病院专业心理治疗医生为骨干组成"红蚂蚁"志愿服务队,对有心理疾病且家属提出申请的老年人提供专业的心理治疗。二是开展心理援助专业服务。与百合心理咨询中心合作成立的江东区社会工作服务中心,政府以购买服务的方式和社会工作服务中心签订协议,免费提供场地、水电气和设施,对因突发重大事件导致心理调节发生障碍需要心理干预的老年人进行心理援助。三是精神慰藉志愿服务。以"红蚂蚁"志愿服务为主体,通过结对、陪聊、陪学、开展文体活动等方式使老年人融入群体得到社会关爱。[①]

---

① 载于2011年2月21日东南商报(通讯员:刘建军)。

机构养老向社区居家延伸模式的研究
——以宁波市为范本

五、江东独创家院互融养老模式年底前将惠及五千老人

统一的赭色工作服,统一的服务标识。2011年7月开始入职江东家院互融工作的陈美丽已工作一年多。陈美丽说,这不像是一份计薪酬的工作,更像是在做"职业女儿",一年365天做辖区内几十位、上百位老人的女儿。

昨天早上8:30,在江东白鹤街道家院互融服务站,陈美丽已换好一身工作服,准备好了服务必备的"行囊"——在她随身携带的小包里,有当天要拜访的十几户老人的资料,还有一些必备的家政工具。

宁舟社区25幢202室的金素珍老人今年已78岁,独居在家。老人的"档案"上记载着她患有心脏病、高血压、糖尿病,属陈美丽每天必访的对象。

一见到陈美丽,老人就笑得合不拢嘴。金素珍告诉记者,她有心脏病,因为与子女不住在一起,一直心比较虚。"现在每天有小陈来问问看看,心里就踏实多了。"

"小陈可勤快了,跟自家女儿一样的,还会帮忙剪手指甲、脚趾甲。看地板脏了,就给扫扫拖拖,隔久了,还会帮忙擦擦玻璃、清洗厨房。"金素珍拉着记者走进她的房间,"你看,家里弄得清清爽爽"。

离开金素珍老人家,陈美丽随后来到32幢一对钻石婚的"空巢"老人家里。服务站的"档案"上提示,这家老人需要每月2次的家政保洁服务。

"美丽可认真了,每次打扫卫生都要做两三个小时。"吴阿姨和先生在这里居住了20来年,以前都是女儿们过年过节上门来帮忙大扫除,"现在女儿们年龄也大了,都快60岁了,身体也吃不消,幸亏有美丽来帮忙。"

11点左右,陈美丽结束了上午的工作,打算到就近的快餐店里吃午饭。"下午还约了五六户老人,都要上门去看看。"她说,相处久了,老人们就像是自己的长辈一样。因此,自己日复一日这样工作,并不觉得单调辛苦。

记者了解到,在整个江东区,像陈美丽这样的"职业女儿"还有160多位,她们服务着全区4000余位接受家院互融养老服务的老人。

"家院互融,就是将居家养老服务和集中养老服务融合起来的养老模式。"江东区民政局负责人介绍说,家院互融体系使居家老人能够享受到养老机构多样化、专业化的照料和服务,也使在机构养老的老人感受到家庭般的温暖。

这项在全国首创的家院互融养老模式共涵盖了家政便民、物业维修、老人日托、医疗保健、人文关怀、文化教育、环保绿化、政策咨询等11类服务项目。

每一类都配有相应的服务明细表。比如,家政便民类就包含翻身擦身、喂饭喂药、临时搭伙、快餐配送、擦窗、代缴各项费用、专业家庭保洁等10项具体的服务项目,并配有市场参考价格和服务中心服务费对比表。

"我们推出了87680000助老服务热线,每天有上百位老人来'下单'。"江东区民政局相关负责人介绍说,家院互融服务中心就是专业养老服务的"外卖"窗口,也是居家老人和机构入住老人的"沟通平台"。

"去年以来,江东区政府已投入400万元,为3800余位老年人和残疾人购买服务。目前,享受政府购买服务的老人已达4200多位。"江东区民政局负责人告诉记者,2012年年底前,购买服务对象的数量将增加到5000人,江东区将为此投入500余万元①。

六、"家院互融"情暖三千老人家庭

昨天上午,江东区"家院互融"服务中心东柳服务站的服务人员来到华光城的徐德奎、史玉英夫妇家中,为这对八旬老人提供每周一次的家政服务。江东区2008年3月在全市率先构建"家院互融"养老服务体系后,目前全区共有3200多户孤寡、独居及困难老人家庭享受由政府出资、养老机构提供的多样化、专业化服务②。

七、江东打造"家院互融"信息化平台,老人可在家享入院养老服务

"伯伯,您好,今天的饭菜合不合胃口呢?"在午餐时间,江东区怡康院的工作人员亲切地询问在院休养的日托(日间照料)老人的伙食情况,老人连称"交关赞"。而这些饭菜,正是通过一个智能系统隔天预约的。怡康院工作人员沈玉清介绍,老人在日托之前,可以先通过智能平台预约菜谱及活动项目,充分满足老人需求。这是记者近日在我市江东区家院互融智慧养老服务中心见到的一幕。

随着宁波进入老龄社会,在我市需要"照料"的老人不断增加,社会化养老成为紧迫问题。据统计,截至去年年底,宁波市60周岁及以上的户籍老年人口达118.7万,占户籍人口总数的20.5%,其中江东区达5.19万,占全区总人口数的

---

① 载于2012年9月17日中国宁波网(记者:滕华)。
② 载于2012年9月21日宁波日报(记者:严龙、张绘薇)。

19.4%,这标志着我市已进入中度老龄化社会,而且这个比例正在加速增长。

从2008年开始,江东区针对老年人的现实需求,通过信息化、智能化手段率先试点"家院互融"养老服务体系,将居家养老升级,打通居家养老和集中养老(福利院)的"任督二脉",让老年人无论是在养老院还是在家里都能享受到全面优质的服务。

在普通人的想法里,养老院应该是床位、活动室、餐厅等设施,而江东区的一家名叫"怡康院"的养老院里,却有一张与众不同的电子地图。前几天记者看到了这张电子地图。在怡康院服务中心的一个大屏幕上,所有在怡康院登记服务的老人的位置和工作人员的位置都能准确地显示在屏幕上,而老人的姓名、年龄、健康状况、照片等信息通过屏幕都可以看到。而这些情况在工作人员的专用电脑上也可以看到。另外还有入住申请、入住管理等字样。"这相当于是把养老院搬到了网上,未来不管是在家养老还是在养老院养老,通过这个平台就可以搞定",怡康院技术人员施国栋介绍说。

只要在网上输入入住申请,老年人的所有信息就会反馈给工作人员,然后多个部门在网上对老人进行入住评估,评估过后就可以发消息给工作人员接待,还包括以后的饮食、探访、康复、请假等记录,都可在这个平台的指挥下完成。而老人的子女可以通过智能手机、电脑等,查看老人从入住评估到老人离院的所有状态,比如"衣、食、住、行"等所有在院信息。工作人员也都配备了移动终端,及时响应服务对象的服务请求和上级安排的任务。服务终端可以在一定范围内接收服务请求,在服务完成后通过相关按键对每一次服务提供有效记录。

"有了这个平台后,老人或者家属哪怕不在养老院,也同样可以享受养老院的服务。"施国栋说,工作人员可以去老人的家里进行服务,养老的床位分散在每个家庭中,通过智能养老平台进行管理。

据介绍,江东区利用怡康院龙头优势,不断整合居家养老和集中养老实体服务资源,打造"智慧养老"服务新模式,依托6个家院互融养老服务站,38个居家养老服务中心、11个标准化助老服务站、5个福利院,并辐射全区74个社区的养老立体化服务网络体系。目前由区政府买单,免费可享受家院互融服务的老人有6000多位,全年仅购买服务财政支出就达750多万元。

根据老人的身体和生活状况,怡康院还给部分老人配备了智能设备。而正是这个智能设备,关键时刻发挥了作用。

在江东区怡康院,记者看到工作人员正在调试高清视频监控技防系统。技术人员施国栋说,通过这个系统不仅可以很准确地掌握老人的位置,也对服务人员的位置一目了然,相当于是 GPS 定位系统,是通过手机定位的。同时,这个系统为老人和亲属也架起了一座信息桥梁,设备会自动把采集的数据和情况反馈到亲属的手机上,而"一键式"紧急呼叫模式也能提高意外情况救助能力。

"若有紧急情况发生,只要按手机上红色的'SOS'按键,几秒钟后后台就会有电话打过去。同时,后台还会第一时间通知'120'急救中心、子女和附近的医疗人员联动救助。"施国栋说。

"年前在庆安社区,90 岁的裘阿婆要是没有智能手机帮忙,恐怕后果不堪设想。"家院互融中心的一位工作人员告诉记者,当时老人家里只有她一个人,可是因高血压引起身体不适后,老人摔倒了。好在老人当时手里拿着"家院互融中心"配发的智能手机,老人随即按了手机的紧急呼叫"SOS"键。收到呼叫后,工作人员很快锁定了老人的位置,并通知附近的工作人员赶过去,同时呼叫了"120"。"我们的工作人员赶过去的时候,老人已陷入了昏迷,但是因为抢救及时,这一摔并未殃及老人的生命。没有这个智能设备和系统,后果真是不堪设想。"

目前江东区已有 3 000 多位老人都配备了这款集日常生活服务照料、家人亲情关爱以及紧急联动救助三项服务于一身的"智能手机"。这款手机是江东区为部分 60 岁以上的"空巢"、独居、孤寡老年人免费提供的。

另外,江东区不少老人还佩戴了智能腕表。据介绍,这款腕表目前能对老人的具体位置进行定位,而以后会增加更多的功能,比如检测老人心跳、脉搏、体温、位置等信息;控制中心则实时显示老人状态、心跳、脉搏、血压、体温、位置信息;异常报警则对老人离床、心跳异常、血压异常、位置脱离管理区等进行报警。

通过智能系统,即使在家里的老人,也能享受到服务站提供的上门服务。怡康院负责人俞赞蓓说,"家院互融"服务中心不光是为老年人提供服务,也会为一些身体有缺陷的人提供服务。

"小梁在来我家做家务之前,我都事先在一个操作平台上预约好了,甚至连菜都点好了。她一来之后,基本不用我操心,东西该怎么收拾,需要些什么服务,买什么物品她都一清二楚。"日前,记者随"家院互融"东柳街道服务站工作人员梁旭芳来到华侨城,一进 58 岁的张女士的家,张女士就对她赞不绝口。

梁旭芳换好鞋,就直奔卫生间,开始打扫卫生,边扫地边笑着说,"已经相处 3 年了,对这个家的熟悉程度绝不亚于自己的家"。

"自己患有抑郁症,父母的年龄也都八九十岁了,很多时候做家务心有余而力不足。"张女士说,梁旭芳不光是定期上门来做家务,平时要是有什么事情也是随叫随到。

对于梁旭芳来说,陪着服务对象买菜、去医院,或者为服务对象洗头、搓澡、剪手指甲或脚趾甲早已习以为常了。

江东区民政局相关负责人介绍表示,"家院互融"中的"家"指的是居家养老服务,"院"代表福利院等机构提供的集中养老服务。而"互融",是指通过信息化的手段进行互通互融、有效整合资源,使居家老人能够享受到养老机构多样化、专业化的服务;同时通过将社区资源向福利机构老年人开放,使入住机构的老年人也能感受到家庭般的温暖①。

八、江东区家院互融养老服务打出"医疗牌" 健康直通车开进老人家

从今年夏天起,93岁的王大爷再也不需要在孙儿的搀扶下,颤巍巍地挪到医院去做健康体检了。"前几天,咱们街道的全科医生到家里来给我做了好几项检查,过两天还要上门来给我做B超呢!"王大爷笑得很舒心。

王大爷并不是唯一的受益者。近日,24位90岁以上的老人享受到了江东区在白鹤街道试点开展的家院互融健康直通车养老服务。据悉,家院互融健康直通车服务协议是在老人自愿的基础上签订的,服务内容主要包括一年一次的居家健康体检、健康评估和相应的健康指导、一月一次的面对面健康访视、每年4~12次的规范化慢性病管理等。

区卫生局副局长肖忠文介绍,江东区的家院互融养老服务已实践多年,但由于缺乏大批卫生专业人员参与,医疗保健服务成了家院互融养老服务向更高层次发展的瓶颈。为实现医养结合的目标,多部门开展了通力合作。区民政局投入24万元项目经费,区卫生局负责监管服务质量,各街道居委会工作人员负责服务对象与社区卫生服务中心间的信息沟通。

目前,江东区的家院互融健康直通车服务正在白鹤街道的紫鹃、白鹤两大社区试点开展,今年8月将推广至街道的其他9个社区。"我们将逐步放宽条件,让更多的老人享受到这种服务,预计目标大约是200人。"白鹤街道社会事务科

---

① 载于2014年5月20日东南商报(记者:王增芳)。

陈科长告诉记者。

参与该服务项目的医生都是由社区卫生服务中心招募的志愿者，每位医生负责20名左右服务对象的日常健康服务。"我们招募的是责任心强、业务水平高、身体健康的全科医生，他们都是自愿为老人服务的。"白鹤街道社区卫生服务中心的林主任说，"许多高龄老人行动不便，一年都不能下一趟楼，这样的上门医疗服务他们很欢迎"[1]。

九、明南社区：试点安装家院互融固话智能终端系统

"这个机子嘎好，能记录服务人员到达和离开的时间，这样的服务更专业、更放心。"5月13日上午，社区陪同电信工作人员在家院互融老人家中安装固话智能终端设备，老人们对此都绝口称赞。

为了进一步提升我区家院互融养老服务水平，利用信息化手段提升服务质量，提高服务满意度。区民政局和家院互融中心在明南社区的服务对象家中首先安装居家养老固话终端设备，并投入使用。该智能终端由宁波电信和区民政合作推出，通过在老人家里免费安装，实现与服务站的一键联通，老人可以一键使用紧急救助、生活服务、亲人通话等功能。智能终端上记录的信息，也将和明楼街道、区家院互融服务管理系统实现数据对接，工作人员可以通过系统实时了解老人的姓名、年龄、健康状况等信息，老人的家属只需要关注指定的微信公众号，就能收到定制化的信息推送，及时了解亲人接受服务的情况。此外，该设备能记录服务时间和次数，促使老人每月真正享受到足够时长、足够次数的服务，服务完成后还可以进行满意度评价，使服务水平进一步提升。

作为我区养老服务智能终端工作试点社区，明南社区5月底前将全部完成安装。届时社区将结合老人实际使用情况，与江东电信、明楼家院互融服务中心一起，改进工作，让老人享受到更优质、贴心的居家养老服务[2]。

---

[1] 载于2014年7月27日宁波日报（宁波日报见习记者：项一嵚，江东记者站：张绘薇、杨磊，实习生：童旭、陆瑶）。
[2] 载于2016年5月16日江东新闻网（通讯员：朱雪蓉）。

十、宁波江东区首创家院互融养老体系　老人一按键服务上门来

上午9时,宁波江东区福明街道养老服务中心的工作人员郑灿芹,准时敲开了82岁的独居老人胡蕴芳的家门,前来清理空调滤网。两个小时的忙碌后,再打开空调,胡阿姨家里很快凉爽了起来。"阿芹,多亏你帮忙!"胡阿姨笑眯眯地在养老服务智能终端上,点下了"满意"按钮。这样温馨的一幕,就发生在几天前。

在老人家中安装养老服务智能终端,是今年江东区家院互融养老的一项新举措。2011年,江东区在全国首创了家院互融养老体系。所谓家院互融,"家"指的是居家养老服务,"院"代表养老院等机构提供的集中养老服务。两者通过互通互融、有效整合资源,使居家老年人能够享受到养老机构专业化的服务。

江东区人口老龄化程度高,但养老院、福利院等机构养老床位有限,不可能满足所有老年人进入养老机构,享受专业化养老服务的需求。为此,江东区成立家院互融服务中心,以政府购买服务的方式,调度社会化运营的养老机构派出人员,上门为需要重点照顾的老人提供专业化的养老服务。根据老人的体验反馈,以及一年总体考核情况,支付相应的费用。5年多来,家院互融服务中心已经提供服务500多万次。

老人一按键,服务就上门。今年6月底,江东区在7 000多位需要重点照顾的老人家中,都安装了养老服务智能终端。智能终端集电话通信、紧急救助、生活服务等多功能于一体。只需轻轻一点,老人就能与江东区家院互融养老服务中心取得联系,预约家政便民、物业维修、医疗保健、情感关怀等11类83个服务项目。服务效果好不好,老人还能当场评价。

为了更及时有效地给老人提供服务,江东区在各街道建立了6个家院互融服务站,同时依托48个社区居家养老服务中心、11个助老服务点、6个福利院,形成了养老服务网络。只要老人有服务需求,就能在短时间内就近派出人员上门服务。

目前,家院互融中心和服务站还联合嘉和阳光、三替公司等社会组织及加盟企业,提供推拿针灸等特色化服务①。

---

① 载于2016年8月1日浙江日报(记者:施力维,区委报道组:杨磊)。

第四章
家院互融：机构养老服务社区延伸模式的完善与思考——以宁波市为范本

我国传统养老是以家庭养老为主，养老的物质需要和生活照料由家庭成员提供。但是社会的发展、家庭的开放性让老年人不可能永远待在家里，老年人需要和外界进行接触。居家养老最早就是英国政府为了使老人留在社区和家庭，鼓励家庭照顾有需要的老年人而采取的一种政策措施，老年人在家居住，但由社会提供服务的养老方式，将社会和家庭联系起来。宁波市是老龄化程度很高的城市，面对日趋增长的养老服务需求，单靠家庭全部去承担养老职能显然不现实，政府能力的有限性决定了政府只能更多关注于孤寡、贫困等老年人中的特殊群体。因此，养老问题单靠家庭或是政府去解决是不现实的，需要政府、市场与家庭协同发展，这正成为老龄化社会的一个共识。家院互融养老服务模式的提出，符合社会养老发展的趋势，对于整合社会养老资源，在现有基础上发挥机构养老、社区养老和家庭养老的各自优势，从供给角度更符合老年人的实际需求，具有非常重要的社会价值。当然，家院互融养老服务模式还处于探索阶段，在政策支撑、机制疏解、资金输血、人员配备、场地布局等方面还存在一些困难，如何更好地建立健全社区居家养老扶持政策，促进养老服务发展，积极探索、推进社区居家养老与机构养老融合，打破社区居家养老和机构养老的边界，大力发展医养结合型居家养老机构，实现机构养老专业化与居家养老亲情化的有机结合，仍然需要进一步完善。

第一节　宁波市家院互融养老服务模式的发展目标、原则和思路

党的十九大提出了习近平新时代中国特色社会主义思想，并从历史发展、时代品格、主体归属、内容体系和指导价值上对这一思想进行了科学概括和准确定位，揭示了其思想内容和实践方略，为新时代中国特色社会主义建设和中华民族伟大复兴提供了思想指南和理论指导。"执政为民、以人为本"已经成为执政党与政府施政的核心理念，"公平、正义、共享"已经成为新时期的主流价值取向，让人人享有基本社会保障和服务已经成为党和政府对人民的庄严政治承诺。因

此,应对人口老龄化关键领域的建设和发展,已经成为国家发展的重要目标指向。

一、宁波市家院互融养老服务模式的发展目标

2018年2月23日,浙江省委常委、宁波市委书记郑栅洁提出,推进"六争攻坚",是贯彻习近平新时代中国特色社会主义思想和践行"八八战略"的宁波行动,是落实习近平总书记对宁波工作重要指示精神和浙江省委对宁波要求的具体举措,是建设"名城名都"的实践路径,也是应对城市竞争的迫切需要。宁波全市上下要切实强化"争"的意识,焕发"争"的斗志,咬定"争"的目标,拿出"争"的行动,提高"争"的本领,壮大"争"的声势,快马加鞭、埋头苦干、真抓实干,"六争攻坚、三年攀高",努力推动宁波走在高质量发展前列。养老事业涉及民生,宁波市家院互融养老服务模式的发展也要有"争先"意识,要能引领发展。

宁波市在面临老龄化日益加深的社会变化过程中,推行家院互融养老服务模式符合社会民生需要。该模式的发展必须高举中国特色社会主义伟大旗帜,全面领会党的十九大会议精神,深入贯彻习近平新时代中国特色社会主义思想,认真落实党中央、国务院决策部署,统筹推进"五位一体"总体布局和协调推进"四个全面"战略布局,牢固树立和贯彻落实创新、协调、绿色、开放、共享的发展理念,坚持党委领导、政府主导、社会参与、全民行动,全面加强全社会积极应对人口老龄化的各方面工作,依托社区平台,立足区域内专业化的养老机构,整合发挥辖区内养老机构等社会资源的优势,着力加强居家老年人民生保障和服务供给,继续延伸发挥社会组织、企业机构以及老年人的积极作用,着力改善老龄事业发展和家院互融养老服体系建设支撑条件,扩大居家养老服务的受益面,努力实现老有所养、老有所医、老有所教、老有所学、老有所为、老有所乐的工作目标,让更多的居家老人共享社会发展成果。

二、宁波市家院互融养老服务模式的发展原则

宁波市家院互融养老服务模式的发展原则是推进家院互融养老服务模式过程中需要依据的准则,主要结合经济、社会等多方面因素予以全面考虑。主要包括以下几个方面:

(一)与经济社会发展相适应原则

宁波市家院互融养老服务模式的发展,要紧密结合区域经济社会发展需求,要

考虑到政府的财政支撑能力,也要顾及区域内养老机构的发展现状及居家养老服务市场的成熟度,既要解决政府"兜底"的居家养老服务需求,也让更多优质化、专业化的养老服务项目进入家庭,既不能高于经济社会发展的实际,也不能低于经济社会发展的现状,要与经济社会协调发展,既要立足当前,也要着眼长远。

(二)与体制机制创新相适应原则

宁波市家院互融养老服务模式的发展,要着力解决当前的突出矛盾和应对人口老龄化长期挑战紧密联系,注重体制机制创新和管理制度建设,统筹兼顾,综合施策,实现全面、协调、可持续发展。要通过深化体制机制创新,以老年人的权益保障和实现为前提,积极探索,要勇于突破,提高工作效能。

(三)政府引导与社会参与相结合原则

宁波市家院互融养老服务模式的发展,要按照社会主义市场经济的要求。政府相关部门要做好居家养老服务的统筹规划,加强政策指导、资金支持、市场培育和监督管理,发挥市场机制在资源配置上的基础性作用,城乡统筹兼顾,通过政策引导充分调动社会各方面力量积极参与居家养老服务,坚持政府引导、市场驱动,深化简政放权、放管结合、优化服务改革,不断增强政府依法履职能力,加快形成统一开放、竞争有序的市场体系,保障公平竞争,改善市场环境,支持创新创业,激发市场活力。

(四)家庭养老、社会养老与机构养老一体化原则

宁波市家院互融养老服务模式的发展,要充分发挥家庭和社区功能,着力巩固家庭养老地位,家庭是居家养老的第一责任人,居家养老要以家庭养老为核心,引入机构养老专业化资源,优先发展社会化养老服务,要以家院互融养老服务模式为着力点,创建具有明显区域特色的新型养老模式。

(五)以改善居家老年人生活为原则

宁波市家院互融养老服务模式的发展,要坚持保障和改善居家老年人生活,逐步增进老年人福祉,大力弘扬孝亲敬老、养老助老优秀传统文化,为老年人参与社会发展、社会力量,参与家院互融养老服务体系建设提供更多、更好支持,实现不分年龄、性别、种族、人人共建共享。

三、宁波市家院互融养老服务模式的发展思路

宁波市家院互融养老服务模式的发展要依据国家相关政策法规,根据《中华人民共和国老年人权益保障法》《浙江省社会养老服务促进条例》等法律、法规,结合本市实际,促进居家养老服务发展,满足老年人多样化的社会养老服务需求。2017年宁波市人民政府出台的《关于宁波市居家和社区养老服务改革试点工作的实施意见》为家院互融养老服务模式的发展提出了指导性意见:"培育'家院互融'的新型社区养老服务形态及组织。鼓励养老机构通过开放或开辟服务场所、与居家养老服务中心(站)合作等方式,参与提供居家养老服务。老年人居住较为集中的社区可开办小微型养老机构,因地制宜设置适当数量的护理床位为失能老年人提供机构照护服务,同时辐射周边社区,提供日间托老、短期托养、居家照护,以及家庭照护人员和志愿者培训等服务。养老机构提供居家养老服务符合要求的,可同时享受居家养老服务相关补助政策。"这为宁波市家院互融养老服务模式发展指明了发展方向,就是应当以居家老年人的服务需求为导向,坚持政府主导、保障基本、社区依托、社会参与、市场运作、家庭尽的原则,要在政府主导与社会参与相结合,社会责任与家庭义务相结合的大框架下,推进政府、养老机构、社区和家庭等养老服务主体分工,实现高效协作,发动企事业单位、社团组织、志愿者等更多社会力量参与养老服务事业,围绕老年人的多层化、多样化、专业化的服务需求,通过提升主体能力、加强方式创新、完善信息技术等措施,各项服务能力得到普遍提升,使居家老年人满意度持续提高[①]。

(一) 地域优势是家院互融养老服务模式发展的关键

宁波是长江三角洲南翼经济中心,是我国华东地区的工商业城市,也是浙江省经济中心之一。改革开放以来,宁波经济持续快速发展,显示出巨大的活力和潜力,成为国内经济最活跃的区域之一。2017年全市实现地区生产总值9 846.9亿元,按可比价计算,比上年增长7.8%。其中,第一产业实现增加值314.1亿元,增长2.4%;第二产业实现增加值5 105.5亿元,增长7.9%;第三产业实现增加值4 427.3亿元,增长8.1%。三次产业结构之比为3.2∶51.8∶45.0。按常住

---

① 周宁.构建政府主导下的社会化养老服务体系—以南京市鼓楼区为例[J].中国民政,2012(2):32-33.

人口计算,全市人均地区生产总值为124 017元(按年平均汇率折合18 368美元),基本形成了较为完备的国民经济产业体系,为从经济层面应对人口老龄化提供了进行产业结构与经济结构调整的较大空间,为应对人口老龄化赢得了一定的资本积累基础。此外,地方财政实力的增加对促进经济发展、加强经济和社会中的薄弱环节、切实改善民生、有效应对各种风险提供了有力的资金保障。近年来,宁波市积极挖掘传统文化内涵,弘扬尊老爱老养老的孝道文化、崇尚和谐、重视家庭伦理亲情、注重自我修为,这些文化传统因素都为引导和动员个体、家庭和社会等参与养老活动、积极应对人口老龄化奠定了良好的思想观念基础。此外,宁波市人口老龄化起步相对较晚,后发优势明显,应对人口老龄化的一些制度安排可以充分汲取发达国家和先进地区在这方面的经验和教训,以减少自身面临的不确定性风险,在发展路径的选择、关键制度的初始建设方面,可充分考虑人口老龄化的影响,避免二次改革的被动局面。

(二) 互动融合是家院互融养老服务模式的发展主线

家院互融养老服务模式最大优势在于发挥居家养老、社区养老和机构养老三种养老服务模式各自的长处,将三种方式功能拓展、互相促进、无缝对接、融合一体,整体提升社会养老服务体系的质量水平[①]。

首先,强化养老机构的支撑作用。专业养老机构的支撑作用不仅要体现在集中养老功能的提升,还应根据自身特色优势,拓展和延伸功能,在社区养老和居家养老方面发挥更大的服务作用。一是自身功能增强。发展一批具有医护功能,提供长期照护服务,医养结合的老年护理机构,规模较大的老年护理机构可配套开设医疗康复机构,规模中等的可单独设置医务室,规模较小的可与周边医院、社区医疗卫生服务机构合作。同时,要重点将社区内的居家养老服务站点和小型养老机构配套建设,两者互通互融,提高服务的层次性,方便老年人在居家和机构之间双向流动,身体条件好住家,条件不好住机构,条件改善可再回家,生活环境不会有大的改变;二是服务功能延伸。养老机构向社会输出服务,将服务功能向社区养老和居家养老辐射,为社区、居家老人提供专业、低廉、有偿的养老

---

① 47 胡军. 江东区努力构建"家院互融"养老服务体系[J]. 宁波通讯,2010(10):54-55.

机构养老向社区居家延伸模式的研究
——以宁波市为范本

服务,形成"家院互融"的一体化服务网络[①]。重点要通过全面建立老年人"一键通"求助系统,打造"数字化养老服务平台",为老年人提供"助餐、助浴、助洁"等形式多样的基本服务和"托养、康复、精神慰藉、临终关怀、维权"等专业化服务;三是服务功能拓展。有条件的专业养老机构可以通过打造养老服务人才培训基地、品牌连锁经营等途径实现服务功能拓展。依托养老机构,以培训专业化、标准化养老服务人员为宗旨,联合高职院校和就业部门,成立养老服务从业人员培训基地,重点培养养老服务管理人才、培养养老服务专业服务人才、进行基层养老服务从业人员资格培训等,全面提升从业人员整体素质。要增强养老品牌的培育意识,通过品牌效应带动设立分支机构开展连锁经营,委托管理社区居家养老服务中心和小规模的养老机构,整体提升社会其他养老机构的服务水平。

其次,推进居家养老和社区养老深度融合。宁波市家院互融养老服务模式要进一步巩固居家养老的基础地位,更要充分发挥社区的纽带和依托作用,使居家养老和社区养老真正能融合一体。一是大力倡导居家养老"走出来"模式,改变传统的老年人子女养老观念,通过加大养老事业宣传力度,消除家庭对社会化养老服务的心理排斥,充分认识养老服务体系的优势特点;二是要鼓励大部分低龄的、健康的居家老人走出小家庭,融入社区大家庭,享受社区(村)居家养老服务机构等养老活动场所提供的公共服务。

最后,要重视家庭养老的基础性作用。《中华人民共和国老年人权益保障法》将"老年人养老主要依靠家庭"修改为"老年人养老以居家为基础",并不是忽视家庭对于养老的作用,其中家庭养老仍然是基础和关键,没有家庭养老就没有居家养老,社区养老、机构养老都是家庭养老的补充。习近平总书记曾强调,"不论时代发生多大变化,不论生活格局发生多大变化,我们都要重视家庭建设,注重家庭、注重家教、注重家风"。值得关注的是,近年来西方国家的福利制度也在向发展型社会政策和积极福利的新模式转型,也在重新审视家庭的作用。所以,不论现在还是将来,无论今后国力如何强大,社会化养老体系如何发达,家庭养老都不会过时,也不可或缺,特别是其在精神慰藉和亲情关爱方面的优势是其他养老方式难以替代的。因此,家院互融养老服务模式的实践过程中,充分营造家庭情感的养老氛围应是其持续关注的重点,在当前人口老龄化快速发展的新形

---

① 刘新萍.论城市居家养老服务多元合作体系的建设及发展—以上海市静安区为例[J].甘肃行政学院学报,2009(4):116-123.

势下,要看到家庭小型化、家庭功能弱化的客观趋势,要立足我国国情,通过政策支持进一步增强家庭的养老功能,不断巩固家庭养老的基础性地位,依托家庭支持,推动家院互融养老服务模式的纵深发展。

(三) 社会参与是家院互融养老服务模式的发展基础

社会力量的广泛参与是发展家院互融养老服务模式的内在要求和必要条件,是养老服务质量水平持续提升的重要支撑。家院互融养老服务模式以社区为平台,要进一步整合本区域内养老机构在内的养老服务资源,为居家老年人提供个性化、多样化、专业化的养老服务。

首先,要努力营造家院互融养老服务模式中敬老爱老助老的环境氛围。尊老是我国传统优良文化之一,面对当前养老优良传统文化面临冲击和养老意识弱化的现实,通过多种渠道方式营造敬老、爱老、助老的社会氛围和良好风尚,宣传家院互融养老服务模式优点,增进社会民众的知晓率和社会各界的参与度。

其次,要鼓励社会资本进入家院互融。2017年民政部、发展改革委、公安部、财政部、国土资源部、环境保护部、住建部、卫生计生委、中国人民银行、工商总局、食品药品监管总局、银监会、全国老龄办等十三部委联合发布《关于加快推进养老服务业放管服改革的通知》,加快推进养老服务业放管服改革的目的是为尽快破除养老服务业发展瓶颈,激发市场活力和民间资本潜力,促进社会力量逐步成为发展养老服务业的主体,在社会领域推进养老服务业简政放权、放管结合、优化服务改革,在强化监督管理能力的同时,要求提升政府服务水平。放管服具体措施的落实,将有利于促进养老服务业发展,解决养老服务业发展过程中长期存在的一些具体难题。家院互融养老服务模式提出伊始,就重视引入市场化的养老服务为主体,通过政府购买服务,让家院互融养老服务体系中有更多选择、更多质优价廉的养老服务,这也是确保家院互融养老服务模式具有持续发展活力的关键。

最后,要发展社会养老服务公益组织进入家院互融。志愿服务组织参与家院互融不仅有利于营造社会养老、敬老的社会氛围,也可以体现养老服务的公益性。2011年12月27日宁波市第十三届人民代表大会常务委员会第三十六次会议通过的《宁波市志愿服务条例》,明确提出鼓励为老年人提供志愿服务。在家院互融养老服务模式中充分吸收社会养老服务公益组织,有利于吸引更多的社会人士参与到养老服务事业中,充分发挥家院互融养老服务模式资源整合的优势。

(四) 智慧养老是家院互融养老服务模式的发展趋势

智慧养老是面向居家老人、社区及养老机构的传感网系统与信息平台,并在此基础上提供实时、快捷、高效、低成本、物联化、互联化、智能化的养老服务。2012年,全国老龄办首先提出"智能化养老"的理念,鼓励支持开展智慧养老的实践探索。2015年,国务院印发《关于积极推进"互联网+"行动的指导意见》,明确提出要"促进智慧健康养老产业发展"。2016年3月6日,李克强总理参加山东代表团审议时表示,千万不要小看家政服务、社会养老,这些都是朝阳产业!过去也有保姆,政府也办敬老院,但没有成为一种业态。现在出现标准化服务,结合"互联网+",变成一种新型服务业。这是大产业,属于经济新动能。2017年2月,工业和信息化部、民政部、国家卫生计生委印发《智慧健康养老产业发展行动计划(2017—2020年)》,计划在5年内建设500个智慧健康养老示范社区,意味着智慧养老驶入发展快车道。家院互融养老服务模式引入互联网技术,整合社会养老服务资源,可以提高服务的效率,有利于形成科学合理高效的养老服务运行体系。不过需要注意的是,智慧养老要以养老服务为中心,其目的应该是从服务端去方便老人。所谓智慧养老,养老是核心、是"皮",智慧是"毛",信息化技术发展日新月异,而居家养老服务还需要脚踏实地,关键是要依托社区平台,将互联网技术把居家养老服务体系搭建和完善起来,提高养老服务的社会覆盖率,增加服务的可及性,通过服务大数据分析提高服务的有效性,提升老年人的晚年生活质量,让老年人充分享受互联网带来的便捷。

(五) 医养结合是家院互融养老服务模式的品质保障

我国多地的"十二五"老龄事业发展规划都提出"9064"的养老服务格局[①],居家养老和社区养老成为养老照护的主体,前者满足90%的老人养老照护需求、后者满足6%的老人养老照护需求,机构养老仅能服务于4%的老人。因此,居家和社区层面的医养结合是这个工作的主体部分,但恰恰这个方面问题最大。

---

① 如《北京市十二五时期老龄事业发展规划》提出了"9064"养老服务新模式和新目标(即:到2020年,90%的老年人通过社会化服务在家庭养老,6%的老年人通过政府购买服务在社区托老,4%的老年人入住养老服务机构集中养老)。

2013年国务院出台的《关于加快发展养老服务业的若干意见》要求,养老服务的主要任务之一是政府要促进医疗卫生资源进入养老机构、社区和居民家庭。卫生管理部门要支持有条件的养老机构设置医疗机构。医疗机构要积极支持和发展养老服务,有条件的二级以上综合医院应当开设老年病科,增加老年病床数量,做好老年慢病防治和康复护理;要探索医疗机构与养老机构合作新模式,医疗机构、社区卫生服务机构应当为老年人建立健康档案,建立社区医院与老年人家庭医疗契约服务关系,开展上门诊视、健康查体、保健咨询等服务,加快推进面向养老机构的远程医疗服务试点;医疗机构应当为老年人就医提供优先优惠服务。2014年10月31日,国家卫计委办公厅印发《养老机构医务室基本标准(施行)》及《养老机构护理站基本标准(施行)》,对"养医结合""养护结合"的机构设置进行规范。2015年以来,国家全面启动了医养结合工作,各地制定了具体的实施意见。2017年4月26日,国家卫生计生委会同民政部联合召开全国医养结合工作会议,对2015年以来的医养结合工作进行了总结回顾,对下一步工作的予以研究部署。党的十九大报告更明确指出"推进医养结合,加快老龄事业和产业发展"。

医养结合问题,很大程度上是我国养老照护行业发展不充分所致。随着生活水平的提高,老年人对自身健康问题越来越重视,健康服务需求也就显得更加重要,家院互融养老服务模式中引入医疗服务,是养老服务品质化的必然要求。"医养结合"旨在鼓励更多专业医护资源进入养老领域,填补养老与医疗之间的空白。但是,"医养结合"涉及民政、卫生、社保等部门职能的交叉区域,应注重与现有制度的衔接,保证新型养老模式能健康有序发展。同时,"医养结合"既要体现公共服务的公益性,也可在政府引导基础上,借助市场化手段,丰富产品线,满足市场多层次需求。家院互融养老服务模式在构建过程中必须充分考虑医疗服务的有效引入,既不能等同于医疗机构开设养老病床,也不能简单将社区居家老年人引入具有医疗服务能力的养老机构就医。医养结合是家院互融养老服务模式的品质保障,就是要让居家照护和依托社区照护的老人方便有效地获得医疗服务,要求社区医疗机构有能力、有动力就近提供有效的医疗服务,包括上门服务。

四、人才队伍是家院互融养老服务模式的核心基础

家院互融养老服务模式中最需要的人才队伍包括了社会工作者、养老服务人员和社会志愿者。自宁波市步入老龄化社会后,人口老龄化加剧,并呈现基数大、增速快、失能化、空巢化趋势明显态势。与此同时,未富先老的国情,小型化

的家庭结构,使得养老问题异常严峻。但人才严重短缺、文化程度偏低、服务技能和专业知识不高等问题严重制约着家院互融养老服务水平的提升,大多数养老服务机构没有配备专业护理、老年心理学、法律咨询、社会工作等方面的专业人员,不能满足老年人多元化需要①。根据《宁波市社会养老服务体系建设"十二五"规划中期评估报告》,到2013年6月,宁波市共有养老服务人员(包括医务人员)共2 657人,其中护士117人占4.4%,养老护理员2 115人占79.6%,获得养老护理员资格证1 299人占61.4%,其中,以初级为主(1 016人、占总持证人数的78.2%),其次为中级(158人、占12.3%),高级最少(125人、占9.6%),养老服务能力尚有不足(见表4-1)。

表4-1 养老护理队伍建设状况②

	人员基本情况					护理人员获得职业资格证书情况(人)			
	人员总数(人)	医生(专职)数(人)	护士(须具有从业资格证)数(人)	护理人员数(人)	护理人员持证上岗率(%)	初级	中级	高级	技师
海曙区	233	11	34	162	91.9	75	52	22	0
江东区	129	7	7	81	50.6	36	1	4	0
江北区	84	4	2	35	48.6	14	2	1	0
镇海区	250	5	0	136	88.9	109	0	12	0
北仑区	194	7	2	99	60.6	33	26	1	0
鄞州区	566	9	9	498	86.9	412	16	5	0
慈溪市	178	3	6	348	48.6	132	28	9	0
余姚市	472	15	55	332	45.2	55	30	65	0
奉化市	186	7	0	93	54.8	48	3	0	0
宁海县	157	2	2	123	61.8	74	0	2	0
象山县	208	0	0	208	15.4	28	0	4	0
合计	2657	70	117	2115	61.4	1016	158	125	0

① 杨筱堃.为"老有所养"补上服务"短板"[N].贵州日报,2011-11-08(08).
② 数据来源:《宁波市社会养老服务体系建设"十二五"规划中期评估报告》。

家院互融养老服务模式的持久生命力在一直围绕老年人需求进行整合资源,但是老年人的需求是否能达到满意程度,或是是否通过优化资源配置提升服务供给能力更好地满足服务需求,一是靠技术的创新,二是要靠人才的支持,但是技术也要有人才来实现。所以从这个意义上说,人才队伍是家院互融养老服务模式的核心基础,对于家院互融养老服务人员必须通过职业化、专业化的推进,提高人员素质和技术,提升服务水平。

五、长照保险是家院互融养老服务模式的资金保障

人口老龄化对社会性支出造成的最大影响是医疗费用的急剧上涨,如果将对失能老人长期照护的费用包含在基本医疗保险制度中,医疗保险肯定难以为继。根据风险经济学原理,避免行为风险的方法是减少行为的活动量或转移风险。面对我国骤然上升的人口老龄化趋势,要保障养老服务的质量,提高养老服务水平,通过保险制度可以降低资金运营风险。2016年国家人力资源社会保障部办公厅发布了《关于开展长期护理保险制度试点的指导意见》(人社厅发〔2016〕80号),提出探索建立长期护理保险制度,是应对人口老龄化、促进社会经济发展的战略举措,是实现共享发展改革成果的重大民生工程,是健全社会保障体系的重要制度安排。

长期照护是政府和社会专门针对失能老人作出的政策设计和制度安排,建立老年人长期照护政策是国际上应对老龄化社会造成的共识。长期照护保险不仅可以为家院互融养老服务模式发展提供充足资金,更可以推动家院互融养老服务模式向纵深发展。首先,要使保险、救助等资金保障手段和社会服务等保障手段实现无缝链接,并整合到一个统一的概念框架中,提高家院互融养老服务的社会保障。其次,筹资渠道多元化。可以同时采用社会保险、政府补贴、社会救助、公益慈善和商业保险等手段来筹措资金,增加家院互融养老服务的资金来源。再次,在长期照护服务的提供方面,倡导"中档设施、小型适用、专业水准、优质服务、融入社区、惠至居家",同时要将机构服务、社区服务和居家服务整合为一个整体,为家院互融养老服务提供保障思路,根据服务对象确定服务内容。

宁波市作为首批试点城市,要通过探索长期护理保险的保障范围、参保缴费、待遇支付等政策体系;探索护理需求认定和等级评定等标准体系和管理办法;探索各类长期护理服务机构和护理人员服务质量评价、协议管理和费用结算等办法;探索长期护理保险管理服务规范和运行机制,探索建立以社会互助共济

方式筹集资金,为长期失能人员的基本生活照料和与基本生活密切相关的医疗护理提供资金或服务保障的社会保险制度。长期照护需要资金支持,但是大约有 1/2~2/3 的老年人,他们的长期照护需求实际上只是潜在需求。因此,对于失能老人,必须在养老金之外再能得到一笔专门针对长期照护需求的保障性收入,才能将潜在需求转变为有效需求。

第二节　宁波市家院互融养老服务模式的完善保障

宁波市家院互融养老服务模式从提出到发展迄今已 10 年有余,随着政府对于社会化养老服务的支持力度不断加大,人口老龄化的趋势也引发了社会资本的高度重视,在社区平台上进入居家养老服务领域的社会资源也越来越多,为宁波市家院互融养老服务模式的进一步创新发展提供了可能。综合目前宁波市政策体系和市场环境,家院互融养老服务模式发展的重点工作应放在政府购买居家养老服务、市场化运作、服务项目指导性目录、小微型养老机构、人才队伍建设、标准规范等方面,并将其进一步完善,这些将成为该模式可持续发展的保障基础。

一、政府购买居家养老服务:建立家院互融服务模式发展的政策支持体系

2005 年,我市海曙区率先试行政府购买居家养老服务并在全市推广[①]。经过多年实践,该项工作也取得了较为显著的成效。当前,我市政府购买居家养老服务初步形成保基本、有提升、有补充的项目供给体系,基本构建了"政府主导、社区整合、社会组织参与,机构承接"的多元主体供给格局,逐步建立"需求—服务—反馈—评价—改进"的闭环式服务提升机制。在家院互融养老服务模式中,部分养老机构也参与了政府购买居家养老服务,为居家老年人提供专业化服务,这也是家院互融养老服务模式得以建立和发展的基础。养老机构在专业性上有其优势,但是从居家养老服务需求来看,养老机构提供的服务仍然有其局限性,要加强服务绩效评价,寻找不足,同时进一步引入其他社会资源,丰富居家养老

---

① 吴玉霞. 政府购买居家养老服务的政策研究——以宁波市海曙区为例[J]. 中共浙江省委党校学报,2001(2):50—57.

服务项目,提高居家养老服务的满意度,从服务上补充养老机构资源不足的地方。因此,要从吸引力、规范性、绩效评价等方面完善政府购买居家养老服务,建立家院互融服务模式发展的保障机制。

政府向社会购买服务是当今中国政府改进公共服务供给的重要方式。[①] 政府购买服务在促进政府职能转变和优化公共服务供给的同时,更是对我国传统管理模式的深度调整[②]。在家院互融养老服务体系中,通过政府购买居家养老服务,可以从政府角度确保该模式的可持续发展,建立政策支持体系。对此,一是吸引社会资本进入居家养老服务市场。通过购买服务等方式,鼓励和支持医疗机构、养老机构和家政、物业服务等企业以及其他社会组织和个人,举办居家养老服务机构或者参与居家养老服务。在政策上加大税收减免、资金补贴等力度,丰富居家养老服务机构的类型,实现服务项目的优质化、多样化和专业化发展,增加居家养老服务的市场供给选择。二是规范政府购买居家养老服务的程序。借鉴美国政府购买服务的程序,建立需求评估—信息发布—资质审查与竞标—签约前协商—签订合作协议—服务评估的流程,每一个流程都建立相应的制度来规范具体操作,尤其是在签订合作协议前要有协商谈判阶段,有助于政府和居家养老服务机构的加强沟通,明确服务要求和服务成效,为后续服务开展建立稳定的基础[③]。三是完善居家养老服务机构准入标准。落实各类服务标准,开展居家养老服务机构等级评估,按照机构等级、服务项目合理定价。四是建立科学合理的服务评价体系。引入有资质的第三方机构对政府购买居家养老服务情况进行评估,坚持"顾客至上"的原则,以服务的满意度为重点进行考核,作好考核结果的科学合理运用,并和政府购买服务资质挂钩[④]。五是建立财政资金使用评估机制。准确把握政府购买居家养老服务资金的使用效率,为政府合理科学地投入使用资金提供参考。

---

① 党的十八届三中全会提出:"推广政府购买服务,凡属事务性管理服务,原则上都要引入竞争机制,通过合同、委托等方式向社会购买"。2013年9月,《国务院办公厅关于政府向社会力量购买服务的指导意见》正式出台,标志着政府购买服务已经从地方经验上升到国家政策。
② 吴玉霞.公共服务链:一个政府购买服务的分析框架[J].经济社会体质比较,2014(5):141—147.
③ 常江.美国政府购买服务制度及其启示[J].政治与法律,2014(1):46—50.
④ 朱艳敏,张二华.家院互融养老服务模式的运营机制研究——基于宁波市江东区的调研[J].劳动保障世界,2017(17):16—20.

二、优化居家养老服务资源：建立家院互融服务模式发展的市场运行机制

在家院互融养老服务体系中，养老机构具有居住轻重的地位，但是从目前机构养老需求来看，床位数、人员专业性等问题也严重制约了养老机构服务向居家养老延伸，有实力的养老机构总体还是数量偏少。而且，政府购买居家养老服务的招标程序弱化了市场竞争。很少看到同一社区有两家居家养老服务机构可以提供完全同质的服务并展开竞争的案例，提供者的竞争不在"市场内的竞争"，而是"为市场的竞争"，制度设计中更侧重于招标程序的执行规范，准入就意味着市场的垄断，后续的服务提升动力不足；目前市场上养老服务机构水平参差不一，品牌化养老机构数量明显过少，参与居家养老服务项目竞标的养老机构竞争性不强，实力强弱分明，很容易造成实际上"一家独大"的局面。

优化居家养老服务资源，可以确保家院互融服务模式的可持续提质。对此，一是挖掘整合可以承担居家养老服务的养老机构资源，支持和鼓励更多专业优质的养老机构进入政府招标采购的范围，可在同一社区内政府招标进入两家以上的养老机构或其他居家养老服务机构，增加居家老年人的服务选择，形成市场内的竞争氛围。二是加强养老机构开展居家养老服务的业务能力。针对服务项目、服务素质和服务技能等方面进行专题讲座，提高机构负责人对居家养老服务相关政策的认识。三是推动养老机构的居家养老服务转型升级。主动向养老机构介绍居家养老最新发展趋势，推介先进服务技术，支持开发新的服务项目，以新供给带动新需求，推动养老机构的居家服务向专业化、优质化不断发展。

三、分类居家养老服务内容：建立家院互融服务模式发展的项目供给体系

在家院互融养老服务体系中，养老机构的业务情况同样化的情况相对普遍，特色化的服务项目明显偏少，限于机构性质、技术人员、运营模式等多方面因素，养老机构向居家老年人提供健康服务的供给能力明显不足[①]。而且居家养老服务项目设计中老年人参与度较低，居家养老服务是由养老机构来提供和落实，老

---

① 朱晓卓.宁波市养老机构健康服务供给能力的调研分析[J].中国初级卫生保健，2018，32(7)：1—3.

年人在服务内容设定中处于被动状态,自身个性化需求难以得到满足,尤其在服务过程仍以传统的电话联系为主,通过互联网技术开展服务的能力不足。

  对居家养老服务内容进行针对性分类,优化服务项目,可以确保家院互融服务模式的可操作性。对此,一是建立老年人—家庭—社区—居家养老服务机构—政府为核心的居家养老服务需求调查机制。明确居家老年人需要什么,区分哪些是家庭能够解决的,哪些必须要通过居家养老服务机构实现,老年人及家庭要参与调研座谈和服务项目设计,充分发表意见并合理采纳;二是建立政府购买居家养老服务包。根据基本养老服务项目,制定政府购买居家养老服务的指导性目录,确定服务种类、性质和内容,细化目录清单,明确可以为居家老年人提供什么内容的服务,每项服务有什么具体要求,以及政府可以补助的服务范围等[1]。可借鉴上海等地的经验,政府根据居家养老服务的需求分类设计服务项目,政府购买的重点满足居家老年人的基本生活需求,每位居家老年人都可以根据服务项目设计个性化的服务包,由居家养老服务机构予以落实;三是推进居家养老服务的医养结合。根据老年人健康需求,政府、社区要支持居家养老服务机构创新和基层医疗卫生服务机构、医养结合型养老机构、健康管理公司等合作模式,科学合理设计健康服务和心理慰藉等项目;四是养老机构要形成可持续发展的居家服务服务规划。通过规范化、标准化保障基本服务水平,以口碑提高服务信任感,整合优质资源,通过衍生附加的优质专业服务满足老年人个性化需求,打造居家养老服务品牌;五是依托互联网提供精准便捷服务。民政部门应当建立养老服务综合信息平台,定期公布和更新政府购买居家养老服务目录、居家养老服务机构名录等与居家养老服务有关的信息,集成养老服务信息资源,为社会公众免费提供政策咨询、信息查询等服务。民政部门应当在居家养老服务综合平台上提供居家服务网络平台的相关链接,为居家老年人获取服务提供方便,同时养老机构应利用互联网技术,开发居家服务 APP,建立并完善居家养老服务对象的信息档案,实现对服务对象的动态管理,进一步提高政府购买居家养老服务的服务效率[2]。

---

[1] 朱晓卓,王变云:宁波模式:社区居家养老服务的发展路径研究[J].老龄科学研究,2016(6):37—44.

[2] 朱晓卓,等.宁波市江东区家院互融养老服务模式研究[J].老龄科学研究,2017(11):57—62.

四、培育居家养老服务环境,建立家院互融服务模式发展的新型组织形态

在家院互融养老服务体系中,养老机构一般位于相对偏僻的区域,离居民社区相对较远,养老机构向社区居家老人提供服务的路程较远,居家老人要到养老机构寻求服务也不方便,远不如社区内居家养老服务中心便利,环境熟悉。

培育居家养老服务环境,建立家院互融服务模式发展的新型形态,可以确保家院互融服务模式的纵深发展。对此,一是建设社会友好养老环境。增强全社会积极应对人口老龄化、共建共享养老服务体系的意识,形成浓厚的敬老养老助老的社会风尚,推进安全绿色便捷舒适的老年宜居环境建设,持续改善老年人参与社会和互助养老的条件。二是培育"家院互融"的新型社区养老服务形态及组织。鼓励养老机构通过开放或开辟服务场所、与居家养老服务中心(站)合作等方式,参与提供居家养老服务,老年人居住较为集中的社区可开办小微型养老机构,因地制宜设置适当数量的护理床位为失能老年人提供机构照护服务,同时辐射周边社区,提供日间托老、短期托养、居家照护,以及家庭照护人员和志愿者培训等服务。三是支持养老机构开展居家养老服务。养老机构提供居家养老服务符合要求的,可同时享受政府居家养老服务相关补助政策。四是建立社区内的家院双向流动、院院双向流动的养老服务模式。生活自理能力相对较差和缺少家人照料的老年人可以入住社区内的小微型养老机构,生活自理能力恢复或家人可以照料的老年人可以回归家庭养老,突发疾病或者病情恶化的养老机构老年人可以有便捷通道送到附近的医疗机构,病情恢复的老年人可以从医疗机构回到社区内小微型养老机构进行康复或是回归社区、回归家庭。

五、落实居家养老服务标准,建立家院互融服务模式发展的从业人员队伍

在家院互融养老服务体系中,人员是服务落实的最重要保障,模式再好,没有人员落实,模式只能是纸上谈兵。目前,居家养老服务人员缺少相应的职业资格准入要求,养老护理员的国家职业资格标准已经被取消,持证上岗、岗前培训等未形成业内的常规化,行业标准或是缺失或是执行情况不佳。由于职业社会认可度的原因,我市居家养老服务人员多以40~50多岁的妇女为主,普遍存在文化水平低、综合素质相对不高、无职业资格证书、缺少岗前培训和在职培训、人

员流动大等问题,居家养老服务机构出于经济利益考虑更是希望新招聘的服务人员早入职、早上岗、早服务,这都可能影响到了服务质量。尽管养老机构相对其他社会化居家养老服务机构而言,人员情况相对较好,但是仍然存在高素质高学历高技能人才缺乏的问题。

落实居家养老服务标准,建立家院互融服务模式发展的从业人员队伍,可以保障家院互融服务模式的服务质量。对此,一是各级政府应当将养老服务人才队伍建设纳入人才教育培训规划。推进养老服务人才队伍的职业化、专业化建设,培养具有职业素质、专业知识和技能的养老服务工作者。二是政府相关部门和养老机构要重视服务人员职业发展能力。提供居家养老服务人员职业培训、学历提升和职业发展的机会,逐步提高服务人员的职业待遇,设计合理科学的薪酬分配制度。三是政府相关部门要建立居家养老服务信用评价体系。推行持证上门服务,将有违法犯罪的人员列入黑名单,禁止不能通过心理评估、健康检查的人员从事居家养老服务。四是吸引高素质高技能人才到居家养老服务领域就业。依托宁波老年照护与管理学院加快推进老年照护人才培养,通过社会宣传、就职创业补贴等形式吸引相关人才进入居家养老服务领域。五是将居家养老服务标准体系完善并落实到人员培训中。在行业标准不健全或推行不力的情况下,可依托行业协会,居家养老服务机构强强联合,向市质监局申请团体标准,按照标准培训人员并形成常态化,带动行业标准化、职业化发展。

第三节 宁波市家院互融养老服务模式的发展建议

社会人口老龄化程度加剧,高龄化、空巢化趋势加深,目前的"4+2+1"的家庭结构模式,使得传统的家庭养老方式难以为继,机构养老不符合传统的家庭道德观念,而且对于政府来说负担过重,不具有广泛推广性。家院互融本质上是将家庭、社区和养老机构的资源进行结构重组并合理配置,以社区为平台,依托附近的养老机构,将专业、规范的养老服务主动向社区、向家庭延伸,将机构养老的引入服务项目,并加以改进和增补,通过养老服务人员的专业性保障居家养老服务水平,是机构养老和居家养老在社区平台上的有机融合和模式创新。从服务的持久性和有效性方面来说,家院互融养老服务工作可以从以下几个方面持续推进。

一、养老机构建设+家院互融,保障居家养老服务的专业化

家院互融养老服务模式立足于社区,服务于居家,优势于机构,其核心在养老机构的专业化服务,养老机构作为该养老服务体系中的支撑部分,发挥着最专业、最系统、最直接的作用,这也是家院互融养老服务模式最大优势的所在。养老机构的发展如何,直接决定了家院互融养老服务模式能否生存。因此,必须加强养老机构建设,通过机构养老专业化水平的提升,带动社区居家养老水平提高,两者相辅相成。政府要通过政策扶持鼓励和支持社会资本进入养老市场,结合区域社会经济和人口特点规划养老机构布局,实现"覆盖城乡,区域均衡"的目标,一方面要降低规模扩张带来的管理、投资和运作风险,通过合理经营科学设计提高效益;另一方面要考虑优化内部资源配置,提高管理水平,丰富服务内容,提高服务质量。政府通过政策引导增加能够承担家院互融工作的养老机构数量,推动承担家院互融工作的养老机构服务项目的多样化、个性化、专业化和品质化发展,并形成良性的市场竞争机制,通过核心专业能力保障居家养老服务的有效性。此外,要打通机构养老和居家养老的隔阂,家院互融服务的居家老年人也就是养老机构的服务对象或消费者,养老机构对居家老年人和机构老年人应予以同样重视和对待,要实现养老机构的服务向社区居家延伸,养老机构的业务向社区居家拓展,服务对象向社区居家扩大。

家院互融是一种社会养老服务,是针对我国家庭养老功能弱化,高龄老人和空巢老人增多而需要从社会角度对老年人的帮助服务,是由政府、社会组织、企业、志愿者为老年人提供的各种生活所需的服务。我国的社会养老服务体系一直强调"居家为基础、社区为依托、机构为支撑"的建设思路,宁波市则提出"9073"的规划思路,以社区为依托的居家养老是 90% 老人的选择。近些年来,宁波市政府为了应对快速到来的社会老年化问题,把比较多的注意力放在机构养老的养老机构建设上。对于政府而言这是最直接的、最快捷的解决养老床位难题的方法。但不可回避的是,养老服务体系是一个整体工程,居家、社区、机构三者除了在数量、结构上要取得平衡外,更重要的是三者功能上的协同、资源上的整合,以及基于这种协同和整合的动态系统构建,在多建养老机构的同时,更要注重养老机构服务功能的开发,要注重养老机构的服务半径是否能覆盖到周边社区,实现养老机构和居家养老共同推进,同步提升。

二、政府购买服务+家院互融,推进居家养老服务的社会化

政府购买居家养老服务是政府购买服务的一种。所谓政府购买服务是将原来由其直接举办的事项通过购买方式交给有资质的社会组织来完成,并根据社会组织提供服务的数量和质量,按照一定的标准进行评估后支付服务费用的新型服务供给方式[①]。也有学者认为政府购买居家养老服务是指政府与加盟企业或者非营利组织之间就居家养老服务的购买问题签订一定的合同,双方作为契约双方,由政府出资,加盟企业或非营利性组织运作,由其负责管理并提供服务,然后政府通过一定的方式对购买的服务进行评估并进行付费,从而保证老年人居家养老的服务质量,满足老年人基本物质与精神生活需求的服务供给方式[②]。从政府责任而言,对于居家养老要承担"兜底"的服务内容,为居家老年人尤其是比较困难的老年人提供基本的服务保障是政府的一项重要职能。在政府购买居家养老服务中,政府是购买者,养老机构、社会组织或者企业是服务的提供者和生产者,政府购买的目的是为了提高有限养老资源的利用效率,政府在购买居家养老服务中引入市场竞争机制,通过招标、签订合同、服务评价、付费等关键环节,选择质优价廉的服务供给方,政府购买服务具有选择性,主要以城市中"三无老人"、独居、空巢、困难、残疾老人为主,受益对象尚未覆盖所有老年人,而且政府购买服务具有"兜底"作用,能有效减轻家庭照顾的负担,但并不意味着要替代家庭成员对老年人的照顾责任。

由于我国传统道德文化和生活习惯的影响,老年人更渴望在熟悉的家庭环境中养老,居家养老没有割裂老年人的社会支持网络,使得老年人仍然可以获得亲人和邻居的关怀和支持,排除他在家庭和社会生活中的苦恼与烦闷,排遣孤独和失落感,并得到足够的精神慰藉。在家院互融的服务体系中,养老机构专业服务的支持也足以保障生活照料的需要,但是当前家庭照护能力不断弱化,传统的养老方式丧失了得以发挥的社会环境和条件,冲击了家庭养老,老年人居家生存风险不断增大,因此政府给予家庭养老必要的支持,这不仅是政府的职责所在,更是推进职能转化和强化社会管理的现实需要,通过政府购买居家养老服

---

① 刘钱玉,岑晓钰,张河川.昆明政府购买居家养老服务的询证政策探索[J].社会工作(学术版),2011,5:22—24.
② 刘红芹,包国宪.政府购买居家养老服务的管理机制研究——以兰州市城关区"虚拟养老院"为例[J].理论与改革 2012,1:45—46.

务,提高政府公共服务供给水平和公共财政使用效率,是公共品市场化提供的重要方式,以养老机构为代表的非营利性组织具有提供养老服务的天然优势,能满足养老服务产品需求的多样性和异质性,也能体现政府对困难老年人的人文关怀,有利于提高老年人的生活质量,促进社会公平和非营利性养老服务组织的发展。

进行社会化运作有助于提高居家服务水平,但是毕竟仅仅依靠养老机构的原有资源去承担更多的居家养老服务肯定不现实(毕竟养老机构主要的功能是负责机构养老)。通过政府购买服务,政府购买"兜底"服务项目,提高养老机构承担居家养老的承受能力,养老机构在完成政府特定服务项目的同时,通过增值延伸服务进一步丰富养老服务项目,让更多个性化、特色化、专业化的服务进入家庭。当然,需要考虑的是居家养老服务的市场化,是需要建立市场竞争机制,提高服务效果。目前开展家院互融业务的养老机构主要集中在个别家养老机构等,一家独大容易造成市场的垄断局面,需要将更多优质的养老机构资源引入本社区,通过市场竞争实现在家院互融模式下居家养老服务水平的持续提高,要建成以专业化和市场化并重、政府购买和社会服务互补的覆盖全区老年人的社会化居家养老服务体系。

对此,在家院互融养老服务模式中,政府购买居家养老服务,首先要加强相关政策制度建设,促进不同层级政府间的合作、健全服务购买的法定流程,建立相关参与主体清晰明确的合同契约关系;其次,通过政策扶持、资金支持等手段,激活养老服务相关产业的产品和服务的市场供给。鼓励和支持社会力量兴办为居家老人提供家政照料、文体旅游、医疗保健、康复护理等服务的企业,以及为养老服务行业提供信息媒介、应急系统、咨询管理等中介服务组织。第三,要推进社会组织的发展,鼓励民营资本的进入,保证社会组织在购买服务中的独立性,培育居家养老服务市场,形成公开的市场竞争机制,确保购买服务的质量优良和效益最大化[1]。第四,要建立科学、客观、全面的居家养老服务评估指标体系。正确评估老年人需求,然后根据自身特点提供适当的服务,完善服务过程的监控和服务结果的评估管理,确保家院互融的本质不变,能解决基本的居家养老问题[2]。第五,政府要加大社会福利投入。增加购买服务总量,让更多的老年人享

---

① 张小强. 政府购买服务与社会化养老体系的构建[J]. 中国民政,2006(4):2.
② 路依婷. 上海市居家养老服务评估指标体系的构建[D]. 上海:上海交通大学,2007.

受到养老福利的优惠,服务层次要从扶贫帮困的低层次向社会养老福利制度转变。最后,要注重老年人养老观念、消费意识和生活习惯等的教育引导,通过消费折扣、政府补贴、商家让利等引导性措施,倡导老年人"花钱买服务"的消费理念,推动老年人有效需求形成一定规模的服务市场。

三、智慧养老网络+家院互融,提高居家养老服务的互融性

目前,全国人口老龄化趋势严峻,传统的居家养老模式因缺乏完善的产业链与有效的动力机制,难以实现标准化的服务与信息化的管理,受惠老人的数量、服务项目和服务质量都有限,难以适应快速老龄化背景下老有所养的服务需求。如何克服现有居家养老存在的问题,实现老人各自居家分散居住与社会化养老服务之间的有效衔接,是当前面临的最大难题。"智慧养老"是依托智慧养老服务平台,为符合条件老年人提供的一种集紧急救助、生活服务、居家服务等各种服务于一体的数字化养老服务模式,是养老服务模式、技术模式和管理模式的一次创新[①]。信息化可以推动家院互融养老服务的深度和广度,通过发挥家院互融信息平台,可以建立和汇总辖区内老年人的个人信息如家庭状况、健康状况以及服务需求重点等,有利于为居家老年人提供分类分层服务,为不同的服务对象提供不同的求助实现方式,实现居家养老服务的个性化;可以把家院互融服务区打造成机构养老和居家养老互通渠道,以各街道家院互融服务站为辐射核心,加大政府购买养老服务的力度,引导社会资源进入家院互融的专业服务领域,实现居家养老服务的专业化;可以推进辖区内机构养老、社区居家养老和志愿服务等项目的有机整合,发挥资源优势,提高居家养老服务的互通性;可以对服务人员的出勤以及服务的满意程度提供实时的考核手段,对家院互融服务的过程监督提供及时、准确、直观的汇总统计,不断提升智慧养老的能力,实现居家养老服务工作的数据化。

对此,推广和完善"需求主导、家院互融、虚实互促、社会互动"的养老服务新模式,要依托信息技术,发挥市场服务作用,加大政府购买服务力度,满足老年人养老需求,形成创新智慧养老模式。首先,要健全智慧养老保障机制。智慧养老涉及面广,需要在家院互融养老服务模式下各方的协同合作,推进和监督难度大,遵循"顶层设计,统筹规划"的原则,整合智慧养老资源,建立专项资金,扶持

---

① 吴诺.都市社区居家养老服务体系中的信息化系统构建[J].价值工程,2012,13:179-181.

智慧养老企业的发展,采取政府导向投入和市场运行方式筹措建设资金,通过优先受让土地、给予财政补贴、税收优惠,积极引导民营资本进入智慧养老领域,鼓励大学生、科技人员在智慧养老领域投资创业,发挥政府采购的政策导向功能,对于符合条件的智慧养老企业的自主创新产品,列入市政府采购产品计划目录;其次,建立养老服务信息化数据标准、应用标准、安全标准、管理平台建设标准等方面的信息标准体系。在家院互融养老服务模式下建立政府"养老云"数据库,融合各方数据,实现信息共享;再次,培育智慧养老服务品牌。发挥市场在资源配置中的基础性作用,大力发展以老年生活照料、老年产品用品、老年健康服务等领域的促进老年人健康、改善老年人生活的各类信息化应用及智能终端;最后,推进养老信息化人才队伍建设。加大教育培训力度,鼓励高等院校、企业等合作办学,培养适应养老产业发展需要的信息技术应用型人才。

四、社会文化养老十家院互融,营造居家养老服务的社会氛围

随着养老事业的不断发展,老年人对精神生活要求不断提高,"文化养老"在家院互融养老服务体系中的功能也在日益增强。"文化养老"是一种能体现传统文化与当代人文关怀的养老方式。它是以老年人的物质生活需求基本得到保障为前提,以满足精神需求为基础,以沟通情感、交流思想、拥有健康身心为基本内容,以张扬个性、崇尚独立、享受快乐、愉悦精神为目的的养老方式,具有广泛性、群体性、互动性和共享性等特点。家院互融养老服务模式最大的优势就在于老年人不离开自己熟悉的家庭,就可以获得养老机构提供的专业优质的居家养老服务,符合我国传统道德文化要求。所以,家院互融应充分结合养老社会文化,积极宣传,营造居家养老服务的社会氛围,让更多的居家养老年人接受家院互融模式,也为家院互融进行更为广泛和有效的社会化和市场化运作提供基础。当然,在养老文化氛围营造过程中,要加强家院互融的服务规范,提高服务的社会效益,让居家老年人接受家院互融的服务模式,也让更多的社区资源进入或者参与其中,形成具有本区域特色的家院互融文化。

对此,在倡导积极老龄化的背景下,关注居家老年人的精神生活质量,加强"文化养老"的功能。以尽量满足居家老年人的精神文化需求,达到心情愉悦、身体健康为目的,挖掘传统的地域文化,拓展多元主题文化,形成良好的文化氛围,以先进的文化建设来积极推进家院互融养老服务模式中文化品质和内涵的提升。首先,在家院互融养老服务模式中,养老机构要以社区为载体,创设丰富多

彩的活动载体，打造老年人的精神大餐，将机构的养老文化向社区延伸，向社区提供的服务要由满足基本生活需求向满足心理精神需求拓展，利用外界资源，让志愿文化娱乐活动从机构走进社区，共同为老年人提供多元化的活动，通过开展各种文化娱乐活动、心灵交流互动活动、开设老年人兴趣爱好培训等方式，满足老年人的内心需求，填补他们的心灵空虚，努力为老年人营造好幸福晚年的氛围。其次，政府相关部门应该大力支持家院互融文化发展策略。在活动经费、场地设施等方面给予大力支持，通过协调争取社会资源，对家院互融文化建设给予支持，将学校、企事业单位、民间团体组织等资源利用起来，动员这些社会力量参与家院互融的文化建设，加强合作交流，实现资源共享，为家院互融的文化建设提供人力、物力方面的支持，从而增加更大的社会效应，形成文化建设的长效机制。第三，要设计多元化的家院互融老年文化服务体系。从"老有所养"中挖掘尊老敬老养老的文化，从"老有所医"中，着眼于养生文化、保健文化等，从"老有所教"中，形成了老年教育文化，从"老有所学"中，形成了终身发展的文化，从"老有所为"中，打造老年价值文化，从"老有所乐"中，构建老年精神娱乐休闲文化。第四，构建家院互融老年文化平台。养老机构在社区开设流动性老年阅览室和老年大学等，为老年人学习和展示兴趣爱好提供良好平台。第五，要鼓励开展"以老养老"方式，依托基层老年人协会等社会组织力量，组织居家老年人开展各类互帮互助服务活动，充实服务队伍缺口，丰富居家老人生活。最后，加快实施社区居住环境适老化改造。重点是老年人较多的社区尤其是老小区，要结合老年人的行为能力和生活习惯进行适老化改造，为老年人居家养老提供宜居环境支持[①]。

五、社区志愿服务＋家院互融，形成居家养老服务的社会合力

志愿服务是经志愿服务组织安排，志愿者自愿、无偿地以自己的时间、知识、技能等帮助他人和服务社会的活动。2012年5月4日《宁波市志愿服务条例》正式施行，为志愿养老服务活动提供了法制保障。家院互融是建立在社区这个平台上，提供服务的主体是养老机构，但是仍可以进一步发挥社区的资源整合能力，通过挖掘各种爱心助老服务的人力资源，积极培育志愿助老服务组织，让社会资源参与到家院互融服务过程，通过建立志愿者结对助老服务活动的检查、激

---

① 宁波江东区民政局. 拓展服务内涵，完善服务机制，构建"家院互融"的养老服务模式[R/OL]. http://www.nbmz.gov.cn/view.aspx?id=19454&catid=428. 2012-10-17.

励和反馈制度,逐步促进志愿助老服务组织化、常态化和规范化,让社会化的家院互融和公益性社区志愿服务能够形成互补共存,解决了居家养老服务的专业性、持续性和有效性问题,并合理配置使用了现有的社区养老服务资源,提高居家养老服务质量。

对此,要将志愿者服务有效融合家院互融养老服务模式。首先,要健全志愿者管理机制。针对志愿者队伍流动性大、短期性、临时性等特点,要建立规范性的进入及退出制度,积极引导与支持社会组织参与养老志愿服务,培育志愿者队伍,通过志愿者培训基地,加强培训,提高志愿者专业水平,加强基层老年协会组织网络和能力建设,开展低龄健康老人结对帮扶活动,大力发展老人间互助,同时建立健全志愿者服务活动长效机制,促进志愿者服务的制度化和常规化。其次,建立完善养老服务志愿者注册制度。分类组建志愿者协会,建立持证上岗、行为规范、学习培训、定期评比和表彰制度等,促进专业人员引领的志愿者工作机制;再次,建立多方参与的志愿服务工作机制。居家老年人有健康护理、日常生活照料、心理慰藉和社会融合等多样化的照护需要,这就需要建立不同领域的养老护理协作机制。从宁波市居家养老服务情况看,需要建立以养老机构、社区照料中心或居家养老点为纽带,整合医疗、养老服务、家政服务和志愿服务照护资源,老年人、养老护理员、家庭成员、社会工作者、志愿者多方参与协作机制,满足老年人多样化需要;最后,大力发展民间社团、民办非企业单位、基金会等为老助老社会组织。丰富社会力量参与公益性助老服务的组织载体和有效渠道,鼓励和引导基层社会组织和公众积极参与助老服务,积极发展志愿者服务组织,促进志愿助老服务常态化和规范化,提高志愿服务的针对性、实效性。

六、长期照护保险+家院互融,促进居家养老服务的分类推进

严格说来,长期照护服务的方式只有两种,即"居家"和"机构"。在社区层面则是"半机构、半居家",即日间在机构(日间照料中心),晚上回家里。从理论上进行归纳:"居家服务"的第一层意思,即"原居安老"的国际共识。其内涵是:尽可能地让老人在已经形成习惯的家庭和社区中度过晚年,而不要离开自己熟悉的社会环境和人文环境。其第二层意思,"在社会服务和社区服务支持下的居家养老",因此社会性的支持在居家养老中作用不可忽视。

在家院互融养老服务模式中,服务提供者可以针对老年人不同失能程度推荐居家、社区和机构服务,并实现互通,即机构养老的老年可以成为居家养老的

老年人,反之亦然。当然家院互融的重点应在居家,居家服务应兼顾正式和非正式照护,如果部分严重失能老人和完全失能老人不愿去老年服务机构,他们也会成为居家服务的对象。但是,因为他们需要长时间甚至24小时不间断的专人陪护,因此对他们的居家服务首先应该落实一位非正式照护者,即他的家人、亲友或者社会组织、社区组织的志愿者。另外,家院互融养老服务的提供者还必须有专业人员提供的支持性服务。支持性服务包括两个方面:一是对非正式照护者提供专业培训,帮助他们掌握为失能老人服务的基本技能;二是提供非正式照护者所不能提供的技术性较强的护理和康复服务,并与非正式照护者合作对老人进行健康管理。从长期照护的提供者的立场去考量,最佳选择是将居家服务、社区服务和机构服务整合到同一个框架中去通盘考虑:首先在一个地区设立一家有200~400张床位的专业机构,为完全失能老人提供长期照护服务;其次,将机构的专业力量向周围延伸去建立社区中心,为部分失能老人提供日间照护服务;然后再从社区延伸到居民家庭,提供上门的居家服务,而这正是家院互融养老服务模式的特征。

从实践角度,长期照护保险应从完全失能老人做起,保险制度可以考虑采取社会保险和商业保险相结合的"混合模式",即政府有关部门负责规划、收费和监督,而把资金的运营管理和保险给付交由保险公司负责。一般来说,提倡完全失能的老人去有资质的养老机构接受服务,保险公司与失能老人自己选择的养老机构签约,保险金直接给付到机构。如果老年人实在不愿去机构而愿意居家,那么就需要家院互融的养老服务提供者介入,在落实了由失能老人选择的有一定资质的非正式照护提供者之后,一部分照护费用可直接付给服务者,同时要预留出部分资金用于购买社会性支持服务。

第四节 宁波市社区居家养老服务规范(建议稿)

随着宁波市社会人口老龄化、高龄化和家庭小型化、空巢化的发展趋势,养老成为亟待解决的民生问题,目前的养老服务模式主要有居家养老、社区养老和机构养老,其中社区居家养老是较为现实和能为大多数老年人所接受的,也是养老服务体系中最有发展前景的。根据浙江省人民政府《关于加快发展养老服务业的实施意见》(浙政发〔2014〕13号)的文件要求,到2020年,全面建成以居家为基础、社区为依托、机构为支撑,功能完善、布局合理、规模适度、覆盖城乡的养老服务体系;基本形成"9643"的养老服务总体格局,即96%的老年人居家接受服务,4%的老年人在养老机构接受服务;不少于3%的老年人享有养老服务补贴。由此可以看出,无论从政策角度、养老意愿角度还是发展趋势,社区居家养老将成为我国在相当长的时间内老年人主要的养老方式,居家养老服务方面的需求已经成为全社会最关心、最直接、最现实的问题之一。对此,为了逐步满足专业化、多样化的居家养老服务需求,规范居家养老服务与管理,提高居家养老服务水平,根据《宁波市居家养老服务机构等级评定办法》(甬民发〔2014〕33号)等文件和标准,结合上海、杭州、南京等地区在居家养老服务方面的经验,特制定本规范。

1. 文件依据

《宁波市居家养老服务机构等级评定办法》(甬民发〔2014〕33号)

宁波市人民政府《关于深化完善社会养老服务体系建设的意见》(甬政发〔2012〕85号)

《居家养老服务机构等级规范》(宁波市地方标准规范 DB3302/T 1014-2013)

宁波市政府《关于建立高龄老人生活津贴制度的通知》(甬政发〔2011〕62号)

宁波市民政局《关于促进居家养老服务规范运作的指导意见》(甬民发〔2007〕46号)

宁波市民政局《关于推进区域性居家养老服务中心建设的指导意见》(甬民发〔2014〕86号)

宁波市人民政府办公厅《转发市民政局等部门关于免费安装老年人"一键通"电话机的实施方案的通知》(甬政办发〔2011〕120号)

《家庭保洁服务规范》(宁波市地方标准规范 DB 3302/T 1036-2010)

《代办代购服务规范》(宁波市地方标准规范 DB 3302/T 1039-2010)

2. 适用范围

本标准提出了居家养老服务的主要内容和要求,规定了社区居家养老服务的组织、从业人员、服务项目、服务流程、服务改进以及服务实施等要求。

本规范可在宁波市大市范围内承担居家养老服务的家政服务公司、社区老年人日间服务中心等机构、设施和组织中推广使用。各类居家养老服务设施包括养老机构、护理院等机构养老设施,老年人日间服务机构、助餐点等社区居家养老设施,老年医院、社区卫生服务中心及站点、护理站等医疗卫生设施,老年活动室、老年大学等文体活动设施等,能承担居家养老服务的家政服务公司和社会工作组织等。

3. 术语和定义

(1) 老年人:60 周岁及以上的人。

(2) 居家养老服务:依托专业机构和专业人员,以专业知识和职业技能为 60 周岁及以上有生活照料需求的居家老年人提供或协助提供生活护理、助餐、助浴、助洁、洗涤、助行、代办、康复辅助、相谈、助医等服务,促进老年人身心健康,使其安度晚年。

(3) 居家养老服务机构:是指为居家老人提供安全守护、生活照料、医疗护理、精神慰藉、紧急救援等方面养老服务的各类机构。包括街道(乡镇)、社区(行政村)设置的居家养老服务机构;由企事业单位、社会组织、个人等社会力量举办,并经依法登记的从事居家养老服务的各类机构和组织。

4. 居家养老主要服务范围

鉴于老年人不同情况按照居家养老服务项目设计服务包。居家养老服务包主要是指面向各年龄段、各类经济状况和身体状况的居家老年人,通过对辖区内各类养老服务设施、机构和其他为老服务资源,进行分类梳理、整合链接,形成体系完整、内容清晰的服务清单和服务指引。设计居家养老服务包,让老年人可知、可选、可用、可及。通过满足老年人实际需求,聚焦失能人群,兼顾健康人群,明确养老服务的基本内涵,内容直观、途径简明,提高养老服务的可及性和便利性。不仅提高老年人的居家生活质量,也促进养老基本公共服务均等化,更是增加社会公共服务方式和途径,提高服务质量。居家养老服务包主要涉及以下主要范围:

(1) 安全守护:通过居家养老服务相关机构上门或者通过网络、电话等途径掌握居家老人的安全状况;通过法律援助,依法保护居家老年人的合法权益。

(2) 生活照料:通过居家养老服务相关机构上门提供家庭保洁、水电维修、代购、送餐等家政服务,确保居家老年人的基本生活保障。

(3) 医疗护理:通过居家养老服务相关机构上门为居家老人提供康复服务、医疗照护、健康管理等,确保居家老年人的基本健康保障。

(4) 精神慰藉:通过居家养老服务相关机构上门或者通过网络、电话等途径为居家老人提供人文关怀、心理疏导、文化娱乐等服务,确保居家老年人的基本精神需要。

(5) 紧急救援:居家养老服务相关机构在获知老年人在家发生紧急状况时提供及时的救助或援助,保障居家老年人的生命财产安全。

5. 居家养老服务对象

现阶段主要对经济困难、生活不能自理、高龄且无子女或子女无法实施有效照顾的居家老年人,实行政府购买服务,居家养老相关机构应首先予以保障;对有一定经济能力的独居、空巢、高龄和特殊对象老年人,可以由政府适当补贴的形式引导其自费购买服务。建议通过居家养老服务包提供个性化服务。

服务过程中如发现下列情况之一的,可以终止服务协议:

(1) 服务对象患有严重的传染性疾病。

(2) 服务对象患有精神病且病情不稳定。

(3) 违反服务约定的。

(4) 由于客观原因导致双方不能履行协议的。

(5) 由于其他原因导致一方不能履行协议的,双方应协商终止服务协议。

6. 居家养老服务机构和服务人员的基本要求

(1) 机构要求

①应经登记注册,具备相关资质证书,合法运营。

②应具有与其业务范围相适应的管理人员和服务人员。

③应具有与其业务范围相适应的固定的经营场所、工作设备。

④应对所提供的居家养老服务实行明码标价,诚信经营。

⑤应有相应的规章制度,有严格的财务制度,做到规范操作。

(2) 人员要求

①具备与从事服务相符的合法职业从业资格,具有与服务内容相适应的岗位技能,具有良好的人际沟通能力和服务意识。

②能恪守职业道德,遵纪守法,熟悉相应的居家养老服务程序和规范要求。

③应为完全民事行为能力人,年龄在18周岁以上、60周岁以下。

④具有符合工作岗位要求的文化程度和健康状况,无精神病史和各类传染病。

⑤上岗前均须参加不少于30小时的上岗前培训,并获得县(市)、区劳动部门颁发的上岗证,具备老年人基本急救技术。

7. 居家养老服务形式

(1) 计时服务:是以劳动时间的小时为计算单位支付酬金的居家养老服务。

按合约签订的固定程度,计时居家养老服务分为临时钟点与定期钟点。

(2) 计件服务:是以劳动内容为主要计算单位支付酬金的居家养老服务。按合约签订的急缓及服务内容所需时间的长短,计件居家养老服务分为突发性事件(如水电抢修等)、计划性事件(如搬家、保洁等)和阶段性事件(如送餐等)。

(3) 集中服务:是居家老年人到社区居家养老日间照料中心等机构接受集体性服务(如集中用餐等),或是相关机构统一收集居家老年人的家庭物品以提供服务(如集中洗衣等)。

(4) 上门服务:是居家养老服务相关机构到居家老年人的家中直接提供居家养老服务。

8. 居家养老服务工作要求

(1) 仪表仪容端庄、大方、整洁,统一着装,配备工号牌或企业标示。

(2) 提倡了解本地习俗方言和使用普通话,语言文明、简洁、清晰。

(3) 主动服务,尊老敬老,对老年人富有爱心,保护老年人的隐私,符合相应岗位的服务礼仪规范。

(4) 要有安全意识,发现居家老人存在安全隐患要及时和相关人员汇报,如遇到居家老人突发意外,要及时通知相关机构并开展救援。

9. 居家养老服务基本要求和具体项目

(1) 生活照料服务

①助餐服务:包括集中用餐和上门送餐两种形式。符合国家和本市食品安全法律法规的规定。洗、煮饭菜应干净、卫生、无焦煳;尊重老年人的饮食生活习惯;注意营养,合理配餐,每周制定食谱;助餐服务点应配置符合老年人特点的无障碍设施;助餐工具应保持清洁卫生,餐具做到每餐消毒;送餐上门应及时,有必要的保温、保鲜设备;助餐服务点及送餐运输工具应有统一的居家养老服务标识。

②起居服务:洗漱等个人卫生应协助到位,容貌整洁、衣着适度、指(趾)甲整洁、无异味。如厕等应协助到位。协助穿脱衣服和如厕方法得当,老年人无不适现象;衣物整理放置有序;定时为卧床老年人翻身,无压疮;定期翻晒、更换床上用品,保持床铺清洁、平整;用于生活护理的个人用具应保持清洁。

③助浴服务:包括上门助浴和外出助浴两种形式。助浴前应进行安全提示,做好安全防范措施;助浴过程应有家属或助老员在场;上门助浴时应根据四季气候情况和老年人居住条件,注意防寒保暖、防暑降温和浴室内通风。外出助浴应

选择有资质的公共洗浴场所或有公用沐浴设施的养老服务机构。助浴过程中应注意观察老年人身体情况,如遇老年人身体不适,协助采取相应应急措施。

④卫生清理服务:协助刷牙、洗脸、洗脚、按摩动作适当,老年人无不适现象,做到老人容貌整洁、衣着适度、指(趾)甲整洁、无异味;定期清洗、更换床单和衣物,无脏污;定时打扫室内外卫生,做到清洁、干净。

⑤代办服务:包括代购物品、代领物品和代缴费用三种。替居家老年人办理代换煤气、代办各种手续、代缴各种费用等,应按照老年人的要求及时办理,代办服务时应当面清点钱物、证件、单据、凭证等,如实报销相关费用。

⑥助行服务:包括陪同户外散步和陪同外出。助行服务一般在老年人住宅小区及周边区域内;外出前要详细了解老年人的身体和精神状况;助行服务应注意途中安全;使用助行器具时应按助行器具的使用说明进行操作;陪同老年人外出要携带老年人家属联系方式,如发生意外,能第一时间进行救援,并及时向老年人家属或向相关机构进行求助。

(2)家庭生活服务

①家庭保洁服务:包括家居保洁、居室杀虫灭鼠和居室消毒。通过对厨房、卫生间、卧室、书房等清洁、杀虫灭鼠和消毒,使居室达到整齐、清洁、空气清新、无异味,成为舒适的生活环境。家庭保洁服务要按照客户的约定要求进行。厨房保洁要无油烟、不粘手,厨具表面光亮无污渍油渍;清洗换气扇、油烟机、煤气灶类应做到清洗干净、卫生,符合老年人要求;卫生间保洁要无臭、无尿碱、无污垢、无头发丝;客厅保洁要整洁、美观、表面无尘;卧室保洁要表面无尘、空气新鲜;书房保洁不要把书弄湿,书籍、电脑要定期除尘;阳台保洁整洁、无尘,玻璃透明无痕迹。居室杀虫、灭鼠和消毒要根据居室情况选择和配置合适的用品,并做好善后工作,避免影响环境给他人造成身体伤害。

②水电、家电维修服务:家电维修的内容包括电视机、微波炉、电脑、电饭煲、煤气灶、消毒柜、冰箱、洗衣机、热水器和音响设备维修等。水电维修包括自来水管安装与改造、水龙头安装与维修、阀门安装与维修、坐便器水箱维修、落水管、地漏和浴缸疏通、坐便器或蹲坑疏通、水池疏通、污水管改造等;家庭强弱电系统布线、装电灯、安装插座开关、线路故障检查、安装空气开关箱、家庭制冷制热系统的维修及保养、家庭监控系统的设计与安装、维修等。水电、家电维修要按照维修方案实施服务,以解决居家老年人需求为根本,保质保量提供服务。在服务过程中必须注意用电用水安全,消除隐患;在维修过程中,因现场出现新情况,而

需外送继续维修服务的,需填写家电外送维修单,登记家电名称、品牌、出厂编号、外观情况、维修部位、取件时间、预计送还时间、雇主和服务者双方的认可签名等;维(装)修后无安全隐患,符合老年人需要,能正常使用;维修完成后,会同雇主对维修进行质量的核查和验收,并向雇主提供相关维护和保养知识;要按约定的时间提供服务,遇特殊情况不能按时提供服务时,应提前告知雇主。

③家庭洗衣服务:包括集中送洗和上门洗涤。洗涤前应检查被洗衣物的性状并告知老年人或家属。集中送洗应选择有资质的洗衣机构或有洗涤设施的养老服务机构。集中送洗送取衣物时,应做到标识清楚、核对准确、按时送还。上门洗涤应分类洗涤衣物并做到洗净、晾晒。

④其他家政类服务:如搬家、家庭餐制作等,符合老年人需要,按照约定合理收费,避免人身和财务损失。

(3) 医疗护理服务

①健康管理服务:根据老年人需求制定有针对性的预防方案,预防方案应简明扼要、通俗易懂,便于老年人掌握预防老年病的基本知识并进行基础性的防治;针对老年人的慢性病进行健康管理和指导,改善老年人的不良生活习惯。

②医疗协助服务:应遵照医嘱及时提醒和监督老年人按时服药,或陪同就医;协助开展医疗辅助性工作,应能正确测量血压、体温等;对于老年人病情变化,能及时提醒就医,并通知家属。

③康复护理服务:是指导老年人正确执行医嘱,协助老年人正确使用康复、保健仪器,包括群体康复和个体康复。群体康复一般借助社区卫生和养老服务等公共服务场地设施,指导和组织老年人开展肢体功能性康复训练。个体康复一般提供被动运动的肢体功能性康复训练;辅助运动的肢体功能性康复训练和保健性康复。康复辅助应在专业人员指导下进行,康复辅助应符合老年人的生理心理特点,康复辅助过程中应注意观察老年人的身体适应情况,防止损伤;康复辅助根据需要配备相应的康复器具。

④健康咨询服务:通过电话、网络及会议报告、专题讲座或老年学校等方式为老年人提供预防保健、康复护理及老年期营养、心理健康、健康管理等知识教育。

⑤助医服务:包括陪同就诊和代为配药。陪同就诊的情形主要有常见病、慢性病复诊,辅助性检查,以及门诊注射、换药。陪同就诊应注意途中安全,及时向老人家属或其他监护人反馈就诊情况;代为配药的范围为诊断明确、病情稳定、治疗方案确定的常见病、慢性病,一般到老年人居住地所在区域范围内

的定点医疗机构和药店代为配药,应做到当面清点钱款和药物等,了解清楚服药方式并告知老年人。陪同就诊和代为配药均需要按照约定执行,服务人员如因故不能前来,要安排其他人员替代或者另行约定时间,尽量避免影响老年人的就医。

⑥契约式家庭医生服务按照相关规定进行。

(4) 精神慰藉服务

①精神支持服务:一般包括读报和谈心等。读报要根据老年人的需求选择合适的报刊、语速适中、根据老年人的情况选择普通话或者方言;和老年人谈心以舒缓心情、排遣孤独为原则,要耐心倾听,能与老年人进行交流,与老年人保持良性互动。及时掌握老年人心理的变化,必要时适度干预,满足老年人心理需要,促进老年人心理健康。读报和谈心都预先了解老年人的兴趣爱好等。

②心理疏导服务:针对老年人目前存在的心理问题进行疏导,掌握老年人心理特点和基本沟通技巧,能够观察老年人的情绪变化,并通过心理干预手段调整老年人心理状态。心理疏导前要对老年人的家庭、身体、生活经历等情况全面了解;尊重并保护老年人隐私。

(5) 紧急救助服务:呼叫器、求助门铃、远红外感应器、一键通电话、跌倒警报手机和智能报警系统等安全防护器材应符合国家规定,质量完好率达100%;其功能应符合老年人的特点和需求,能正常使用。此外,确保120、110等紧急救援服务。

(6) 其他服务

①法律咨询服务:重点为家庭经济困难的居家老年人获得必要的法律服务,重点帮助居家老年人解决依法请求国家赔偿的、请求给予社会保险待遇或者最低生活保障待遇的、请求发给抚恤金、救济金的、请求给付赡养费、请求支付劳动报酬的;主张因见义勇为行为产生的民事权益的等问题。

②提供文化体育服务及其他老年人需求的服务:协助老年人开展各种类型有益于身心健康的文化体育娱乐活动,内容包括组织书法、绘画、棋牌、唱歌、戏曲、趣味活动以及健身运动等。所有活动遵守安全、自愿原则,满足老年人身体和精神健康的需求,保障老年人安全。

10. 居家养老服务包实施(表4-2)

(1) 居家养老服务包的目标:建议从2018年,在部分社区启动养老服务包试点;2019年,逐步在全市面上推开;到"十三五"末,全市全面应用养老服务包,为老年人提供统一、透明、可及的居家养老服务。根据政府的财政能力,逐步扩大居家养老服务范围,提高居家养老服务水平。

(2) 养老服务包的基本要素

①服务对象类别:可根据不同年龄段、照护等级、经济状况、身份特征等,对服务对象进行分类,让老年人知晓和选择相应的养老服务项目。

②服务机构类型:包括养老机构、护理院等机构养老设施,老年人日间服务机构、长者照护之家、助餐点等社区居家养老组织,老年医院、社区卫生服务中心及站点、护理站等医疗卫生机构,老年活动室、老年大学等文体活动机构,以及承担居家养老服务的家政服务公司等。

③服务项目内容:可根据不同年龄段、照护等级、经济状况、身份特征等,对服务对象进行分类,让老年人知晓和选择相应的养老服务。

④服务提供属性:养老服务包可以根据养老服务的属性进行分类,明确不同主体提供的服务属性,例如由政府为主提供以老年照护统一需求评估为享受依据的基本养老服务,由社会组织、市场主体提供的市场化、个性化的居家养老服务,以及优待及志愿服务等。

⑤服务收费和支付:与服务项目相对应,明确服务收费价格以及市级、区级、街镇不同层级相应的补贴政策等。

⑥服务咨询申请渠道:明确养老服务包所含各类服务资源的获取渠道和申请流程,提供服务热线、受理窗口、信息平台,公开服务申请、评估、派发、转介、投诉等必要程序。

(3) 养老服务包的对象:指户籍在宁波地区,独居、孤寡、经济困难或高龄(80周岁以上)的老年人,在生活不能自理或不能完全自理的情况下,可向其户籍所在地提出申请并经综合评估后,确认为政府全额购买或部分购买服务的对象。

其他老年人根据地方政府财政实际情况,由政府提供免费、部分免费或者自费服务。

(4) 居家养老服务包的承担:免费、部分免费居家养老服务项目主要通过政府购买服务的形式获得,免费部分的费用由政府承担,自费服务由居家养老服务相关机构收取,应合理收费,明码标价。

(5) 居家养老服务包的获得程序

①申请:由老年人或其家属[无家属或有困难的可以委托社区(村)或其他相

关组织]向户籍所在地的街道提出居家养老服务申请,提交相应证明材料。其他老年人可以根据实际需求向户籍所在的街道提出申请(表4-3)。

②评估:街道接到申请后,应初步确认是否属于独居、孤寡、经济困难或高龄老人,对申请人进行评估,得出评估结论。评估后,对于老年人的基本情况、评估员的评估结论在社区予以公示,公示期为7个工作日。公示无异议后上报区民政局确定是否准予政府购买服务以及服务时间。

当政策情况、老年人情况发生重大变化,老年人可以申请重新评估。

③提供服务:对于确定为政府购买服务的服务对象,由居家养老服务实体与老年人约定具体的服务内容,签订居家养老服务协议并选派符合条件的助老服务员,为服务对象提供服务。居家养老服务实体在提供服务中要做好服务次数、服务时间、服务项目等记录,作为结算依据。

④上报:区民政局对本区老年人的居家养老的服务购买情况及时汇总,并将月报、半年报、年报及时上报市民政局。

11. 工作保障机制

(1) 建立科学系统的居家养老服务信息数据库:根据居家养老服务对象的生活自理能力、经济状况、家庭居住情况和子女的经济情况等建立养老服务对象信息数据库。

(2) 整合提升现有居家养老社会化服务资源:通过政府购买服务形式整合现有居家养老服务实体,鼓励具有一定规模、服务优、信誉好的企业参与到居家养老服务工作;积极推进居家养老服务的规范化、制度化。

(3) 建立居家养老服务监督评价机制:从老年人满意率、服务时间准确率、服务项目完成率、有效投诉结案率、服务档案的完善等对居家养老服务实体进行服务质量评价,建立居家养老服务实体等级管理与评价体系。

(4) 建立居家养老服务扶持机制:通过政策、资金等方面加强居家养老服务实施的可操作性,鼓励和支持社会人员从事居家养老服务,鼓励社会资金进入居家养老服务市场。

12. 居家养老服务的质量评价

(1) 评价主体(服务机构):包括机构自我评价,服务对象评价和第三方评价。

(2) 评价指标:包括服务管理满意率;服务对象或监护人满意度(表4-4);服务项目完成率和有效投诉结案率等。

(3) 评价方法:包括征询意见(上门、电话、信件、网络等)、实地察看和考核。

第四章　家院互融：机构养老服务社区延伸模式的完善与思考——以宁波市为范本

注：

1. "√"的为政府购买服务(政府支付全额费用)，"★"为政府购买服务(政府支付部分费用，一般为服务发生后的补贴)，其他为居家老人按照需求自行购买服务。

2. "√"属于不同老年人群的基本养老服务内容。

3. 项目承担者

生活照料服务项目：主要由符合资质的家政服务公司、居家养老服务组织承担。

家庭生活服务项目：主要由符合资质的家政服务公司承担，其中助浴服务可以由符合资质的社会洗浴机构和养老机构承担，洗衣服务可以由符合资质的社会洗衣机构承担。

医疗护理服务项目：主要由于医疗卫生机构、护理院承担(可按照契约式家庭医生制度执行)，其中助医行为可以由符合资质的家政服务公司、养老服务机构承担。

精神慰藉服务项目：主要由社会工作组织承担。

紧急救助服务项目：一键通服务由各地民政部门统一安排，120急救服务由急救中心承担。

法律咨询服务：由符合资质的法律援助机构承担。

文化体育服务：由老年活动室、老年大学等文体活动机构承担。

4. 符合条件的居家养老可以向户籍所在地的社区街道申请办理服务包。

5. 如果居家老年人符合多项指标，按照就高原则可以获得相应服务。对于居家老年人的各类情况需要经过当地民政部门的认定。

6. 服务频次

(1) 生活照料服务项目

助餐服务："√"能保证每日提供。

起居服务："√"能保证每日提供。

助浴服务："√"能保证7~8月提供每周1次，3~6月、9~11月提供两周1次，12~2月提供每月1次。

卫生清理服务："√"能保证每月1次。

代办服务："√"能保证每月1次。

助行服务"√"能保证每月1次。"★"每年补贴100元。

(2) 家庭生活服务项目

家庭保洁服务："√"能保证每月1次。

水电、家电维修服务："★"每年补贴200元。

家庭洗衣服务："√"能保证每周1次。

其他家政类服务：根据个人需要定制。

(3) 医疗护理服务项目

健康管理服务:根据对居家老年人健康评估情况予以补贴。

医疗协助服务:根据医疗情况必须时能保障。

康复护理服务:康复护理必须时能保障。

健康咨询服务:开通咨询服务热线,进入社区不少于每个月1次。

助医服务:根据就医需要必须时能保障。

(4) 精神慰藉服务项目

精神支持服务:"√"能保证每周1次。

心理疏导服务:开通服务热线,"√"通过评估必要时能提供上门服务。"★"根据需求能提供上门服务。

(5) 紧急救助服务项目

一键通:免费提供。

紧急救援:每年补贴100元。

(6) 其他居家养老服务项目

法律咨询服务:开通咨询服务热线

文化体育服务:"√"能保证每月1次。

其他服务:根据个人需求定制。

表 4-3 居家养老服务申请表

编号：　　　　　　　　　　　　　　　　　　　　　填表时间：　年　月　日

服务对象情况	姓名		性别	
	年龄		民族	
	身份证号码		联系方式	
	家庭住址		所在街道社区	
	身体状况			
代理人情况	姓名		性别	
	年龄		与服务对象关系	
	身份证号码		联系方式	
	家庭住址			
申请服务内容				申请人签字： 　　年　月　日

备注：

1. 申请服务的老年人或代理人须真实地填写登记表；
2. 申请服务内容应在服务机构能力范围；
3. 达成服务意愿后应签订服务协议。

表4-4 居家养老服务满意度调查表

街道　　　　　　社区　　　　　　调查时间：　　年　月　日
被调查者姓名：(与服务对象关系：□本人　□监护人)
服务机构名称：

序号	调查内容	非常满意	满意	基本满意	不满意
1	对服务机构的管理是否满意？				
2	对服务机构提供的服务内容是否满意？				
3	对服务机构履行协议的能力是否满意？				
4	对服务机构工作人员的服务态度是否满意？				
5	对服务机构提供的服务设施是否满意？				
6	对服务机构提供服务的及时性和主动性是否满意？				
7	对服务机构工作人员的业务能力是否满意？				
8	对服务人员处理应急问题的能力是否满意？				
9	对服务人员上门服务时的工作效率是否满意？				
10	对服务人员上门服务时的语言和行为表现是否满意？				
11	对服务人员上门服务时的责任心是否满意？				
其他意见：					

注：此表调查内容由老年人或监护人填写，在相应的栏目打"√"。

附　录

附录1：宁波市居家养老服务条例

第一章　总　则

第一条　为了促进居家养老服务社会化发展，满足居住在家的老年人养老服务需求，提高老年人生活质量，根据《中华人民共和国老年人权益保障法》《浙江省社会养老服务促进条例》等法律、法规，结合本市实际，制定本条例。

第二条　本市行政区域内居家养老服务及其监督管理工作，适用本条例。

第三条　本条例所称居家养老服务，是指以家庭为基础，以城乡社区为依托，由政府提供基本公共服务，企业和社会组织提供专业化服务，基层群众性自治组织和志愿者提供公益和互助服务，为居住在家的老年人（以下简称居家老年人）提供的养老服务。

居家养老服务主要包括下列内容：

（一）日间托养、助餐、助浴、助洁、助行、代缴代购等生活照料服务；

（二）家庭护理、健康体检、保健指导、医疗康复、紧急援助、临终关怀等健康护理服务；

（三）关怀访视、心理咨询、法律咨询、情绪疏导等精神慰藉服务；

（四）文化娱乐、体育健身、知识讲座等有益于老年人身心健康的服务。

第四条　居家养老服务应当遵循家庭尽责、政府主导、社会参与、保障基本、适度普惠的原则，构建城乡一体化的居家养老服务体系。

第五条　老年人的子女和其他依法负有赡养、扶养义务的人，应当履行对老年人经济供养、生活照料、健康护理和精神慰藉等义务。

居家老年人需要社会提供有偿服务的，由接受服务的老年人或者其赡养人、扶养人承担相应费用。

第六条　市和区县（市）人民政府应当把居家养老服务作为养老服务的主要模式，并履行下列职责：

（一）将居家养老服务工作纳入国民经济和社会发展规划；

（二）建立与老年人口增长和经济社会发展水平相适应的财政投入增长机制；

（三）完善与居家养老服务相关的社会保障制度；

（四）统筹规划和配置居家养老服务设施；

（五）明确政府部门居家养老服务工作职责，并加强协调、监督、检查和考核；

（六）引导、鼓励企业和社会组织参与居家养老服务。

第七条 民政部门为本行政区域内居家养老服务工作的主管部门，负责居家养老服务指导、监督和管理工作。

发展和改革、财政、人力资源和社会保障、城乡规划、住房和城乡建设、卫生计生、商务、市场监督管理、质量技术监督等部门应当按照各自职责做好居家养老服务相关工作。

工会、共青团、妇联、残联、工商联等人民团体应当在各自职责范围内协助做好居家养老服务工作。

第八条 镇（乡）人民政府、街道办事处履行下列职责：

（一）协调和落实辖区内居家养老服务工作；

（二）管理居家养老服务设施；

（三）落实政府购买服务、经费补贴等扶持政策；

（四）协助做好社会养老服务需求评估、服务质量评估等工作；

（五）法律、法规规定的其他职责。

镇（乡）人民政府、街道办事处应当配备专门的工作人员，并指导村民委员会、居民委员会和其他社会组织开展居家养老服务，协助做好居家养老服务监督管理等工作。

第九条 村民委员会、居民委员会做好下列工作：

（一）登记老年人基本信息，调查老年人服务需求；

（二）提供居家养老服务资源信息，收集处理居民、村民对居家养老服务的意见、建议；

（三）建立高龄独居老年人巡访制度，做好巡访记录；

（四）协助建立基层老年人协会、老年志愿者服务队伍，开展适合老年人的互助养老、文化娱乐、体育健身等活动；

（五）教育和推动居民、村民依法履行家庭赡养和扶养义务。

第十条 市和区县（市）人民政府及其有关部门应当扶持和发展为居家老年人服务的志愿服务组织，建立志愿服务奖励、服务积分等激励制度。鼓励国家机关工作人员和企业事业单位职工、在校学生参加居家养老志愿服务活动。

倡导邻里互助养老，鼓励低龄健康老年人帮扶高龄、失能、失智、残疾老年人，鼓励基层老年人协会、老年志愿服务组织开展各种形式的自助、互助服务。

志愿者可以根据服务积分优先享受居家养老服务，并享有相关法律、法规规定的权利。

第十一条 民政部门应当会同宣传、教育、司法行政等部门加强养老服务宣传，倡导良好家风，弘扬具有宁波特色的慈孝文化，营造尊老、爱老、助老的社会氛围。

倡导老年人建立文明、健康、积极、合理的消费方式。

第二章 服务设施规划与建设

第十二条 市和县(市)民政部门应当会同城乡规划部门,组织编制居家养老服务设施布局专项规划,按照医养结合、就近便利、相对集中的原则,合理布局区域性居家养老服务中心、城乡社区居家养老服务站等服务设施。区民政部门应当根据实际工作的需要,编制具体的实施方案。

有关控制性详细规划、村庄规划编制应当落实居家养老服务设施布局专项规划的内容。

第十三条 新建住宅小区的居家养老服务用房按照每百户(不足百户的,按照百户计)不少于二十平方米建筑面积标准配建,与住宅同步规划、同步建设、同步验收、同步交付使用。城乡规划部门在审查建设项目设计方案时,应当征求民政部门的意见。

已建成住宅小区的居家养老服务用房按照每百户不少于十五平方米建筑面积标准配建,未达到配建标准的,区县(市)人民政府应当以社区为单位,通过购置、置换、租赁等方式,统筹配置居家养老服务用房。老年人比较集中的社区应当适当提高配建标准。

居家养老服务用房不得改变用途或者擅自拆除。因城乡建设需要,经批准拆除的,应当按照不少于原建筑面积标准原地或者就近配置。

区县(市)人民政府应当整合利用社区综合服务设施、社会公共服务设施和社会福利设施,为本社区老年人提供居家养老服务,避免重复建设和浪费,但不得降低本条第一款、第二款规定的居家养老服务用房配建标准。

第十四条 镇(乡)人民政府、街道办事处或者村集体经济组织可以依托行政村、较大自然村,通过购置、置换、租赁或者依法组织建设等方式配置农村居家养老服务用房。农村居家养老服务用房的配置应当满足农村居家老年人的基本养老服务需求。

区县(市)民政部门应当根据农村五保供养机构等养老机构的服务能力和现状,提升其社会化运营能力和辐射带动周边农村社区居家养老服务的水平,逐步向社会开放。

第十五条 社区配套建设的居家养老服务用房,经验收合格后,建设单位应当按照土地出让合同等约定,及时移交给镇(乡)人民政府、街道办事处管理;农村居家养老服务用房根据房屋建设用地权属、建设主体等确定管理主体。

第十六条 居家养老服务用房的设置,应当满足通风、采光、消防安全等条件,方便老年人出入。

第十七条 市和区县(市)人民政府应当加快推进已建成住宅小区的坡道、公厕、楼梯扶手等与老年人日常生活密切相关的公共设施的无障碍改造。鼓励和支持符合条件的多层住宅加装电梯。

鼓励老年人家庭对日常生活设施进行无障碍改造,区县(市)人民政府应当按照省、市有关规定对最低生活保障家庭以及最低生活保障边缘家庭的无障碍改造予以补贴。

第十八条　民政部门应当在区域性居家养老服务中心和城乡社区居家养老服务站配置或者鼓励社会力量提供方便老年人出行、上下楼梯的辅助器具,供社区内失能、半失能、高龄居家老年人借用。

第十九条　鼓励单位和个人将闲置的场所、设施用于开展居家养老服务;鼓励机关、团体、企业事业单位开放所属场所,为附近的老年人提供就餐、文化、健身、娱乐等服务。

第三章　服务供给与保障

第二十条　市和区县(市)人民政府应当加大对居家养老服务资金的投入,统筹安排各类养老服务补助资金,提高财政资金的使用效益。

地方留成用于养老服务的社会福利事业彩票公益金,应当主要用于居家养老服务。

第二十一条　鼓励通过多种方式吸引民间资本建设居家养老服务设施,参与居家养老服务。

鼓励慈善组织安排资金参与居家养老服务,鼓励各类组织和个人以投资、捐赠、捐助等方式支持居家养老服务。

第二十二条　市和区县(市)人民政府应当调整养老服务财政支出结构,向具有本市户籍并居住在本市的居家老年人提供下列居家养老服务项目:

(一) 为享受国家定期抚恤补助优抚对象、获得县级以上见义勇为荣誉称号以及计划生育特殊家庭、最低生活保障家庭、最低生活保障边缘家庭中的重度失能失智、中度失能失智的老年人提供免费居家养老服务,其中重度失能失智老年人每人每月不少于四十五小时,中度失能失智老年人每人每月不少于三十小时;

(二) 为八十周岁以上老年人以及计划生育特殊家庭、最低生活保障家庭、最低生活保障边缘家庭中的老年人购买意外伤害保险;

(三) 为八十周岁以上老年人以及患有重度慢性疾病老年人的家庭免费安装应急呼叫设施,提供紧急援助信息服务;

(四) 为八十周岁以上老年人以及计划生育特殊家庭中七十周岁以上老年人,每人每月提供一定时间的免费居家养老服务,具体实施办法由市人民政府另行制定;

(五) 国家、省和市规定的其他居家养老服务项目。

前款规定的服务项目与市和区县(市)已有的护理补贴项目适用就高、不重复原则,也可以由服务对象自愿选择。

第二十三条　民政部门应当会同有关部门根据社会养老服务需求评估结果,确定居家养老服务对象、照护等级和服务标准,并向社会公示。

第二十四条 市和区县(市)人民政府应当根据老年人口自然增长、经济社会发展水平和养老服务供给状况,逐步增加居家养老服务项目的内容,扩大服务对象的范围。

民政部门应当会同财政等部门根据养老服务内容,制定政府提供居家养老服务的指导性目录,明确服务种类、性质和内容,报本级人民政府批准后公布、实施。

第二十五条 市和区县(市)人民政府应当制定和完善居家养老服务扶持政策,鼓励和支持医疗机构、养老机构和物业服务企业、家政服务企业以及其他社会组织和个人,成立居家养老服务机构或者参与居家养老服务。

鼓励区县(市)通过公开招标等方式将居家养老服务设施委托给专业组织、机构运营管理。

第二十六条 市和区县(市)人民政府应当探索建立长期护理保险制度,为符合条件的失能失智老年人提供护理保障。

鼓励商业银行、商业保险机构开发推广养老服务产品,引导商业保险机构开发与长期护理保险相衔接的保险产品。

鼓励居家养老服务机构参与长期护理保险服务供给,提高护理服务能力,满足老年人护理需求。

第二十七条 卫生计生部门应当完善基层医疗卫生服务网络,指导并督促基层医疗卫生机构为居家老年人提供下列服务:

(一)完善老年人健康管理体系,建立个人健康档案,开展健康咨询、疾病防治、自救和自我保健等指导;

(二)建立和完善家庭医生签约制度,为患常见病、慢性病的老年人开展跟踪防治服务,定期为行动不便的老年人提供上门巡诊服务;

(三)为八十周岁以上老年人提供优先就诊服务,设立非急救医疗转诊平台为老年人提供便捷服务;

(四)保障基层医疗卫生机构药物供应,为老年人在社区治疗常见病、慢性病用药提供方便;

(五)支持二级及以上医院和有条件的基层医疗卫生机构开设老年病科,增加老年病床数量,做好老年慢性病防治、康复护理工作。

鼓励医疗机构和社会力量依法开设护理站等专业机构,为居家老年人提供医疗护理、康复指导等服务。

第二十八条 鼓励各类养老机构通过多种形式为周边社区的居家老年人提供居家养老服务。

鼓励企业事业单位和社会组织在老年人比较集中的社区开办养老机构,设置适当数量床位为周边社区的居家老年人提供日间照料、短期托养、健康护理等服务。

第二十九条 居家养老服务机构使用水、电、燃气、有线电视、固定电话、宽带网络等,有关单位应当按照不高于居民用户标准收取费用。

前款规定的价格优惠政策适用于民政部门认定的居家养老服务机构,不适用于居家养老服务机构将房屋出租、出借给从事其他经营活动的单位或者个人。

第三十条 鼓励和支持居家养老服务机构投保政策性综合责任保险,市和区县(市)人民政府对投保的居家养老服务机构给予适当保费补贴。

第三十一条 市和区县(市)人民政府应当将养老服务人才队伍建设纳入人才教育培训规划,推进养老服务队伍的职业化、专业化建设,培养具有职业素质、专业知识和技能的养老服务工作者。

鼓励和支持高等院校、中等职业学校、技工学校开设养老服务相关专业,培养专业人才。

支持居家养老服务机构利用剩余劳动力资源,培养养老护理人才,开展居家养老服务。

第三十二条 市和区县(市)人民政府应当为老年人随配偶或者赡养人迁徙提供便利,倡导家庭成员与老年人共同生活或者就近居住,支持开发老年人宜居住宅和代际亲情住宅。

用人单位应当按照有关规定保障赡养人、扶养人探亲休假照护老年人的权利。

第四章 监督管理

第三十三条 民政部门应当建立养老服务综合信息平台,定期公布和更新政府提供居家养老服务目录、居家养老服务机构名录等信息,为社会公众免费提供政策咨询、信息查询等服务,并依托信息平台做好监督管理工作。

鼓励、引导和规范企业和社会组织借助云计算、互联网、物联网等技术,建设智慧养老服务平台,提供紧急呼叫、远程健康监护、紧急援助、居家安防、家政预约、助餐助浴、辅助出行、代缴代购等服务项目。

第三十四条 城乡规划、民政、财政等部门应当及时对居家养老服务用房的配置及利用状况、政府提供居家养老服务项目的绩效状况、社会满意度等进行全面评估,评估结果应当向本级人民政府报告并向社会公示。

第三十五条 质量技术监督部门应当会同民政部门制定和完善居家养老服务规范。

居家养老服务机构应当根据居家养老服务规范制定具体的服务细则,明确服务项目、服务内容以及收费标准等,并在机构显著位置进行公示,接受社会公众的监督。

居家养老服务机构应当与接受有偿服务的老年人或者其赡养人、扶养人签订服务协议,根据需求制定服务方案,明确服务内容、权利和义务、违约责任等事项,并建立服务档案。

居家养老服务机构及其从业人员应当维护老年人尊严和隐私,不得侵害老年人的合法权益。

第三十六条 设立居家养老服务机构应当符合国家规定的有关条件,并依法办理相应的登记手续。

设立非营利性居家养老服务机构的,向民政部门办理登记手续;设立营利性居家养老服务机构的,向市场监督管理部门办理登记手续。

第三十七条 民政部门应当建立居家养老服务机构和服务人员的诚信档案,记录其设立与变更、日常监督检查、违法行为查处、综合评估结果等情况,接受社会查询。对有不良信用记录的居家养老服务机构,应当增加监督检查频次,加强整改指导。

引导居家养老服务机构建立行业协会,加强行业自律和诚信建设。

第三十八条 商务部门应当会同人力资源和社会保障等部门加强从事居家养老服务的家政服务行业诚信体系建设,开展职业道德教育,建立家政服务信息平台,记录家政服务企业及其从业人员的信用信息。

第五章 法律责任

第三十九条 违反本条例规定的行为,法律、法规已有法律责任规定的,从其规定。

第四十条 老年人的子女和其他依法负有赡养、扶养义务的人,拒绝履行赡养、扶养义务的,村民委员会、居民委员会、老年人组织或者赡养人、扶养人所在单位应当给予批评教育,并督促其履行。

赡养人、扶养人拒绝履行对老年人赡养、扶养义务的,按照公共信用信息管理有关规定,记入个人信用档案。

第四十一条 居家养老服务机构及其从业人员侵害老年人合法权益,情节严重的,由民政部门对居家养老服务机构处两千元以上三万元以下罚款;构成违反治安管理行为的,依照《中华人民共和国治安管理处罚法》的有关规定处罚;造成居家老年人人身伤害或者财产损失的,依法承担民事责任。

第四十二条 违反本条例第十三条第三款规定,未经批准擅自拆除居家养老服务用房的,由民政部门责令限期改正;逾期不改正的,处五万元以上五十万元以下罚款;情节严重的,处五十万元以上一百万元以下罚款。

第四十三条 违反本条例规定,采取虚报、隐瞒、伪造等手段,骗取补助资金或者居家养老服务补贴的,由民政部门责令退回非法获取的补助资金或者居家养老服务补贴,可以处非法所得一倍以上三倍以下罚款。

第四十四条 市和区县(市)人民政府及其工作部门和镇(乡)人民政府、街道办事处的工作人员在居家养老服务工作中不履行、不当履行或者违法履行职责的,由有权机关对直接负责的主管人员和其他直接责任人员依法给予处分。

第六章 附 则

第四十五条 本条例中下列用语的含义:

(一)居家养老服务机构,是指从事居家养老服务的社会服务组织和企业,包括区域性居家养老服务中心、城乡社区居家养老服务站、日间照料中心、托老所、长者照护之家等。

(二)居家养老服务设施,是指为居家老年人提供养老服务的房屋或者场所及其附属设施。

(三)计划生育特殊家庭,是指独生子女死亡或者伤病残的家庭。

(四)高龄独居老年人,是指无扶养人、赡养人或者扶养人、赡养人长期不在身边,年龄在八十周岁以上且独自生活的老年人。

第四十六条 市人民政府应当自本条例施行之日起一年内,制定相关实施办法。

第四十七条 本条例自 2018 年 10 月 1 日起施行。

附录2：宁波市人民政府关于宁波市居家和社区养老服务改革试点工作的实施意见

各区县(市)人民政府，市直及部省属驻甬各单位：

为抓好居家和社区养老服务改革试点工作，推动我市养老事业快速、健康发展，根据《国务院关于加快发展养老服务业的若干意见》(国发〔2013〕35号)、《浙江省人民政府关于加快发展养老服务业的实施意见》(浙政发〔2014〕13号)等有关文件精神，结合我市实际，提出如下实施意见。

一、总体要求

(一)指导思想

贯彻落实党中央、国务院有关养老服务的方针政策和重要决策部署，按照供给侧结构性改革和补齐短板的要求，坚持将发展居家养老服务作为改善民生、增进福祉的重要内容，强化政府责任，保障基本需求，繁荣养老市场，提升服务质量，满足广大居家老年人多层次、多样化的养老服务需求，切实增强人民群众获得感，为我市加快建设"名城名都"、高水平全面建成小康社会打下坚实基础。

(二)基本原则

1. 坚持政府引导、市场驱动。深化简政放权、放管结合、优化服务改革，以满足老年人需求为出发点和落脚点，全面放开养老服务市场，激发各类服务主体活力，加快形成统一开放、竞争有序、多元参与的居家养老服务供给体系。

2. 坚持依托社区、统筹发展。强化社区在居家养老服务中的依托作用，统筹利用各类资源，促进居家、社区、机构养老服务融合发展，养、医、护等资源有效结合，城乡和区域协调发展。

3. 坚持补齐短板、提质增效。着力保基本、兜底线、补短板、调结构，针对薄弱环节，加大投入力度，将养老资源向社区倾斜，向高龄、失能、失智、贫困、伤残、计划生育特殊家庭等困难老年群体倾斜，提高基本居家养老服务供给质量。

4. 坚持重点突破、示范引领。重点围绕增强居家养老服务能力、促进社会力量参与等问题改革创新，培育一批改革先行示范单位，形成一批可复制可推广的试点经验。

(三)主要目标

到2020年，居家养老服务发展短板基本补齐，居家养老服务水平全面提升，在社会养服务体系中的基础地位更加牢固。

1. 制度体系更加完备。居家养老服务的地方性法规颁布实施,用地用房、金融、税费、人才培养等扶持政策和监督管理规范逐步完善,养老服务补贴、重度残疾人护理补贴等社会保障制度有效衔接,有利于政府和市场作用发挥的居家养老服务制度体系基本建立。

2. 服务能力显著增强。符合标准的居家养老服务设施覆盖城乡社区,街道和中心镇建有区域性居家养老服务中心,所有的区域性居家养老服务中心和50%以上的城市社区居家养老服务站实行社会化运营,居家养老服务机构与基层医疗卫生服务机构签约合作率达到90%以上,居家养老服务人员持证和岗前培训率达到80%以上,培育一批小型化、连锁化、专业化服务机构。

3. 服务供给精准高效。居家养老服务供给主体更加多元,各类主体活力得到有效激发,居家养老服务内容更加丰富,特殊和困难老年人的照护需求基本得到保障,四级互通、数据共享的智慧养老服务平台全面运行,居家养老服务标准和质量评估体系更加健全。

4. 社会环境更加友好。全社会积极应对人口老龄化、共建共享养老服务体系的意识显著增强,敬老养老助老的社会风尚更加浓厚,安全绿色便捷舒适的老年宜居环境建设扎实推进,老年人参与社会和互助养老的条件持续改善。

二、主要任务

(一)完善覆盖城乡的居家养老服务网络

1. 推进城乡居家养老服务设施建设。各区县(市)政府要认真贯彻实施《宁波市养老服务设施布局专项规划(2012—2020)》,按照建成"城市十分钟、农村二十分钟"养老服务圈的总体目标,分级规划居家养老服务设施,充分整合基层各类为老服务资源,合理布局设施功能。乡镇(街道)特别是中心镇一般建设1个区域性居家养老服务中心,社区(村)一般建设1个居家养老服务站。面积较小、老年人口较少的社区(村)可与邻近社区(村)共建共享,面积较大、老年人口较多的社区(村)可在居民小区、自然村设立若干服务网点或老年活动室,形成"一中心、一站点、多网点"的居家养老服务网络。2017年,全市新建区域性居家养老服务中心20个、社区居家养老服务站150个以上。

居家养老服务用房列入城市社区配套用房,新建住宅小区按照每百户不少于20平方米建筑面积的标准配建,并与住宅同步规划、同步建设、同步验收、同步交付使用;在建或者已建成住宅小区无居家养老服务用房或者现有用房未达到每百户15平方米建筑面积配建标准的,区县(市)政府应当以社区为单位,通过购置、置换、租赁等方式予以解决。服务用房要相对集中,通过允许异地安置等方式在服务半径内统筹配置。

2. 增强居家养老服务设施功能。区域性居家养老服务中心要发挥资源整合调配、服务转介、人员培训、管理指导等功能,重点设置助餐助浴、康复护理、日间托老、短期托养、老年教育等规模化、专业化服务项目,与区域内社区居家养老服务站形成辐射联动,逐步发展成为"枢纽式为老服务综合体"。社区(村)居家养老服务站除提供文化娱乐活动外,逐步拓展生活照料、康复护理、精神慰藉、法律咨询等服务;居民小区(自然村)服务网点、老年活动室、社区老年教学点等各类为老服务设施,作为居家养老服务站的延伸或补充,为老年人就近参加文化娱乐活动提供便利。加强老年助餐服务,在区域性居家养老服务中心建设"中心食堂",社区(村)设立助餐点,老年人居住较为集中、需求旺盛的社区(村)可单独设立老年食堂,逐步实现老年助餐服务全覆盖。推进居家养老服务机构政策性综合保险,到2017年底参保率达到90%以上。

3. 培育"家院互融"的新型社区养老服务形态及组织。鼓励养老机构通过开放或开辟服务场所、与居家养老服务中心(站)合作等方式,参与提供居家养老服务。老年人居住较为集中的社区可开办小微型养老机构,因地制宜设置适当数量的护理床位为失能老年人提供机构照护服务,同时辐射周边社区,提供日间托老、短期托养、居家照护,以及家庭照护人员和志愿者培训等服务。养老机构提供居家养老服务符合要求的,可同时享受居家养老服务相关补助政策。

4. 提升农村居家养老服务水平。坚持从农村实际出发,建设居家养老服务设施,设置居家养老服务项目,逐步增强老年助餐、日托照料、康复护理等服务功能。鼓励兴建村级老年公寓、农村幸福院等互助性养老服务设施,满足老年人家门口集中养老需求。加强农村敬老院建设,引导农村敬老院在承担政府保障供养服务的基础上,将多余的床位向社会开放,为农村老年人提供居家养老服务。农村基层自治组织要重视老年人的生活、心理和安全等问题,健全农村困难、留守等老年群体的关爱帮扶机制。鼓励专业社会工作者、社区工作者、志愿者为农村留守、困难、孤寡、独居老年人提供关爱保护和心理疏导、咨询等服务。农村集体经济、土地流转等收益分配应充分考虑解决本村老年人的养老问题。

(二)健全基本居家养老服务制度

1. 建立基本居家养老服务项目清单和服务补贴制度。各级政府要全面履行"兜底线、保基本"的职责,进一步完善养老服务补贴制度,重点保障困难和特殊老年群体的基本养老服务需求。全市范围统一实施的服务保障项目有:为本市户籍的特困人员、最低生活保障家庭及最低生活保障边缘家庭、计划生育家庭特别扶助对象、享受国家定期抚恤补助优抚对象、本人或其子女获得过县级以上见义勇为荣誉称号的重度、中度失能老年人落实养老服务补贴,重度失能的每人每月提供不少于45小时的基本居家养老服务,中度失能的每人每月提供不少于30小时的基本居家养老服务;为本市户籍80周岁及以上老年人、最低生活保障家庭及最低生活保障边缘家庭的老年人购买基本意外伤害保险;为本市装有"81890"一键通电话机的老年人家庭提供紧急援助信息服务。各区县(市)可结合当地实际,增加服务项目,扩大服务内容及享受的对象范围。老年人享受的其他福利保障政策涵盖上述政策内容的,按照就高原则享受。

2. 健全老年人需求评估制度。进一步完善老年人需求评估标准,健全评估工作体系,逐步建立第三方评估机制,深化老年人需求评估工作。根据评估结果确定老年人失能等级及其服务需求类型、可享受的养老服务补贴标准等,确保政府保障的基本居家养老服务公平享有、精准提供。

3. 推行政府购买居家养老服务。制定政府购买居家养老服务指导性目录,把面向困难和特殊老年群体的基本居家养老服务优先纳入购买范围。规范政府购买居家养老服务流程,按照竞争择优的原则确定服务承接方,加强对承接方服务行为、服务质量等方面的考核管理。

(三)促进社会力量参与居家养老服务

1. 全面放开养老服务市场。鼓励社会力量投资举办居家养老服务机构,鼓励以承包、租赁、委托等方式开展运营,鼓励家政、物业企业等通过员工培训、标准导入等途径参与居家养老服务,鼓励跨区域引进专业服务团队或服务品牌,培育一批规模化、连锁化、品牌化服务机构。居家养老服务机构申请办理民办非企业单位的,民政部门要依照有关规定进行直接登记,开办资金实行认缴制,并在登记管辖范围内允许其设立多个不具备法人资格的服务网点。居家养老服务机构申请办理营利性企业单位的,市场监督管理部门按照"为老年人提供养护、康复、托管等服务"条目核定经营范围,对多点经营的,依申请按一照多址或分支机构办理登记注册。建立政府指导下的养老服务市场定价机制,居家养老服务机构日托、助餐、助浴、助洁等个性化服务的收费价格应向社会公开,接受有关部门监管。

2. 改革居家养老服务体制。鼓励政府与社会力量合作建设区域性居家养老服务中心、社区居家养老服务站等,场所可由政府无偿提供,并给予一次性建设补助。鼓励乡镇(街道)依托区域性居家养老服务中心,吸纳养老服务企业、社会组织等进驻。推广公建民营模式,政府出资建设的区域性居家养老服务中心、社区居家养老服务站、老年食堂等设施,在不改变设施公共服务功能的前提下,逐步通过招投标、委托运营等竞争性方式,无偿或低偿交由社会力量运营,相应的运营补助发放给运营方。到2017年底,各地50%以上的区域性居家养老服务中心和30%以上的城市社区居家养老服务站实现社会化运营。

3. 鼓励公益慈善等组织参与居家养老服务。鼓励各级慈善组织安排资金支持居家养老服务,鼓励工会、共青团、妇联、残联、红十字会等组织关爱帮扶经济困难、高龄、独居、失能、失智、计划生育特殊家庭等老年人。培育发展各类为老服务公益组织,支持各类养老助老志愿服务活动,探索养老助老志愿服务积分或时间储蓄银行等制度,倡导机关干部和企事业单位职工、大中院校学生积极参加。在社会服务窗口行业中深化"敬老文明号"创建活动。

4. 发挥老年群众组织作用。加大对基层老年协会的资金扶持力度,采取财政投一点、福利彩票公益金出一点、社会力量帮一点的办法,为基层老年协会建设"乐龄工程"、开展日常活动提供必要的保障。鼓励基层老年协会参与居家养老服务设施的运营和管理。培育发展老年互助会、"爱心敲门团"等各类老年互助组织,倡导低龄、健康老年人帮扶高龄、失能、失智、残疾等老年人。

(四)深化社区医养结合服务

1. 增强居家养老服务机构的医疗护理能力。鼓励社区居家养老服务设施与医疗卫生服务设施毗邻而建、资源共享,支持居家养老服务机构设置护理站等医疗护理机构,符合条件的纳入医保定点。推进居家养老服务机构与基层医疗卫生服务机构签约合作,基层医疗卫生服务机构要开通预约就诊绿色通道,派驻执业医师定期巡(义)诊,为老年人提供便捷医疗和健康服务。2017年底,实现50%以上的居家养老服务机构与基层医疗卫生服务机构签约合作。

2. 促进医疗卫生服务进入老年人家庭。鼓励医疗卫生服务机构将医疗护理、康复等服务延伸至老年人家庭,探索为失能老年人设立"家庭病床"。支持市场主体开发和提供多种形式的家庭健康服务。深入推进契约式家庭医生制服务,完善服务项目,为老年人提供定期体检、上门巡诊、慢性病管理、健康指导等服务。力争到2020年底,老年人群签约率不少于60%。

(五)推进老年宜居环境建设

1. 推进既有住宅小区适老化改造。重点做好居家养老服务设施、老年活动室、体育健身场所等公共设施的无障碍改造,以及居住区缘石坡道、轮椅坡道、公共出入口、走道、楼梯、电梯候梯厅及轿厢等设施和部位的无障碍改造。住宅片区有机更新等要强化适老设施的配置与改造。有条件的居家养老服务机构配备爬楼机,供老年人租借使用。引导老年人家庭无障碍设施改造,通过适当的政府补贴分期分批对本市户籍的困难失能老年人家庭进行无障碍设施改造,已享受残疾人无障碍设施进家庭项目补助的不再重复补助。

2. 鼓励开发老年宜居住宅和代际亲情住宅。鼓励发展适合代际共居的通用住宅,满足各年龄段家庭成员尤其是老年人对居住环境的需求。在城镇住房供应政策方面,要鼓励开发老少同居的新社区和有适老功能的新型住宅。

(六)加强居家养老服务人才队伍建设

1. 配强居家养老服务队伍。各乡镇(街道)要配备养老服务管理人员,指导社区及社会组织开展居家养老服务,强化监督管理。区域性居家养老服务中心、社区居家养老服务站要配备养老服务协管员。原则上,区域性居家养老服务中心配备不少于3名,社区居家养老服务站至少配备1名,所需人员可通过政府购买服务或安排公益性岗位、向社会招聘等途径解决。大中专毕业生入职奖补、养老护理人员特殊岗位津贴等标准参照养老机构同等政策执行。

2. 加强居家养老服务人员岗位培训。发挥宁波老年照护与管理学院、养老护理员培训基地作用,开展居家养老服务人员岗位培训,提升服务人员专业能力。鼓励各地开展技能比武、师徒结对等活动,培养一批专业的养老服务人才。

(七)加强行业监管

1. 完善标准规范。加快编制居家养老服务基本规范、区域性居家养老服务中心建设规范等地方标准规范。发布"宁波居家和社区养老服务"标识,在全市居家养老服务机构中推广使用。

2. 强化质量监管。加强对居家养老服务机构日常运营、安全管理和服务质量等方面的监督管理,完善居家养老服务机构等级评定、服务质量评估等机制,评估结果及时向社会公开,并作为居家养老服务机构享受政府有关扶持政策、承接政府购买服务项目的依据。

3. 加强行业自律。加强养老服务业促进会建设,充分发挥促进会在行业自身建设中的积极作用。培育发展养老服务中介组织,协助政府开展养老服务行业教育培训、标准制定、评估认证、质量监管等事务。

(八)推进智慧养老服务

1. 建设智慧养老服务平台。建设集老年人基本信息和养老服务资源信息于一体,管理和服务功能兼备,市、区县(市)、乡镇(街道)和社区(村)四级互通、数据共享的智慧养老服务平台,对接养老服务需求与供给,打造没有围墙的"虚拟养老院"。拓宽养老服务信息与户籍、医疗、社会保障等信息的共享渠道,促进公共信息资源向社会开放。到2020年,所有的区县(市)、乡镇(街道)和社区(村)要全面建立服务老年人的信息平台。完善"81890"老年人应急求助信息服务平台,继续为符合条件的老年人免费安装"一键通"电话机。

2. 发展智慧养老服务新业态。鼓励企业、社会组织、科研机构等设计开发适合老年人的智能化产品、健康监测可穿戴设备、健康养老移动应用软件(APP)等,鼓励运用互联网、物联网、大数据、云计算等技术,探索线上线下相结合的养老服务新模式,为老年人提供服务预约、健康管理、紧急救援、精神慰藉等更加多元、精准的私人订制服务。

(九)发挥家庭照顾的基础作用

1. 弘扬孝亲敬老美德。各级各有关部门和新闻媒体要利用春节、重阳节、中秋节等传统节庆和"敬老月"活动载体,大力弘扬孝亲敬老美德,深入推进孝文化进社区、进家庭、进学校,加大"孝亲敬老人物""最美家庭""好媳妇"等典型挖掘和宣传,倡导社会尊老助老、家庭孝老爱老的良好风尚。

2. 提升家庭照顾能力。鼓励家庭成员与老年人共同生活或就近居住,对老年人进行亲情照顾。实施家庭照护人员培训项目,帮助老年人子女及其他赡养人、扶养人等家庭照护人员掌握老年护理知识和技能,提高失能失智老年人的家庭照护水平。

三、保障措施

(一)加强组织领导

市政府成立宁波市居家和社区养老服务改革试点工作领导小组,建立部门联席会议制度,及时研究解决有关问题。各区县(市)政府要把居家和社区养老服务工作纳入重要议事日程,成立相应组织,落实工作责任,确保各项任务落到实处。

(二)加大资金保障

建立分级负担、基础补助与项目补助相结合的财政投入机制,加强资金使用绩效评估,提高资金使用效率,逐步通过政府购买服务等方式,实施精准化补助。所需专项资金按实列入各级财政年度预算安排。具体补助办法由市民政局、市财政局负责制定。各区县(市)政府要根据财权和事权相匹配原则,落实各项补助资金。

(三)完善政策法规

围绕改革试点各项任务,针对居家养老服务发展中存在的突出问题,制定和完善相关配套政策,做好居家养老服务地方立法的相关工作,不断完善居家养老服务政策法规体系。

(四)强化督查评估

分解落实改革重点任务,把重点任务落实情况列入对市级有关部门、区县(市)政府的目标考核内容。市民政局要加强督促指导,及时总结工作经验,评估工作绩效,对改革成效显著、作用发挥突出的单位和服务机构通过以奖代补的方式予以激励。

本意见自 2017 年 10 月 26 日起施行。

宁波市人民政府
2017 年 9 月 25 日

附录3：江东区家院互融养老助残服务体系扩面工程专项资金使用管理办法（试行）

甬东民〔2011〕16号

第一条 为贯彻落实《关于推进家院互融养老助残服务工作的实施意见》文件精神，加强和规范家院互融养老助残服务体系扩面工程专项资金的管理，提高资金使用效益，制定本办法。

第二条 本办法所指专项资金是指纳入区财政预算，用于家院互融养老助残服务体系扩面工程的专项补助资金（以下简称专项资金）。当年结余的专项资金应当结转下年度使用，不得挪作他用。

第三条 专项资金遵循专款专用、公开透明、注重效益和加强监督的原则。

第四条 专项资金的使用范围

1. 政府为符合条件的老年人、残疾人购买服务资金。用于根据《关于推进家院互融养老助残服务工作的实施意见》实施意见规定，为A类重点会员和B类一般会员购买养老助残服务。服务对象可酌情选择家院互融服务中心提供的各项服务。

2. 区家院互融服务中心场地租赁补助资金。用于区家院互融服务中心场地租赁费用的补助。

3. 区家院互融服务中心和街道家院互融服务站建设资金。用于区家院互融服务中心和街道家院互融服务站装修，设施设备、办公用品的配置，宣传资料的上墙及配发等。

4. 家院互融服务信息平台开发建设和维护资金。用于呼叫中心平台租赁，信息系统开发建设、升级和维护，热线电话的开通和使用，老人机的配备等。

第五条 专项资金的申请、审批及拨付

专项资金由具体实施单位进行申请。根据专项资金不同使用情况，需分别提供下述材料：

1. 政府购买服务对象的人数及分类汇总表及街道、社区初审意见。

2. 区家院互融服务中心和街道家院互融服务站建设计划书及硬件、软件投入预算情况。

3. 区家院互融服务中心场地租赁合同。

4. 家院互融服务信息平台建设和维护合同，硬件投入情况等。

区民政局根据上报材料，按照《关于推进家院互融养老助残服务工作的实施意见》相关规

定进行审核,其中对重度残疾人政府购买服务资金需会同区残联共同审核。

区民政局对经审核通过的资金项目,及时向区财政局申请拨付。区财政局根据区民政局意见,核准资金项目,并及时将资金足额拨付至相关实施单位。其中政府购买服务资金每季度定期拨付一次。

第六条 专项资金的监督管理

1. 区家院互融服务中心应严格执行财务管理规定,实行单独核算,建立收支台账,按照既定用途使用资金,并保证服务质量和资金使用效益。

2. 区民政局负责专项资金的审核,实行专款专用、专项核算。同时加强对专项资金使用情况的检查;区财政局负责落实专项资金,核准资金项目,并及时拨付到位。同时加强对专项资金使用情况的监管;区审计局根据工作进度适时安排对专项资金使用情况进行单项或者专项审计。

第七条 对违反财务制度行为的处理

区财政局和区民政局每年将联合组织有关部门对专项资金的使用情况进行检查,发现违规情况的,要根据具体情况采取措施,包括解除合同、取消申请资格、停止拨款、追回专项资金等。构成违法犯罪行为的,按照有关法律、法规处理。

第八条 本办法由区财政局和区民政局负责解释,本办法自发布之日起施行。

江东区民政局　江东区财政局
2011 年 6 月 24 日

附录 4：家院互融"365 必到"安全服务工作规范

甬东民〔2011〕17 号

为贯彻《江东区推进家院互融养老助残服务工作的实施意见(试行)》文件精神，加强对家院互融"365 必到"安全服务工作的监督管理，落实服务内容，促进工作制度化建设，保障服务对象生活安全。根据相关文件精神，制定本规范。

一、"365 必到"安全服务目标

将"365 必到"安全服务纳入家院互融养老助残服务体系，加强"365 必到"安全服务标准化、规范化、专业化、制度化建设，建立健全监督机制，加强服务队伍建设，不断提升服务水平，确保服务对象生活安全，切实提高服务对象生活质量。具体要达到以下目标：

1. 及时、准确掌握服务对象基本生活安全状况。
2. 消除服务对象家中用电、用气、用水等安全隐患。
3. 及时了解服务对象基本需求并反馈给家院互融服务中心或服务站。

二、"365 必到"安全服务对象

1. 具有江东区户籍并居住在江东区的最低生活保障或社会扶助证家庭中的 60 周岁及以上独居老年人和居家养残体系中纳入家院互融政府购买服务的重度残疾人。
2. 具有江东区户籍并居住在江东区的 80 周岁及以上独居老年人。
3. 具有江东户籍并居住在江东区的 70~79 周岁独居老年人，60 周岁及以上享受因病致贫专项补助家庭的老年人和重点优抚对象老年人。

原则上对上述服务对象"365 必到"安全服务工作人员必须每天上门看望。确因服务对象自身要求主动提出更改服务形式的，在了解其具体原因后，分三种情况进行服务：一是生活自理能力重度依赖的服务对象仍必须坚持每天上门服务；二是生活自理能力轻中度依赖的服务对象，可根据对方意愿改为每天电话问候，同时每隔三天必须上门一次；三是生活自理能力正常且身体无重大疾病的服务对象，可根据对方意愿，以电话问候为主，同时保证每周进行安全检查一次。

三、"365必到"安全服务流程

"365必到"服务是区家院互融服务中心根据政府要求,对政府购买服务对象提供的基础性服务。服务中心和街道服务站工作人员必须按照以下流程做好相关工作:

1. 按要求分别上门看望或电话问候服务对象,及时观察服务对象的精神和心理状况。
2. 了解服务对象基本情况及各种服务需求。
3. 检查服务对象家中存在的安全隐患。重点检查用电、用气是否安全、电器设备运转是否正常、户内是否通风、门窗是否破损等。
4. 及时排除检查发现的各种安全隐患,并对一时难以排除的做好登记上报服务中心,同时告之亲属。
5. 详细记录服务情况。
6. 每天汇总"365必到"安全服务情况,对服务中发现的问题和服务对象的意见建议及时汇报相关街道家院互融服务站。

四、"365必到"安全服务规范

1. 服务时间:上午8:00~11:30,下午2:00~5:00,具体可以根据服务对象需求作个性化调整。
2. 服务人员上班实行考勤制度。考勤由工作所在街道家院互融服务站负责。
3. 服务人员应文明服务、规范服务。需身着规定制服、佩带工作牌及徽章上岗。
4. 服务人员对服务对象应一视同仁,服务热情周到,能积极和服务对象交流沟通,耐心听取服务对象意见,能落实各项服务内容。
5. 服务人员应公私分明,不得向服务对象及其家属索要财物。
6. 服务人员应不断加强业务水平,提高应变突发事件的能力,避免安全事故发生。

五、加强监督考核

区家院互融服务中心要加强对"365必到"安全服务人员的监督考核力度。通过开展服务对象满意率测评、定期不定期抽检等方式对服务人员工作进行考核,并根据考核情况进行相应奖惩。民政部门和街道适时对服务开展情况进行监督检查,及时掌握动态信息并采取相应措施。

2011年6月27日

附录 5：江东区家院互融服务中心工作考核实施办法

甬东民〔2011〕18 号

为贯彻落实《江东区推进家院互融养老助残服务工作的实施意见（试行）》文件精神，规范和完善家院互融工作，确保更多的老年人、重度残疾人享受到多样化、专业化服务，结合工作实际，制订《江东区家院互融服务中心工作考核实施办法》。

一、指导思想

以科学发展观为指导，围绕构建社会主义和谐社会的目标，切实推进我区家院互融养老助残服务体系建设，确保家院互融服务水平和质量，提升老年人、重度残疾人生活质量，推进全区养老助残服务社会化和专业化发展，为促进经济、社会和人的全面发展发挥积极作用。

二、考核对象

江东区家院互融服务中心。

三、考核实施单位

考核工作由区民政局牵头负责实施。考核分为考核小组考核和服务对象考核两方面。其中考核小组成员由区民政局、有关专家、街道、社区组成。服务对象在考虑服务人数的基础上，合理划定各街道所占份额，并按不少于 3% 的比例在政府购买服务对象中随机抽取。

四、考核时间

每半年一次，于每年的 5 月、11 月进行。

五、考核内容

以区家院互融服务中心建立组织机构、落实工作职责、资金管理使用及完成工作情况等为主要内容进行考核(具体内容见附表 A、附表 B)。

六、考核方式

1. 考核分为考核小组考核和服务对象考核两方面进行,并计算综合考核分,满分 100 分。其中考核小组考核采取听工作汇报、查台账资料、座谈听取意见建议等方式进行。由小组成员分别按考核表内容进行打分,总计后计算平均分,并以 50% 计入综合考核分。服务对象考核采取座谈、上门、电话等方式进行。考核时每个服务对象填写一张考核表打分,总计后计算平均分,并以 50% 计入综合考核分。

2. 反馈。由牵头单位区民政局负责反馈。

七、奖惩办法

1. 考核情况分为优秀(90 分以上)、良好(90～76 分)、合格(75～60 分)、不合格(60 分以下)。其中以服务对象考核为基础,如服务对象考核不合格则综合考核为不合格,服务对象考核为合格及以上,则按实际综合考核情况计分。

2. 考核情况记入家院互融工作档案,并与年度下拨资金挂钩。对半年考核在合格及以上的,区民政局将按规定拨付相关资金;对一次考核不合格的,区民政局将通知限期整改;对连续两次考核不合格的,区民政局将停止拨款直至解除合同、取消项目承接资格。

附表:A. 考核小组对区家院互融服务中心考核表
　　　B. 服务对象对区家院互融服务中心考核表

2011 年 6 月 29 日

附表A 考核小组对区家院互融服务中心工作考核表

序号	项目	考核内容	评分标准	考核办法	分值
1	组织领导与机构设置	成立家院互融服务中心、街道家院互融服务站，有专门工作场所和办公设施；建立工作班子，配备专职管理和工作人员；建立工作考核和联系街道、社区责任制度，落实目标任务责任，加强工作指导	建立专门工作机构，有固定工作场所，配备固定专职经办人员，有专用的电脑等办公设施，得5分；建立工作考核及联系街道社区责任制度并加强工作指导得5分	实地验收工作场所，查看书面文件、任务分解表及考核、责任办法材料	10
2	资金使用	严格按照《江东区家院互融养老助残服务体系扩面工程专项资金使用管理办法》贯彻执行	专项资金遵循专款专用、公开透明、注重效益和加强监督的原则使用得25分	查看相关使用登记账册等	25
3	安全工作	半年安全综合治理工作达标，无重大责任事故；年服务对象有效投诉率在10起以下；未发生因工作不落实而发生的服务对象安全事故	重视安全生产工作，半年无重大责任事故得10分；年有效投诉率在10起以下，未发生服务对象安全事故得10分	查看相关登记记录，统计安全工作责任事故数	20
4	工作人员培训及宣传工作	开展形式多样的宣传活动，宣传资料发放到户；每季度编印《家院互融简报》，不断提高居民家院互融工作知晓率；加大业务培训，每年举办各类业务培训班，不断提高工作人员服务能力	培训措施得力，工作人员通过培训工作能力得到较大提升得5分；宣传发动组织有力，手段多样，效果好，群众对家院互融工作知晓率不断提高得5分	查看有关记录，询问相关人员，访问服务对象	10
5	档案登记	扎实做好服务对象登记受理、动态调整及信息输入工作；服务对象一人一档，并能按规定及时上报相关表册	完成服务对象详细情况统计，进行动态登记、工作进度登记及时正确得5分	查看相关登记、统计表	5

续表

序号	项目	考核内容	评分标准	考核办法	分值
6	服务成效	服务质量上乘,落实服务承诺;文明服务、规范服务,对服务对象有爱心;能按"365必到"安全服务规范落实服务;能满足服务对象的服务需求,服务响应度高,且及时有效	服务质量好,服务人员工作态度认真得10分;全面落实"365必到"安全服务规范,服务及时有效得10分;有专门工作人员上门服务,服务响应度高,且服务效果明显的得10分	听取汇报,查看相关资料,询问相关服务对象	30
7	加分	不断拓展思路,对推进家院互融工作有典型示范作用的创新举措	某项工作方式有创新,并对推进家院互融工作有典型示范和推动作用,加分最多不超过5分	由区家院互融服务中心提出,考核小组认定	
合 计					100

附表 B　服务对象对区家院互融服务中心工作考核表

序号	项目	考核内容	评分标准	考核办法	分值
1	服务态度	对服务对象一视同仁,能积极和服务对象交流沟通,服务热情周到,对服务对象有爱心	服务热情周到,能诚恳、耐心听取服务对象意见,对服务对象有爱心得10分;对服务对象一视同仁,交流沟通顺畅得10分	服务对象座谈、上门访谈、电话访谈	20
2	服务规范	严格执行各项规章制度,着装整洁,文明服务,规范服务,不向服务对象及其家属索要财物;服务完毕及时做好登记确认	严格执行各项服务规章得10分;服务文明规范,着装整洁,得10分;不向服务对象及其家属索要财物,服务完毕及时做好登记得10分	服务对象座谈、上门访谈、电话访谈	30
3	服务专业性	服务人员工作态度认真,踏实能干,对所负责的服务专业精通,能较好提供相应服务;对负责的服务对象基本情况能做到心中有数	服务人员对所负责服务专业精通,能较好提供相应服务得7分;对服务对象情况熟悉得3分	服务对象座谈、上门访谈、电话访谈	10
4	服务主动性	能主动征求服务对象意见并有反馈;能主动为服务对象排忧解难	能主动征求服务对象意见并有针对性的反馈意见得5分;能主动为服务对象排忧解难得5分	服务对象座谈、上门访谈、电话访谈	10
5	服务质量	能落实服务承诺,服务响应度高;能及时有效提供并完成服务,服务质量上乘	服务质量过硬,服务口碑良好得15分;服务响应度高,完成及时的得15分	服务对象座谈、上门访谈、电话访谈	30
合　计					100

附录6：江东区推进家院互融养老助残服务工作的实施意见（试行）

为进一步完善我区养老助残服务体系，大力发展老年福利事业和残疾人事业，根据《关于加快推进养老服务体系建设的意见》（甬政发〔2010〕77号）和《关于加快推进残疾人社会保障体系和服务体系建设的通知》（甬政发〔2010〕109号）等文件精神，现就推进家院互融养老助残服务工作，提出如下实施意见。

一、指导思想

坚持以邓小平理论和"三个代表"重要思想为指导，深入贯彻落实科学发展观，按照"职责明确、机制完善、服务优良、监管到位"的工作原则，完善政策，加大投入，整合居家与机构养老助残服务，加快建立健全以独居老年人和重度残疾人为重点对象，以现代信息网络为管理手段、以专业化服务为主要特征的家院互融养老助残服务体系。

二、工作目标

2011年5月底前建立适合服务对象需求的专业化服务队伍并完成服务队伍的培训工作；2011年6月底前完成各街道家院互融服务站建设。到2011年底，初步建立"组织融合、信息融合、功能融合、情感融合"的家院互融服务体系，使居家老人、重度残疾人能够享受到多样化、专业化服务，使居住在福利机构内的老年人、重度残疾人感受更多的居家照顾，共享改革发展的成果。

三、主要任务

（一）着力统筹居家和机构养老助残服务资源

1. 坚持统筹规划。大力推进养老助残服务设施建设，建立区家院互融服务中心和街道家院互融服务站，明确服务中心和服务站的工作内容、流程，制定相关制度以及考核标准。加快组建一支服务人员队伍，为满足全区老年人、重度残疾人日趋多样化、专业化的养老助残需求打下坚实的组织基础。

2. 整合服务内容。区家院互融服务中心和各街道家院互融服务站要做好家政便民服务、"365必到"安全服务等10大类81项服务，并不断扩大服务对象，拓展服务领域，逐步走专业化和市场化的发展路子。

3. 明确服务职责。各社区居家养老助残服务中心要继续做好原居家养老助残的服务项目，并宣传落实好居家养老助残服务的相关政策，及时反映社区老年人、重度残疾人的各种需求。发挥社区志愿者作用,积极开展丰富多彩的文化、教育、体育等活动,并指导、监督家院互融服务工作。

(二)着力构建信息化养老助残服务平台

1. 构建养老助残信息服务平台。在整合我区居家养老助残和集中养老助残实体服务网络的基础上,开发建立家院互融管理服务信息系统,推进服务中心和服务站点的信息化管理,实现虚拟网络与实体网络的相互融合,逐步做到信息的互通共享。

2. 充实完善老年人需求服务信息库。在区、街道、社区三级共享的养老助残服务信息库的基础上,有效整合信息库与社会救助信息系统,及时更新相关信息。

3. 加快建立养老助残服务呼叫系统。开通家院互融服务专线,把服务对象的定制话机和家院互融服务中心电话组成虚拟网,通过信息技术不断拓展服务功能。

(三)着力推进服务对象分类管理

通过政府购买服务和实施分类管理等方式,不断扩大服务的受益面,优化服务内容,提高服务水平。

A 类:重点会员

A1:服务对象为具有江东区户籍并实际居住在江东区的持有最低生活保障证或社会扶助证家庭中的需要护理的 60 周岁及以上老年人,享受由政府购买的专业化可选择的服务,标准为每人每月 240 元;其中独居对象同时享受"365 必到"安全服务,标准为每人每月 50 元。

A2:服务对象为具有江东区户籍并实际居住在江东区的持有江东区残疾人二代证的需要护理的一级、二级视力,肢体,智力,精神重度残疾人以及 70 周岁及以上听力、言语残疾人。政府购买服务的标准为每人每月 200 元,其中 150 元为专业化可选择的服务,50 元为"365 必到"安全服务。

B 类:一般会员

B1:服务对象为具有江东区户籍并实际居住在江东区的 80 周岁及以上的纯老家庭老年人(含独居和双方均在 80 周岁及以上老年人)。独居老年人政府购买服务的标准为每人每月 110 元,其中 60 元为专业化可选择的服务,50 元为"365 必到"安全服务。双方均在 80 周岁及以上老年人政府购买服务的标准为每人每月 60 元,享受专业化可选择的服务。

B2:服务对象为具有江东区户籍并实际居住在江东区的 70~79 周岁需要护理的独居老年人,60 周岁及以上享受因病致贫专项补助家庭的老年人和重点优抚对象老年人。政府购买服务的标准为每人每月 80 元,其中 30 元为专业化可选择的服务,50 元为"365 必到"安全服务。

C 类:体验会员

除 A、B 类以外的其他老年人和残疾人。由家院互融服务中心提供专业化市场化服务,收费低于市场价格 10%并实现全区统一标准。

对福利机构内的老年人和残疾人,要不断加大机构与社区的融合,社区要积极将社区资源向福利机构内的老年人和残疾人开放。

(四)着力完善透明公开的审批管理程序

符合家院互融A、B类服务对象条件的老年人和残疾人可由本人或家属向居住地社区居委会提出申请,由受理社区居委会进行情况核实,并提出初步意见后报街道办事处。街道办事处对社区居委会的核实意见进行初审,对符合条件的老年人和残疾人列入区家院互融服务对象名单,分别报区民政局或区残联审批备案。区民政局或区残联将批准后的服务对象名单提供给区家院互融服务中心,并同时将审批情况反馈给街道,由街道通知服务对象本人。新增服务对象每半年报批一次。服务对象因死亡、户口迁移或居住地移到区外等不再符合A、B类服务对象条件的,要及时退出服务并予以注销。

四、工作要求和保障措施

(一)加强组织领导

推进家院互融服务工作是"十二五"期间我区全面改善民生促进社会和谐、提升居民生活品质的一项重要工作内容。各街道、各有关部门要充分认识开展家院互融服务工作的重要性和必要性,按照全区统一部署和总体要求,认真组织实施,切实抓好落实。区政府将成立专门的领导小组,各街道也要成立家院互融服务工作领导组织,做到及早谋划、通盘考虑、有序推进。

(二)明确工作职责

区民政局要加强对推进家院互融服务工作的统筹、指导、协调和监督,加快完善区级家院互融服务中心建设。区财政局要做好资金预算安排,为全面推开家院互融服务工作提供资金保障。区审计局要加强资金使用情况的审计和监管。区残联要加强对残疾人服务对象服务质量跟踪等工作。各街道、社区要切实做好家院互融服务站建设和服务对象基础数据的采集对接工作,按月做好信息系统和服务对象的动态数据维护。区家院互融服务中心要不断加强人员培训和内部管理,努力提升居民群众的满意度。

(三)营造社会氛围

各街道、社区要加大对家院互融服务工作的宣传力度,使广大居民群众家喻户晓。要创新思路积极争取社会各界的支持和参与养老助残服务,继续发挥"红蚂蚁"等社会各类助老志愿组织的优势,动员更多的社会组织和群众关注、参与这项工作,使之拥有更为广泛的群众基础和更为持久的生命力。

附录

附录7：宁波市鄞州区人民政府办公室关于全面推进家院互融养老服务工作的实施意见

各镇政府、街道办事处，区政府各部门、直属单位：

为进一步完善我区社会养老服务体系，大力发展养老服务业，根据《浙江省人民政府关于加快发展养老服务业的实施意见》（浙政发〔2014〕13号）、《宁波市人民政府关于宁波市居家和社区养老服务改革试点工作的实施意见》（甬政发〔2017〕69号）等文件精神，经区政府同意，现就推进家院互融养老服务工作，提出如下实施意见。

一、指导思想

贯彻落实党中央、国务院、省、市有关养老服务的方针政策和重要决策部署，按照供给侧结构性改革和补齐短板的要求，完善政策，加大投入，整合居家与机构养老服务资源，满足广大老年人多层次、多样化的养老服务需求，切实增强人民群众的获得感，为我区加快建设"名城强区"打下坚实基础。

二、工作目标

2018年年底前完成鄞州区家院互融中心建设，每个镇（街道）建有1个家院互融服务站，家院互融养老服务实现全覆盖。2020年年底前完成区域性居家养老服务机构布点建设，建立起与经济社会发展相适应的"组织融合、信息融合、功能融合、情感融合"的家院互融养老服务体系，使居家老人能够享受到多样化、专业化服务，养老机构内老人享受到更多家庭般的照料，把家院互融养老服务打造成机构养老和居家养老互通、专业化和市场化并重、政府购买和社会服务互补、医养相结合的社会化养老服务体系。

三、主要任务

（一）完善养老服务设施网络布局

1. 推进服务设施建设。落实《宁波市养老服务设施布局专项规划（2012—2020）》，分级规划养老服务设施，充分整合基层各类为老服务资源，合理布局设施功能。严格按照养老机构设立许可和等级评定要求，切实加大公办养老机构消防整改和设施升级改造力度，加强对民办养老机构的选址、建设等方面的指导和管理，加快推进养老机构服务质量提升。优化居家养老服务机构建设布局，镇（街道）至少建设1个具备功能辐射、资源配置、服务转介、人员培训等作用的区域性居家养老服务中心，内设具备社会化机构实施家院互融政府购买服务管理功能的家院互融服务站，与区域性居家养老服务中心同步规划、同步建设。村（社区）一般

215

建设1个具备生活照料、康复保健、文化娱乐、精神慰藉、法律咨询等功能的居家养老服务站。面积较小、老年人口较少的村(社区)可与邻近村(社区)共享共建;面积较大、老年人口较多的村(社区)可在居民小区、自然村设立若干个服务网点或老年活动室,形成"一中心、一站点、多网点"的家院互融居家养老服务网络。

2. 保障服务用房面积。居家养老服务用房列入城市社区配套用房,新建住宅小区按照每百户不少于20平方米建筑面积的标准配建,并与住宅同步规划、同步建设、同步验收、同步交付使用;在建或者已建成住宅小区按照每百户建筑面积不少于15平方米的标准配置居家养老服务用房,用房不足的通过购置、置换、租赁、改造等方式予以解决,服务用房应相对集中。农村居家养老服务用房应按照宁波市地方标准《居家养老服务机构等级规范》相关规定予以配置。

3. 培育新型服务形态。鼓励养老机构通过开放或者开辟服务场所、与居家养老服务机构合作等方式,参与提供居家养老服务。老年人较为集中的村(社区)可根据自身实际,开办嵌入式养老机构,因地制宜设置适当数量的护理床位为需要护理的老年人提供机构照护服务,同时辐射周边村(社区),提供日间托养、短期托养、居家照护以及家庭照护人员和志愿者培训等服务。养老机构提供居家养老服务符合要求的,可同时享受居家养老服务相关补助政策。

4. 提升农村服务水平。从农村实际出发,建设符合农村现状的养老服务设施,设置符合农村老人实际需求的养老服务项目,因地制宜开展老年助餐、康复护理等服务功能。鼓励兴建村级老年乐园、老年公寓等农村互助型养老服务设施,满足农村老人家门口养老的服务需求。完善农村敬老院服务功能,引导敬老院在承担政府保障供养服务的基础上,将多余床位向社会开放,为农村老年人提供居家养老服务,真正实现家院互融。农村基层自治组织要重视老年人的生活、心理和安全等问题,健全农村困难、留守等老年群体的关爱帮扶机制。鼓励专业社会工作者、社区工作者、志愿者为农村留守、困难、孤寡、独居老年人提供关爱保护和心理疏导、咨询等服务。农村集体经济、土地流转等收益分配应充分考虑解决本村老年人的养老问题。

(二)提升家院互融服务运营品质

1. 深化家院互融中心建设。家院互融中心和社会养老服务指导中心合署办公,负责指导全区的家院互融服务工作。一是升级智慧养老信息平台,打造"一库(老年人基本数据库)一线(服务热线)一机(老人机)一系统(家院互融管理系统)一公众号(家院互融微信公众号)"的信息化服务网络,联接全区养老服务机构,是全区养老资源信息中心,也是全区养老服务的监管中心。二是孵化志愿助老组织,引进志愿助老社会服务组织,通过减免房租和水电费用、补助开办经费等,重点培育"红蚂蚁"、"雨花助老"等优秀助老志愿组织,设立时间银行,建立志愿助老长效反馈机制。三是创办健康养老中心,建立集康复理疗、智能化健康服务和日间照料中心为一体的示范性健康服务中心,依托智能化社区卫生服务站或配备健康自测等智能

附 录

化健康服务设备,引进社会化康复理疗机构和专业心理治疗机构,开设健康自测管理、推拿、理疗、心理援助和日间照护等服务。四是建设为老服务基地,引进优质社会化养老服务机构,辐射全区养老服务,发展成为区级"枢纽式为老服务综合体",进一步提高我区养老服务品质。将家院互融中心打造成省内外有较大知名度的社会化养老示范基地和专业化服务辐射基地。

2. 探索社会化运营机制。家院互融政府购买服务按照政府采购法律法规和规章制度规定,统一纳入政府采购管理,根据政府购买服务项目的采购需求特点,采用公开招标的形式,确定若干家社会化承接主体入围,承接我区的家院互融政府购买服务。鼓励社会力量投资举办或以承包、租赁、委托等方式参与养老服务机构运营。各镇(街道)按照先易后难、逐年推进的原则,选择一批社会化运营意愿强、基础条件较好的养老服务机构优先开展社会化运营工作,通过社会化资源配置,实现养老服务机构运营效益的有效提升。加强对社会化承接主体的监督管理,建立政府指导下的养老服务市场定价机制,养老服务机构服务收费价格向社会公开,接受有关部门监管。

3. 拓展养老服务内涵。加强老年助餐服务,AAA级及以上居家养老服务机构应具备老年助餐能力。在示范性和区域性居家养老服务中心建设"中心食堂",向周边村(社区)辐射,村(社区)设立助餐点。老年人居住较为集中的、需求旺盛的村(社区)可单独设立老年食堂,到2018年年底,通过兴建食堂、中央厨房配送和邻里协助等实现助餐、配送餐服务覆盖80%以上城乡社区,逐步实现老年助餐服务全覆盖。增强居家养老服务机构的医养融合能力,鼓励村(社区)居家养老服务机构与医疗卫生服务设施毗邻而建、资源共享。完善居家养老服务机构与基层医疗卫生机构签约合作机制,提供医疗巡诊、健康管理、保健咨询、预约就诊、中医养生保健等服务。鼓励医疗卫生服务机构将健康管理服务延伸至社区、家庭,通过家庭医生签约服务、基本公共卫生服务、城乡居民健康体检等工作,为老年人提供医养护一体化服务。探索为失能老人设立"家庭病床"。深入推动家院互融"健康直通车"服务,完善服务项目,为老年人提供定期体检、上门巡诊、慢病管理、健康指导等服务。

4. 推进智慧养老服务。通过融合家院互融信息化和"机构—日托—居家"三位一体为老服务两个管理平台,建设集老年人基本信息和养老服务资源信息于一体,管理和服务功能兼备,区、镇(街道)和村(社区)三级互通、数据共享的智慧养老服务平台。适时推广适合老年人的智能化产品、健康监测可穿戴设备、健康养老移动应用软件(APP)等,鼓励运用互联网、物联网、大数据、云计算等技术,探索线上线下相结合的养老服务新模式,为老年人提供更加多元、精准的养老服务。到"十三五"末,所有镇(街道)和村(社区)要全面建立老年人基本信息数据库,完善81890老年人应急求助信息服务平台,继续为符合条件的老年人免费安装"一键通"电话机。

(三)健全完善政府购买服务制度

1. 明确服务对象。通过政府购买服务和实施分类管理等方式,不断扩大服务的受益面,优化服务内容,提高服务水平。

A类:重点对象

具有鄞州区户籍并实际居住在鄞州区的特困人员、最低生活保障家庭及最低生活保障边缘家庭、计划生育家庭特别扶助对象、享受国家定期抚恤补助的优抚对象、本人或其子女获得过区级以上见义勇为荣誉称号,经评估照护等级为重度、中度、轻度的老年人。重度标准为每人每月45小时,中度为每人每月30小时,轻度为每人每月12小时。

B类:高龄对象

具有鄞州区户籍并实际居住在鄞州区的80周岁及以上空巢老年人、70周岁及以上属于计划生育家庭特别扶助对象的老年人,标准为每人每月3小时。

C类:一般对象

具有鄞州区户籍并实际居住在鄞州区的60周岁～79周岁的经评估照护等级为轻度及以上的独居老年人,标准为每人每月2小时。

以上标准均为基本居家养老服务时间或等价的可选择性服务时间。《宁波市居家养老服务条例》相关实施细则出台后,高龄对象将根据实施细则再行调整。

2. 优化评估机制。通过公开招投标方式,引进有资质、有服务能力的第三方老年照护等级评估机构,对申请对象的生理、精神、生活状况等方面进行综合评估,根据评估结果确定照护等级、照护方式与服务内容,作为其享受家院互融政府购买服务、养老服务补贴、入住公办养老机构的资格准入条件。老年人照护等级评估根据《鄞州区老年照护等级评估工作实施方案》(附件)执行。

3. 严格审核程序。符合家院互融政府购买服务对象条件的老年人可由本人或家属向户籍地村(社区)提出申请,由受理村(社区)进行基本情况初步核实,并提出初步意见报镇(街道)。镇(街道)对村(社区)的核实意见进行初审,汇总报区民政局审核,区民政局将符合条件的老年人交由第三方评估机构进行老年照护等级评估,根据评估结果明确老年人享受的政府购买服务类别,及时将审核结果反馈至镇(街道)及服务承接单位,并由村(社区)将审核结果告知申请人。镇(街道)应对每月新增及类别调整家院互融政府购买服务对象开展动态报审。服务对象因死亡、户口迁移或居住地移到区外、入住养老机构等不再符合服务对象条件的,要及时退出服务并予以注销。

4. 建立调整机制。建立家院互融政府购买服务经费标准与最低工资标准的联动机制,以宁波市非全日制最低工资的1.5倍作为家院互融基本居家养老服务的小时工资标准。家院互融政府购买服务与养老服务补贴、困难残疾人生活补贴和重度残疾人护理补贴等不能同时享受,服务对象可按照就高、自愿原则选择。

(四)落实老年人安全守护措施

1. 完善活动场所无障碍设施改造。加快推进已建成住宅小区的坡道、公厕、楼梯扶手等与老年人日常生活密切相关的公共设施无障碍改造。鼓励和支持符合条件的多层住宅加装电梯。鼓励老年人家庭对日常生活设施进行无障碍改造,区财政按照省市有关规定对最低生活保障家庭及最低生活保障边缘老年人家庭的无障碍改造给予一定的补助。区民政部门应当在区域性居家养老服务中心和城乡社区居家养老服务站配置或者鼓励社会力量提供方便老年人出行、上下楼梯的辅助器具,供社区内失能、半失能、高龄居家老年人借用。

2. 建立老年人意外伤害保障机制。为鄞州区户籍80周岁及以上老年人、计划生育家庭特别扶助对象、最低生活保障家庭及最低生活保障边缘家庭的老年人购买意外伤害保险,减轻老年人家庭因意外伤害造成的经济负担,提高老人及其家庭的伤害防护保障能力。

3. 加强老年人紧急救援服务能力。为鄞州区户籍80周岁及以上老年人以及患有重度慢性疾病的老年人家庭免费安装应急呼叫设施,提供紧急救援信息服务。

(五)加强养老服务人才队伍建设

1. 配强养老服务专职管理人员。各镇(街道)要配强养老服务管理人员,指导村(社区)及社会承接机构落实日常管理职责。区域性居家养老服务中心、村(社区)居家养老服务站要配备专职的养老服务协管员,原则上区域性居家养老服务中心配备不少于3名,村(社区)居家养老服务站至少配备1名,所需人员可通过政府购买服务、安排公益性岗位或向社会招聘等途径解决。对进入养老机构和居家养老服务机构工作的大中专毕业生和养老护理员,可享受相应的大中专毕业生入职奖补及养老护理员特殊岗位津贴等政府补助。

2. 加强专业技术人员岗位培训。建立健全职业化的服务队伍培训机制,将培训机制与激励机制相结合,依托宁波市老年照护与管理学院等社会化培训机构,引导服务队伍积极参与培训,提升养老从业人员的专业技术能力和业务素质。鼓励开展技能比武、师徒结对等活动,培养一批专业的养老服务人才队伍。

(六)充分发挥为老志愿服务力量

1. 扩大公益慈善组织参与服务广度。积极培育发展为老服务公益慈善组织,引导公益慈善组织参与养老服务。发挥工青妇团、残联、红十字会等组织作用,开展老年人关爱帮扶活动,丰富养老服务内容。扶持发展各类为老服务志愿组织,广泛开展养老助老志愿服务活动。倡导机关干部和企事业单位职工、在校学生参加养老服务志愿活动。建立志愿服务奖励、回馈等激励制度,探索养老志愿服务积分或时间储蓄银行等制度,推动养老助老公益志愿服务的项目化运作。支持社会服务窗口行业开展"敬老文明号"创建活动。

2. 深化老年群众组织参与服务深度。加大对基层老年协会的资金扶持力度,采取财政投一点、福利彩票公益金出一点、社会力量帮一点的办法,为基层老年协会建设"乐龄工程"、开展日常活动提供必要的保障。加强基层老年协会建设,鼓励基层老年协会参与居家养老服务设施的运营和管理。培育发展老年互助会、"爱心敲门团"等各类老年互助组织,倡导低龄健康老人帮扶高龄、困难老人,深入开展银龄互助、以老助老、邻里守望等活动。

(七)发挥家庭照料护理基础作用

1. 提升家庭照护能力。鼓励家庭成员与老年人共同生活或就近居住,对老年人进行亲情照顾。设立家庭照护人员培训基地,实施家庭照护人员培训项目,帮助老年人子女、赡养人、扶养人等家庭照护人员掌握老年人护理知识和技能,提高失能失智老人的家庭照护水平。

2. 弘扬孝亲敬老美德。有关部门和新闻媒体要利用春节、重阳节、中秋节等传统节庆和"敬老月"活动载体,大力弘扬孝亲敬老美德,深入推进孝文化进社区、进家庭、进学校,加大"孝亲敬老人物"、"最美家庭"、"好媳妇"等典型挖掘和宣传,倡导社会尊老助老、家庭孝老爱老的良好风尚。

四、工作要求和保障措施

(一)加强组织领导。推进家院互融养老服务工作是"十三五"期间我区全面改善民生、促进社会和谐、提升老年人生活品质的一项重要工作内容。各镇(街道)、各有关部门要充分认识开展家院互融养老服务工作的重要性和必要性,按照全区统一部署和总体要求,认真组织实施,切实抓好落实。

(二)明确工作职责。区民政局要加强对推进家院互融养老服务工作的统筹、指导、协调和监督,推进家院互融养老服务工作健康开展。区财政局要做好资金预算安排,为全面推开家院互融养老服务工作提供资金保障,对政府购买服务资金实施补助,一类(镇)街道补助50%,二类(镇)街道补助90%,实行部门预算的9个街道全额由区财政承担。区卫生部门要做好老年人照护等级评估、医养融合等工作的指导和监督。区公安、交通、消防等部门要加强对养老服务机构周边环境的整治和管理。区残联要建立老年残疾人参与社会养老服务的共享机制,不断完善扶残养老的政策体系。区审计局要加强资金使用情况的审计和监管。各镇(街道)、村(社区)要加大经费投入,安排足额配套资金,切实做好家院互融养老服务站建设和服务对象基础数据的采集对接工作,按月做好信息系统和服务对象的动态数据维护。

(三)完善政策体系。围绕家院互融养老服务工作推进各项任务,针对家院互融养老服务发展中存在的问题和困难,制定和完善实施细则、资金管理办法、考核管理办法、老年照护等级评估细则等相关配套政策文件,建立健全家院互融养老服务政策体系。

(四)强化督查评估。相关单位要把推进家院互融养老服务工作列入年度重点工作,及时总结工作经验,完善事前、事中和事后监管体系。区民政局要加强督促指导,评估工作绩效,对工作成效显著、作用发挥突出的单位和服务机构通过以奖代补的方式给予激励,推动家院互融养老服务工作深入开展。

(五)营造社会氛围。各镇(街道)、村(社区)要加大对家院互融养老服务工作的宣传力度,使广大群众家喻户晓。要创新思路积极争取社会各界的支持和参与,继续发挥"红蚂蚁"等社会各类助老志愿组织的优势,动员更多的社会组织和群众关注、参与家院互融养老服务工作。要充分利用广播电视和新媒体等各类宣传手段,广泛开展家院互融政策措施、先进事迹等宣传，在全社会形成孝老、爱老、敬老、助老的良好氛围。

本意见自 2018 年 7 月 1 日起施行，《关于印发宁波市鄞州区居家养老服务站建设实施方案的通知》（鄞政办发〔2012〕115 号）、《江东区人民政府办公室关于进一步推进家院互融养老助残服务工作的实施意见》（东政办发〔2013〕48 号）同时废止。

附件：鄞州区老年照护等级评估工作实施方案

宁波市鄞州区人民政府办公室
2018 年 5 月 21 日

附件

鄞州区老年照护等级评估工作实施方案

为进一步加快发展养老服务业，积极探索建立统一的老年照护等级评估机制，有效配置社会养老服务资源，根据《宁波市人民政府关于宁波市居家和社区养老服务改革试点工作的实施意见》（甬政发〔2017〕69 号）文件要求，结合本区实际，推动本区养老服务评估专业化、标准化、人性化和公平公正，特制定本实施方案：

一、工作目标、原则

（一）工作目标

通过家院互融信息平台，建立第三方照护等级评估机制，整合各类老年照护服务资源，促进养老服务资源与老年人需求公平有序对接。

（二）工作原则

1. 需求主导，保障基本。以满足老年人基本需求为出发点，聚焦失能失智，构建与老年人实际需求相适应、与养老基本公共服务供给能力相匹配、与政府购买服务制度相衔接的评估体系。

2. 统一公开，公正透明。按照本区老年照护等级评估标准，实现服务对象规范评估，建立信息公开制度，切实保障老年照护资源公平配给。

3. 统筹资源，分类配置。统筹老年照护资源，实现家庭自我照护、家院互融政府购买服务、养老服务机构照护服务的有机衔接，形成保障合理、精准高效的照护机制。

二、评估对象、评估目的、评估类型、评估分级

（一）评估对象

具有鄞州区户籍并居住在鄞州区，年满 60 周岁及以上，申请家院互融服务 A 类和 C 类、申请养老服务补贴的老年人。

（二）评估目的

通过对申请人失能程度、失智状况、照护情况等进行评估，确定照护等级，作为其享受家院互融政府购买服务、养老服务补贴的前提和依据。

（三）评估类型

1. 首次评估。对初次申请老年照护等级的老年人进行的评估。

2. 持续评估。对已享受照护的老年人定期（1~2 年）或不定期（因政策调整或老年人身体状况发生重大变化时）的评估。

3. 复核评估。老年人或其监护人对首次或持续评估结果有异议时申请的评估。

（四）评估分级。老年照护等级评估结果分为正常、轻度、中度、重度四个等级。

三、评估机构、队伍、流程

（一）评估机构设置

区民政部门负责全区老年人照护等级评估工作，通过政府购买服务的方式，委托第三方评估机构实施，评估机构应具有老年照护评估或医疗服务资质，并为依法独立登记的民办非企业单位或企事业单位。

（二）评估队伍

评估员由评估机构聘用，按照专业背景分为 A、B 两类，其中：A 类评估员应具有高中（中专）及以上学历，且具有养老服务、医疗护理、社会工作等（其一即可）实际工作经验；B 类评估员应具有医学大专及以上学历，且具有执业（含助理执业）医师资质，离医疗岗位不得超过 2 年。上门评估团队不少于 2 人，其中至少有 1 名 B 类评估员。

（三）评估流程

1. 申请和受理。有照护等级评估申请的老年人，由本人或监护人（以下简称申请人）到老年人所在的村（社区）申请登记。申请材料通过家院互融信息平台由村（社区）提交镇（街道）初审后转至区民政部门。

2. 委托评估。区民政部门对老年人的申请进行资格审核后，委托第三方评估机构安排评估团队，评估员应佩戴区民政部门统一制作的资格证在指定地点或上门开展评估。

3. 结果确定。评估员将评估信息导入信息化系统，根据评估分值确定老年人所对应的照护等级，并反馈至区民政部门。

4. 结果告知。区民政部门将评估结果及时反馈至镇(街道),并在网上统一公示评估结果。村(社区)将评估结果书面告知申请人。申请人若对评估结果有异议,可以申请复核评估。

5. 复核处理。申请人对老年照护等级评估结果有异议,可在收到评估结果后向村(社区)提出复核申请,区评估中心进行复核评估并告知申请人。复核结果为最终结果,申请人接到复核结果后,原则上一年内不得再就同一评估结果提出申请。

6. 评估有效期。评估结果一旦确认,长期有效。老人如身体情况发生变化,可以申请重新评估。若老人居住地变更或户口迁移,村(社区)及时做好平台数据更新,老人离世后需在服务平台上注销相关信息。

四、评估信息系统建设、经费保障

(一)系统建设

区级层面要加大家院互融信息平台建设力度,建立健全全区统一的老年人数据库,并对老年人评估结果实行动态管理,对参与服务的人员、享受服务的老年人、提供服务的内容等做到可记录、可查询、可监督。

(二)经费保障

1. 评估费标准。首次评估为每人每次 150 元。持续评估每人每次 100 元。复核评估每人每次 150 元。

2. 评估经费。

(1) 老年人首次申请照护等级评估及持续评估,评估费由区民政部门列入部门年度经费预算。

(2) 申请复核评估的费用,根据谁主张谁付费、谁有责谁承担的原则处理。

(3) 评估经费结算。每月 25 日为评估费申报结算日。区民政部门根据实际完成的评估人数进行支付。

五、实施要求

(一)确保评估有效

区老年照护等级评估对象多为失智失能、半失能老人,语言表达能力、肢体活动能力均较弱,评估人员须耐心细致,对其认知能力和生活能力进行评估,确保评估结果准确有效。

(二)强化保密意识

第三方评估机构应注重增强评估员的保密意识及自觉性,在开展评估工作时,评估员需保护评估对象的个人隐私,未经评估对象或其法定监护人书面许可,不得对外披露评估对象的相关信息。

（三）加强监督管理

区民政、卫计部门及各镇（街道）加强对老年照护等级评估工作的监督管理，适时对养老服务对象照护等级评估工作开展情况进行检查，通过区家院互融信息管理系统实现信息互通，对工作中发现的问题要及时研究解决和完善，确保评估工作平稳有序进行。在评估过程中由于主观原因，对老人评估存在不真实的舞弊行为，骗取政府补贴的，评估机构应承担相应的责任。

六、组织领导

为确保我区老年照护等级评估工作有序推进，成立鄞州区老年照护等级评估领导小组。区政府分管副区长任组长，区民政局、区卫生和计划生育局、区人力资源和社会保障局、区财政局为领导小组成员。办公室设在区民政局，协调推进老年照护等级评估工作。区民政局联合区卫生和计划生育局成立区评估中心，负责复核评估工作。各镇（街道）配合第三方评估机构做好评估工作，各单位各司其职，统筹推进。

七、其他

本实施方案自2018年7月1日开始实施。入住养老机构的老年人照护等级评估可参照此方案实施。老年照护等级评估细则由区民政局、区卫生和计划生育局负责起草。

抄送：区委各部门，区人大办，区政协办，区人武部，区法院，区检察院，区级各人民团体、新闻单位。

鄞州区人民政府办公室

2018年5月21日印发

参考文献

[1] Johnson N. The Welfare State in Transition：The Theory and Practice of Welfare Pluralism[M]. Amherst：University Massachusetts Press，1987.

[2] Olsson. Social Security in Sweden and other European Countries－Three Essays[R]. Stockholm：ESO，1993.

[3] Rose R. Common Goals but Different Roles：the State's Contribution to the Welfare Mix. // Rose R，Shiratori R. The Welfare State East and West[M]. Oxford：Oxford University Press，1986.

[4] Tian G. On Uniqueness of Informational Efficiency of the Competitive Mechanism in Production Economies[Z]. Mimeo，2000.

[5] Wolfenden J. The Future of Voluntary Organizations[M]. London：Croom Helm，1978.

[6] 保密法比较研究课题组. 保密法比较研究[M]. 北京：金城出版社，2000.

[7] 曹荣桂. 医院管理学概论分册[M]. 2版. 北京：人民卫生出版社，2011.

[8] 陈立行，柳中权. 向社会福祉跨越[M]. 北京：社会科学文献出版社，2007.

[9] 陈良瑾. 中国社会工作百科全书[M]. 北京：中国社会出版社，1994.

[10] 陈叔红. 养老服务与产业发展[M]. 长沙：湖南人民出版社，2007.

[11] 陈永杰，卢施羽. 中国养老服务的挑战与选择[M]. 广州：中山大学出版社，2013.

[12] 冯佺光，钟远平，冯欣伟，等. 养老产业开发与运营管理[M]. 北京：人民出版社，2013.

[13] 郭爱妹. 多学科视野下的老年社会保障研究[M]. 广州：中山大学出版社，2011.

[14] 郭竞成. 居家养老研究：来自浙江的调查与思考[M]. 北京：中国社会科学出版社，2016.

[15] 贾素平. 养老机构管理与运营实务[M]. 天津：南开大学出版社，2013.

[16] 李昌麒. 产品质量法学研究[M]. 成都：四川人民出版社，1995.

[17] 李鲁. 社会医学[M]. 4版. 北京：人民卫生出版社，2012.

[18] 梁万福. 香港安老院舍评审计划五年检讨报告书（2005—2010）[M]. 香港：香港老年学会，2012.

[19] 梁万年. 卫生事业管理学[M]. 2版. 北京：人民卫生出版社，2008.

[20] 刘淑娟. 长期照护[M]. 2版. 台北：华杏出版股份有限公司，2011.

[21] 罗思荣. 民法案例评析[M]. 杭州：浙江大学出版社，2005.

[22] 穆光宗. 挑战孤独——空巢家庭[M]. 石家庄：河北人民出版社，2012.

[23] 宁波市人口普查办公室.宁波市2010年人口普查资料[M].北京:中国统计出版社,2012.

[24] 祁峰.中国养老方式研究[M].大连:大连海事大学出版社,2014.

[25] 全国社会工作职业水平考试教材编写组.社会工作政策与法规[M].北京:中国社会出版社,2009.

[26] 沈荣华.政府机制[M].北京:国家行政学院出版社,2003.

[27] 世界卫生组织,主编;中国老龄协会,译.积极老龄化政策框架[M].北京:华龄出版社,2003.

[28] 田侃,朱晓卓.医学法学[M].北京:中国医药科技出版社,2013.

[29] 田侃.民商法概论[M].南京:东南大学出版社,2009.

[30] 仝利民.老年社会工作[M].上海:华东理工大学出版社,2006.

[31] 佟新.人口社会学[M].北京:北京大学出版社,2002.

[32] 王莉莉,郭平.日本老年社会保障制度[M].北京:中国社会出版社,2010.

[33] 王思斌.社会工作导论[M].北京:高等教育出版社,2004.

[34] 王思斌.社会工作概论[M].北京:高等教育出版社,1999.

[35] 魏华林,金坚强.养老大趋势:中国养老产业发展的未来[M].北京:中信出版社,2014.

[36] 邬沧萍.社会老年学[M].北京:中国人民大学出版社,1999.

[37] 吴敏.需求与供给视角的机构养老服务发展现状研究[M].北京:经济科学出版社,2011.

[38] 杨立雄.老年福利制度研究[M].北京:人民出版社,2013.

[39] 张维迎.博弈论与信息经济学[M].上海:上海人民出版社,2012.

[40] 张旭升.政府购买居家养老服务参与主体的行动逻辑[M].北京:中国社会科学出版社,2016.

[41] 中国大百科全书编辑部.中国大百科全书·社会学[M].北京:中国大百科全书出版社,1993.

[42] 中华人民共和国民政部.中国民政统计年鉴—2014[M].北京:中国统计出版社,2014.

[43] 朱晓卓.老年人日常生活案例解读[M].南京:东南大学出版社,2016.

[44] 朱晓卓.卫生法律实务[M].南京:东南大学出版社,2013.

[45] 邹文开,赵红岗,杨根来.全国健康养老保障政策和标准大全[M].北京:化学工业出版社,2010.

后 记

  生老病死是每一个人都要经历的阶段,步入老年阶段这是任何人都无法避免的。随着社会经济的发展、物质生活水平的提高、医疗技术水平日新月异,我国人均寿命正在逐步延长,体现了国家发展带来社会民众生活质量水平的显著提高,但由此而产生的人口老龄化也应成为家庭、社会和国家都必须正视和重视的社会问题。党的十九大报告指出:"中国特色社会主义进入新时代,我国社会主要矛盾已经转化为人民日益增长的美好生活需要和不平衡不充分的发展之间的矛盾。"要满足人民群众对美好生活的追求,解决养老问题是其中的关键问题之一。养老需要解决什么?谁来解决?用什么方法去解决养老?如何满足随着经济发展所带来的老年人高层次、个性化的需求?社会上热议的很多,讨论的也很激烈,随着国家大力支持社会资本进入养老市场,各种养老服务模式层出不穷,各有特色,但总体不外乎机构养老、社区养老和居家养老三种类型。由于我国的人口基数大,老龄人口数量增长更快。实践证明,仅仅依靠政府办养老机构也解决不了所有养老问题。生活习惯、经济因素等多方面的原因,居家是更多老年人的养老选择,社区可以进一步丰富和补充居家养老的服务内容,提高服务水平,但是社区的平台如何发挥作用还需要进一步探索,尤其是社区资源整合能力、社区内资源的居家养老服务能力是关键。

  2013年,因工作原因本人接触到家院互融养老服务模式,至今还记得在江东区家院互融养老服务中心看到人性化的场地设施、丰富多彩的娱乐活动以及老年人其乐融融的场景,让人印象深刻。至此,我开始关注这个模式的发展历程,研究该模式的成效问题。从最初的养老机构专业服务通过社区平台进入居家的构想并付诸实践,家院互融养老服务模式的探索已经走了快十年,最初的本意解决居家养老的专业化服务问题,通过"家"和"院"的互通互融,优化养老服务资源,提高养老服务的覆盖面,然而时至今日家院互融已经有更多的内涵,除了养老机构,各类企业、社会组织也参与其中,形成了以社区为平台,通过各类资源的有效整合配置,依托家院互融养老服务中心,为居家老年人提供更为优质、专业的养老服务,通过了政府购买服务的形式,政府解决了需要"兜底"的养老服

机构养老向社区居家延伸模式的研究
——以宁波市为范本

务,为社会弱势老年人提供了必要帮助,履行了政府责任,提高了政府服务效率;通过市场化运作,让更多的个性化、特色化的养老服务进入到老年人的家庭,也推动了养老服务市场的快速发展,对于培育居家养老服务企业,支持社会资本进入养老市场起到了积极的作用。同时,面对现代信息技术的发展,家院互融养老服务模式也紧跟信息化的步伐,智慧养老体系也在其中得到构建和运用,进一步提高了服务的有效性、精准性。从今后的发展趋势来看,在社区居家养老服务中心同时配备小微型养老机构应该是家院互融养老模式的固定范本,更加有利于"家"和"院"的双向融通,从居家到养老机构都在老年人熟悉的社区中,有困难入养老机构,困难解决了回家庭,社区因为用地紧张,小微机构可以减少用地,提高床位的周转率,养老机构在社区,老年人入住方便,环境熟悉,"一中心、一站点、多网点"的居家养老服务网络正在逐渐形成。所以,家院互融对于社区居家两个养老模式的结合还是很有典型示范价值。在调研过程中,本人也深感该模式对于居家老年人带来切实的实惠,让老年人满意,让家庭幸福,让社会和谐。

本项目在研究过程中得到了宁波市老龄办、宁波市嘉和阳光为老服务中心、宁波市江东家院互融养老服务中心、宁波健康养老协同创新中心、宁波老年照护与管理学院、宁波鄞州怡康院、宁波市家庭服务业协会、宁波81890求助服务中心以及宁波安健家政服务有限公司、宁波海曙大众社区服务有限公司等机构相关负责人或专家的指导,提供了很多有益的建议,也参考了国内外诸多学者的研究成果,不一一列举,在此表示衷心感谢。

家院互融作为养老事业中的一个创新举措,通过宁波的实践探索,日趋完善,影响也日益扩大。通过本书,本人试图对该模式进行全面分析总结,但是本人限于学术水平,对于其中的内涵把握、体系构建和建议分析等还有待提高,当然也会存在一些疏漏或是不当之处,还需要读者及业内人士多批评指正,更希望通过本书,抛砖引玉,让宁波市家院互融养老服务模式能够得到业界的关注,让更多的学者关注它,研究它,让更多的实践者能够推广它,让更多的老年人可以在其中受益,为我国养老服务事业的发展发挥出它应有的作用。

朱晓卓

2018年11月